Heyne · Campus

EILEEN C. SHAPIRO

Trendsurfen in den Chefetagen

Unternehmensführung
jenseits der
Management-Moden

Aus dem Amerikanischen
von PATRICIA KÜNZEL

Wilhelm Heyne Verlag
München

HEYNE BUSINESS
22/2045

Titel der amerikanischen Originalausgabe:
FAD SURFING IN THE BOARDROOM
Erschienen 1995 bei Addison-Wesley Publishing Company, Reading,
Massachusetts

Besuchen Sie uns im Internet:
http://www.heyne.de

Umwelthinweis:
Dieses Buch wurde auf chlor- und
säurefreiem Papier gedruckt.

Ungekürzte Taschenbuchausgabe
im Wilhelm Heyne Verlag GmbH & Co. KG, München
Copyright © 1995 by Eileen C. Shapiro
Copyright © der deutschsprachigen Ausgabe 1996
by Campus Verlag GmbH, Frankfurt/Main
Printed in Germany 1998
Umschlaggestaltung: Atelier Adolf Bachmann, Reischach
Umschlagillustration: Bavaria Bildagentur/VCL, Gauting
Technische Betreuung: M. Spinola
Satz: Schaber Satz- und Datentechnik, Wels
Druck und Verarbeitung: Presse-Druck, Augsburg

ISBN 3-453-14187-3

Für Ben

Denken ist die anstrengendste Arbeit überhaupt,
und das ist wohl auch der Grund,
weshalb so wenige Menschen es tun.

HENRY FORD

INHALT

»In« sein ist alles!

Die tollkühnen Trendsurfer
in der Chefetage

> *Trendsurfen. Die Gewohnheit, auf dem Kamm der
> neuesten Welle in der Managementtheorie zu surfen
> und dann gerade rechtzeitig wieder an Land zu pad-
> deln, um auf die nächste Welle aufspringen zu kön-
> nen. Dieser Zeitvertreib ist stets fesselnd für Manager
> und lukrativ für Berater, hat für das Unternehmen
> aber häufig katastrophale Folgen.*

Willkommen im Zeitalter der *Trendsurfer* mit seinem scheinbar
unerschöpflichen Strom an Patentrezepten und Zauberformeln
für »bahnbrechende« Leistungsverbesserungen und Ergebnisse
»von Weltklasseniveau«! Hier nur einige der »Hauptattraktio-
nen«: Wenn Sie wollen, können Sie eine flache Pyramide bauen,
eine horizontale Organisation zimmern oder die Hierarchie aus
Ihrem Unternehmen verbannen. Sie können Ihren Mitarbeitern
mehr Vollmachten geben, mit ihnen einen offenen Dialog führen
und Ihre Kultur erneuern. Sie können Ihren Kunden zuhören,
ein kundenorientiertes Unternehmen formen und sich dem Ziel
der vollkommenen Kundenzufriedenheit verschreiben. Sie können Ihre Firma auf eine »Vision« einschwören, Ihre Mission in
einer schriftlichen Zieldeklaration fixieren und einen strategischen Plan entwerfen. Sie können kontinuierliche Verbesserungen anstreben, zu neuen Paradigmen überwechseln oder sich in
eine lernende Organisation verwandeln. Sie können sich und Ihre
Firma voller Begeisterung in das Total Quality Management
stürzen. Oder Sie können Ihr Unternehmen nach den Grundsät-

zen des Business Reengineering umbauen mit dem Ziel, eine – wie die Begründer dieses Konzepts es formulierten »Revolution im Unternehmen« anzuzetteln.

Dieses Buch soll Ihnen helfen, in diesem Dschungel der Möglichkeiten Ihren Weg zu finden und für Ihr Unternehmen Nutzen aus diesen vielen Konzepten zu ziehen. Im Grunde hat jedes von ihnen seine Vorteile und kann zu guten Resultaten führen. Die Voraussetzung hierfür: Überlegen Sie sich gründlich, mit welchen Ansätzen Sie bestimmte operative Leistungsziele erreichen können, und schneiden Sie diese dann genau auf die Bedürfnisse Ihres Unternehmens zu. Jedes Konzept besitzt unter Umständen auch einen rhetorischen Wert im klassischen Sinn des Wortes, das heißt, die Formulierungen, mit denen Sie bestimmte Methoden beschreiben, können Ihre Mitarbeiter unter Umständen zu einer neuen, effizienteren Arbeitsweise animieren. Aber gerade weil es sich in allen Fällen um derart schlagkräftige Führungsinstrumente handelt, können sie auf der anderen Seite auch ein ganzes Unternehmen ins Chaos stürzen und verheerenden Schaden anrichten. Das gilt insbesondere, wenn sie als Patentlösungen betrachtet und rein mechanisch in allen Teilen der Organisation angewendet werden, ohne daß sich die Verantwortlichen Gedanken darüber machen, wo und warum sie sinnvoll sein können, mit welchen anderen Verfahren man sie kombinieren könnte und wie sie – wenn überhaupt – auf die Bedürfnisse des Unternehmens abgestimmt werden sollten.

Zwei völlig entgegengesetzte Ansätze stehen Ihnen hier offen: Entweder haben Sie den Mut, Ihr Unternehmen aktiv und mit klarem Verstand zu führen, oder Sie schalten im Management auf Automatik. Voraussetzung für den Mut zur bewußten Führung ist die Bereitschaft, Situationen einzuschätzen, mögliche Varianten durchzuspielen, geeignete Instrumente auszuwählen und sie an die jeweiligen Anforderungen anzupassen bei gleichzeitiger Übernahme der Verantwortung für die getroffenen Entscheidungen und die erzielten Ergebnisse. Automatisiertes Management hingegen bedeutet, sich auf vorgefertigte Rezepte zu stützen: Man läuft den Lemmingen in anderen Unternehmen nach und setzt die Ratschläge der Gurus buchstabengetreu um. Dafür steht man auch nicht unter dem Druck, sich ein eigenes Urteil bilden zu müssen. Außerdem kann man sich dann auch besser die Hände in Unschuld waschen, wenn der eingeschlagene Kurs in eine Sackgasse führt.

Bill Backer, der ehemalige Vice Chairman und leitende Kreativdirektor der Werbeagentur Bäcker Spielvogel Bates Worldwide Inc., betrachtet in seinem Buch *The Care and Feeding of Ideas* diesen Wunsch nach Patentrezepten für alle möglichen Aktivitäten (Malen, Schreiben, Kreativität – ja sogar Kochen!) aus einer interessanten Warte. Seiner Meinung nach hat jemand, der sich peinlich genau an ein Rezept hält, ohne die Grundlagen seines Tuns zu verstehen, nicht das Zeug zum Meisterkoch. Backer erläutert diese These am Beispiel der Kochrezepte von Julia Child und James Beard: »Bei allem Respekt für Julia und James sie können einem nur beibringen, wie man ihr Soufflé macht. Wenn Sie Ihr eigenes Soufflé zubereiten wollen, müssen Sie zunächst einmal verstehen, warum Eier und Mehl zu einer lockeren Masse aufgehen oder nicht, wenn man damit bestimmte Dinge anstellt. Und dann müssen Sie Ihre eigenen Theorien entwickeln. Auf dieser Grundlage können Sie dann Ihre eigenen Gerichte zubereiten.«

In diesem Buch habe ich Backers Ratschlag befolgt. Ich habe eine ganze Reihe von Patentrezepten und Zauberformeln ausgewählt, die zu den wichtigsten Modeerscheinungen im modernen Management gehören. Ich werde einige der Theorien beschreiben, auf die sie sich implizit stützen. Meine grundlegende Prämisse lautet dabei: Wenn Sie die Theorie verstehen, die hinter diesen Führungswerkzeugen steckt, und die Realität in Ihrem eigenen Unternehmen kennen, werden Sie besser in der Lage sein, die geeigneten Verfahren auszuwählen und an Ihre spezifische Situation anzupassen.

Die alten Griechen hätten diesen Ansatz für gut befunden. Denken Sie nur an die Geschichte von Herkules und seinem Musiklehrer Linus. Nach der griechischen Sage ärgerte sich Linus sehr über seinen Schüler. Ganz gleich, wie lange er ihn auch auf der

Leier üben ließ – der kleine Herkules spielte seine Tonleitern niemals sauber genug. Daher gab Lehrer Linus seinem Schüler eine Ohrfeige. Dieser wehrte sich und erschlug Linus mit der Leier. Man fragt sich, weshalb Linus Herkules unbedingt in das Schema des jungen Musikers pressen wollte. Schon als Baby beeindruckte Herkules alle mit seinen athletischen Fähigkeiten, seinem Todesmut und dem völligen Desinteresse, das er den schönen Künsten entgegenbrachte. Als er Linus' Schüler wurde, hatte er bereits im Bogenschießen, Boxen und Ringen alle Gegner bezwungen und bewiesen, daß seine Stärken und Interessen nahezu ausschließlich im sportlichen und kämpferischen Bereich lagen. Die Richter, denen Herkules nach seiner Tat vorgeführt wurde, waren offenbar ähnlicher Ansicht. Sie sprachen ihn nämlich frei. Für mich hat diese Geschichte eine eindeutige Moral: Der Versuch, Menschen aus Fleisch und Blut vorgefertigte Theorien aufzuzwingen, ist in der Unternehmensführung nicht ratsam. Weitaus sinnvoller ist es hier, die wirklichen Gegebenheiten zu erforschen und dann die Theorien entsprechend anzupassen.

In diesem Buch werde ich genau diesen Versuch unternehmen. Alle Kapitel sind kurz gehalten, denn ich bin der Meinung, daß viele Leser von Managementfachbüchern langer Kapitel überdrüssig sind. Jedes Kapitel beginnt mit einer amüsanten und, wie ich hoffe, provozierenden Definition, denn ich bin der Meinung, daß man den Modeerscheinungen im Management am besten mit einer gehörigen Portion Ironie begegnen sollte. Außerdem enthält jedes Kapitel eine Reihe von Geschichten, Beispielen und Zitaten, die ich einzig und allein zur Verdeutlichung meiner Argumente ausgewählt habe.

Die meisten dieser Beispiele stammen aus der Wirtschaftspresse. In einigen Fällen habe ich jedoch auch Sagen aus der griechischen Mythologie ausgewählt. Obwohl ich als Kind eine Aversion gegen die griechische Sagenwelt hatte, sah ich mich doch veranlaßt, sie nochmals unter die Lupe zu nehmen, als ich eine der zahllosen führungstheoretischen Abhandlungen las, in der die Kapitäne der modernen Unternehmen in poetisch anmutenden Worten geradezu als Heilige beschrieben wurden. Sie waren hier

Übermenschen, die die Interessen des Unternehmens stets über ihre eigenen stellen, überzeugende, von allen getragene Visionen entwickeln, wirksam im Team zusammenarbeiten, in Systemen denken und der Inbegriff der Integrität und Sensibilität sind.

Die griechischen Gottheiten haben mit dieser schwärmerischen Beschreibung überhaupt nichts gemein. Sie waren wilde, begabte, unzulängliche und mächtige Geschöpfe. Heilige waren sie jedoch keineswegs; vielmehr verkörperten sie sowohl die besten als auch die schlechtesten Eigenschaften der Sterblichen. Manchmal stellten sie die Interessen des Universums über ihre eigenen; manchmal gebärdeten sie sich wie die größten Egoisten. Ab und zu arbeiteten sie wirksam im Team zusammen; bisweilen vergaßen sie aber auch die Geschicke des Universums völlig und kümmerten sich nur um ihre eigenen Intrigen und Rachefeldzüge. Gelegentlich dachten sie über Ursachen und mögliche Konsequenzen für das Gesamtsystem nach, bevor sie handelten; manchmal reagierten sie aber auch ganz spontan und trafen dabei nicht immer weise Entscheidungen.

Eigentlich könnte man sagen, daß die Beschreibung der griechischen Gottheiten und Helden der Antike dem tatsächlichen Verhalten der Menschen weitaus näher kommt als viele der modernen Beschreibungen *wünschenswerter* Handlungsweisen. Aus diesem Grund werden Sie einige der Protagonisten der griechischen Mythologie auch in diesem Buch wiederfinden.

Diese Überlegung führt uns wieder zurück zu Herkules und Linus und zu der Neigung, Mitarbeiter und Unternehmen den gerade populären Theorien anzupassen und nicht umgekehrt. Bei den sogenannten »Ideallösungen« der Managementtheorie wird diese Tendenz wohl nicht so bald abklingen. Der Grund dafür ist einfach: Patentrezepte üben eine große Anziehungskraft aus; sie verheißen Managern »garantierte« Ergebnisse und Beratern höhere Honorare. Kein Wunder also, daß die Verfechter neuer Managementkonzepte zu der Überzeugung gelangen, daß zwar alle Vorgängertheorien ihre Grenzen und Fehler hatten, daß aber *ihr Konzept tatsächlich* Berge versetzen kann.

Hierzu ein Beispiel: Den Begriff der »Trendsurfer im Management« erwähnte ich erstmals in einem Artikel für die *Sloan Management Review,* den ich zusammen mit meiner Kollegin Trina Soske und Professor Robert Eccles von der Harvard Business School verfaßte. Einen Tag nach dem Erscheinen des Artikels rief mich ein leitender Berater einer führenden Unternehmensberatungsfirma an. Er war »*ganz begeistert*« von meinem Artikel; seiner Ansicht nach war er »hundertprozentig richtig« – abgesehen von einem Fehler, auf den er mich gerne aufmerksam machen wollte. Ich hätte irrtümlicherweise ein Konzept angeführt, das seiner Meinung nach nicht auf die Liste der Modeerscheinungen gehörte. Das war – wen wundert's? – das Konzept, das *seine* Firma derzeit propagierte und das, wie er mir versicherte, wirklich und wahrhaftig *die* richtige Antwort sei. Ich versuchte, ihm zu erklären, daß Sinn und Zweck des Artikels nicht gewesen sei, ein Patentrezept auf ein Podest zu stellen und alle anderen als Eintagsfliegen zu verdammen, sondern die Leser zu ermutigen, sich dem Trend zu formelhaftem Denken zu widersetzen und nicht wie die Lemminge den neuesten Modeerscheinungen hinterherzulaufen. Sie sollten vielmehr bereit sein, die Verantwortung dafür zu übernehmen, mit Hilfe der verfügbaren (und neu geschaffenen) Werkzeuge Lösungen zu zimmern, die auf die besondere Situation und die spezifischen Anforderungen eines Unternehmens paßten, auch wenn dies noch so schwierig ist. Das ist auch die Intention dieses Buches.

Patentrezepte gibt es leider nicht, und es hat sie auch noch nie gegeben. Neu ist nur die unvorstellbare Masse von Lösungsvorschlägen. Manche sind wirklich neu, andere hingegen nur neu verpackte Methoden, die jetzt als Königsweg angepriesen werden. Neu ist, daß wahre Führung heute Mut erfordert: den Mut, Situationen einzuschätzen, Optionen durchzuspielen, Pläne zu entwickeln und zu ändern, zu lernen und zu handeln. Meiner Ansicht nach ist dieser Mut im Zeitalter der schnellen Antworten wertvoller als jemals zuvor.

Eileen C. Shapiro
The Hillcrest Group, Inc.
Cambridge, Massachusetts, 1995

TEIL I

Wo, bitte, geht's nach oben?

Die generelle Richtung vorgeben

»Könntest du mir bitte sagen, wo ich jetzt hingehen soll?«
»Das hängt ganz davon ab, wo du hinwillst«, sagte die Katze.
»Eigentlich ist es mir egal«, sagte Alice.
»Dann ist es auch egal, wo du hingehst«, sagte die Katze.
»Ich möchte nur gern irgendwo hinkommen!«
fügte Alice als Erklärung hinzu.
»Ach, irgendwohin kommst du bestimmt«, sagte die Katze,
»wenn du weit genug läufst.«

LEWIS CARROLL, *Alice im Wunderland*

Alice' Unterhaltung mit der Grinskatze wird häufig zitiert, um zu verdeutlichen, wie wichtig es ist, in der Wirtschafts- und Arbeitswelt der Erwachsenen eine Richtung vorzugeben. Und obgleich die Grinskatze sich nicht dazu äußert, ob Alice vielleicht besser dran wäre, wenn sie wüßte, wo sie »hinwill«, hört man heute häufig das Argument, daß die Vorgabe einer klaren Zielrichtung Voraussetzung für den zukünftigen Erfolg sei. In Wahrheit ist die Konzeption berauschender Visionen oder die Formulierung überwältigender Zieldeklarationen aber noch lange keine Garantie dafür, daß ein Unternehmen auch den richtigen Weg einschlägt. Wie zuvor Alice, müssen auch Firmen Entscheidungen treffen, obwohl sie nicht mit hundertprozentiger Sicherheit sagen können, wohin ihre Maßnahmen von heute sie morgen führen werden.

Trotz vieler gegenteiliger Behauptungen hängt die Wahl einer allgemeinen Marschrichtung, die sich als klug und sogar einsichtig erweist, immer noch vielfach von glücklichen Zufällen und persönlichem Geschick ab. Sie können einen von vielen möglichen Wegen einschlagen – welchen, hängt davon ab, welche Menschen an Ihrem Vorhaben mitwirken und welche Charakteristika dabei eine Rolle spielen. Kapitel 1, *Die verflixte Vision. Der Blick in eine trübe Kristallkugel*, beschäftigt sich mit einem möglichen Ansatz – der Entwicklung einer Vision – und zeigt, weshalb die »Visionsentwicklung« nicht in allen Situationen sinnvoll oder überhaupt machbar ist und warum selbst die Formulierung einer vernünftigen Vision nur einen unvollständigen Wegweiser in die Zukunft darstellt.

Kapitel 2, *Auftrag unverständlich. Auf den Inhalt kommt es an*, befaßt sich mit einem anderen möglichen Ansatz, nämlich damit, keinen übergeordneten Plan aufzustellen, sondern statt dessen Handlungsgrenzen abzustecken. In diesem Kapitel werde ich einige Möglichkeiten aufzeigen, wie Sie verhindern können, daß

Zieldeklarationen und andere Strategiepapiere letztlich nur zu offiziellen Hintergrundgeräuschen im Unternehmen verkommen.

Kapitel 3 schließlich, das den Titel *Strategieführer für Spieler. Warum die wahre strategische Ausrichtung eines Unternehmens von seinem Wetteinsatz abhängt* trägt, beschreibt, wie die Fähigkeit eines Unternehmens zur Identifizierung und Nutzung attraktiver Zukunftschancen verbessert werden kann, wenn man das strategische Denken mit dem Ausfüllen eines Wettscheins vergleicht.

Alle drei Kapitel zeigen, daß diejenigen Führungskräfte im Unternehmen, die von Berufs wegen für die Entwicklung von Leitbildern zuständig sind (sowie diejenigen, die sich auch ohne offiziellen Auftrag dazu berufen fühlen), ihre eigene Antwort auf die von Alice und der Grinskatze gestellten Fragen finden müssen. Jedes Unternehmen kommt am Ende »irgendwohin«. Die Herausforderung für die Geschäftsleitung besteht dabei darin, die Wahrscheinlichkeit zu steigern, daß dieses »Irgendwo« auch ein Ort sein wird, zu dem die Mitarbeiter in der Organisation auch gerne kommen.

1. KAPITEL

Die verflixte Vision

Der Blick in eine trübe Kristallkugel

> *Vision. Was Moses sah, als er zu lange durch die Wüste irrte; zusammenhängende und anhaltende Halluzinationen, wie sie typischerweise bei Demenz oder paranoider Schizophrenie auftreten.*

Mitten im Präsidentschaftswahlkampf gestand George Bush der Presse, daß er äußerst frustriert sei. Worauf war diese Frustration zurückzuführen? Schuld daran war weder die Wirtschaftslage noch die geopolitische Situation, sondern vielmehr, wie Bush es formulierte, »diese verflixte Vision«.

George Bush ist beileibe nicht der einzige, der seine Schwierigkeiten mit Leitbildern hat. In Unternehmen rund um die Welt spielen sich ähnliche Dramen ab. Schließlich wächst die Nachfrage nach klar formulierten und überzeugenden Visionen schneller als die Fähigkeit des Topmanagements, sie zu befriedigen.

Auf der Nachfrageseite stehen jene, die in Fabrikhallen und Vorstandsetagen von der Unternehmensführung eine »Vision« fordern – ein Bild von der Zukunft des Unternehmens. Dieses Verlangen hat auch durchaus seine Berechtigung: Praktische Erfahrungen haben gezeigt, daß visionäre Führung Mitarbeiter tatsächlich zu besseren Leistungen anspornen kann. Sie sehen ihr Handeln dann im Kontext übergeordneter Ziele, die ihnen wirklich am Herzen liegen. Fehlen solche Zielvorgaben, werden die Beschäftigten ebenso fraglos dem Unternehmen potentiell wertvolle Beiträge vorenthalten.

Auf der Angebotsseite stehen die Führungskräfte, die diese Visionen liefern sollen. Einigen liegt die Vermittlung eines mitreißenden Leitbilds im Blut; sie würden das sogar machen, wenn in der Managementliteratur kein Wort zu diesem Thema zu finden wäre. Bei anderen hingegen verstärkt der Druck zur Formulierung einer Vision lediglich das Bewußtsein, daß sie nur einen flüchtigen Blick von möglichen zukünftigen Entwicklungen erhaschen können – und sie befürchten, daß ihre Prognosen zu unscharf und zu unvollständig sind, um die Anforderungen einer Vision biblischen Ausmaßes zu erfüllen.

Dieses Marktungleichgewicht hat häufig zur Folge, daß Mitarbeiter sich ausgebeutet fühlen, wenn man sie bittet, sich für ein Unternehmen ins Zeug zu legen, das immer nur über den unmittelbar nächsten Schritt spricht. Gleichzeitig empfinden Führungskräfte Ressentiments, weil man sie zu Prognosen über oft undurchschaubare zukünftige Entwicklungen drängt.

Diese Asymmetrie wird dabei immer stärker, je mehr Menschen die sensationellen Geschichten vernommen haben, die man sich über die Helden der Wirtschaft erzählt. Daher sind sie zu dem Schluß gelangt, daß eine Vision Voraussetzung für den Erfolg ihres Unternehmens sei. Für die Anbieter von Dienstleistungen auf dem Gebiet der »Visionsentwicklung« ist dies eine wahre Goldgrube. Dennoch basieren die Erwartungen in bezug auf den Inhalt und die Entstehung einer Vision auf mindestens *drei schwerwiegenden Fehlern:* dem Wunsch, ein Zukunftsbild mit möglichst großer Detailschärfe zu zeichnen, der Annahme, daß eine Vision den Weg in die Zukunft relativ genau vorgeben sollte, und dem Glauben, daß die Vision das Ergebnis eines breit angelegten partizipatorischen Prozesses sein kann.

Im günstigsten Fall ist jede dieser drei Erwartungen unrealistisch. Erstens können und sollen Visionen die Zukunft nicht in allen Einzelheiten abbilden. Sie beschreiben vielmehr die Ambitionen eines Unternehmens und sind daher konkret und ungenau zugleich, stets mit Unsicherheiten behaftet und in vielerlei Hinsicht unklar. Typisch für eine Vision sind große Auslassungen und fehlende Puzzlesteine. Zweitens steigert der Versuch, im Rahmen der Visionsentwicklung einen Plan für alle Etappen vom Anfang bis zum Ende aufzustellen, die Risiken in einem ohnehin schon gefahrvollen Prozeß noch mehr. Wählt man den entgegengesetzten Weg, macht einen Schritt nach dem anderen und paßt die Vorgehensweise und manchmal auch die Ziele im Laufe der Zeit an die veränderte Situation an, so kann die Vision mit größerer Wahrscheinlichkeit tatsächlich realisiert werden. Drittens führen demokratische Teamansätze nicht notwendigerweise zu praxistauglichen Visionen. Ob die vorgegebenen Ziele erreicht werden können oder nicht, hängt weniger von der umfassenden Beteiligung möglichst vieler Mitarbeiter an der »Visionsentwicklung« ab, sondern vielmehr vom intensiven, emotionalen Engagement der Person oder der Personen, die über die Verteilung der maßgeblichen Ressourcen im Unternehmen bestimmen. Ein Quartett von Firmen, deren Namen alle mit K beginnen – Komatsu, Kimberly-Clark, Kodak und King Kullen – verdeutlicht, weshalb überzogene Erwartungen auf Fehlschlüssen beruhen.

Das letzte, was IBM jetzt braucht, ist eine Vision.

Louis V. Gerstner 1993, kurz nach seinem Amtsantritt
als Chairman von IBM

*Es macht mehr Spaß, eine Brücke zu bauen, als einen
Damm mit Sandsäcken zu sichern.*

Tom Whiteside 1993, kurz nachdem er IBM verlassen hatte
und zu MIPS Technologies Inc. übergewechselt war

Ein detailliertes Bild von der Zukunft
bringt nichts: Was zählt, sind die Ambitionen

Aus der Perspektive der Astrophysik betrachtet ist »Vision« eine seltsame Bezeichnung für die Aufgabe, ein Bild von der Zukunft zu entwerfen. Das Adjektiv »visuell« betrifft hier nämlich das Sehvermögen, einen Sinn, der nur von der Gegenwart in die Vergangenheit reicht. Je weiter ein Stern oder Planet entfernt ist, den wir betrachten möchten, desto weiter blicken wir auch zurück in die Vergangenheit. Den zeitlichen Abstand können wir schätzen, indem wir die Entfernung zwischen uns und dem betreffenden Himmelskörper berechnen und sie dann durch die Lichtgeschwindigkeit (299 793 Kilometer pro Sekunde) teilen. Bei relativ nahen Sternen wie unserer Sonne liegt die für uns sichtbare Vergangenheit nicht einmal zehn Minuten zurück. Bei weiter entfernten Formationen (zum Beispiel bei Galaxien, die man nur durch ein Teleskop betrachten kann) fanden die Ereignisse, die wir heute beobachten können, vor Millionen oder gar Milliarden Jahren statt.

Wenn wir dagegen im betriebswirtschaftlichen Kontext von Visionen sprechen, meinen wir offensichtlich ein Sehvermögen, das von der Gegenwart in die Zukunft reicht. Wie kann irgend jemand erwarten, daß eine »Zukunftsvision« ein detailliertes Bild der Marschrichtung des Unternehmens und der erforderlichen Maßnahmen ergibt, wo doch die betreffenden Ereignisse noch gar nicht stattgefunden haben?

Die Präzision einer Zukunftsvision wird unter anderem von der Tatsache beeinträchtigt, daß eine Vision überzeugend wirken und mit großem Eifer angestrebt werden, aber dennoch grundfalsch sein kann. Aussagen über die Zukunft sind definitionsgemäß unsicher. Rückblickend scheint zwar immer alles auf der Hand zu liegen, doch kann es ohne weiteres vorkommen, daß sich eine großartige Vision als verzerrte Betrachtung der Zukunft erweist. Das bewies Roger Smith in seiner Zeit als Chairman von General Motors zwischen 1981 und 1990. In diesem klassischen Beispiel formulierte Smith eine unmißverständliche Vision: Er wollte GM zu »dem Automobilhersteller des 21. Jahrhunderts« machen. Für dieses Ziel stellte er auch großzügig Mittel bereit. Er gab beispielsweise acht Milliarden Dollar für Akquisitionen aus (EDS und Hughes Aircraft), um die technischen Kompetenzen seines Unternehmens zu erweitern. Er tätigte Sachinvestitionen in Höhe von 40 Milliarden Dollar (für Automatisierung nach dem neuesten Stand der Technik), um die Lohnkosten zu senken. Da er sich jedoch kaum jemals den Kopf darüber zerbrach, ob die von General Motors gebauten Autos in den Augen der Verbraucher besser waren als die der Konkurrenz, die ihrerseits nach immer neuen Verbesserungen strebte, fiel der Marktanteil des Unternehmens trotz aller Bemühungen während Smiths Amtszeit von 46 auf unter 35 Prozent. Smith ist dabei sicher nicht der einzige, dem so etwas widerfuhr: Von General Motors' Abenteuer mit der »Fabrik der Zukunft« bis hin zum Diversifikationsversuch des US-Einzelhandelsgiganten Sears, Roebuck im Bereich Finanzdienstleistungen ist der Weg in den Mißerfolg mit überzeugenden, aber fehlerhaften Visionen gepflastert.

Selbst wenn die Vision in die richtige Richtung weist, ist sie in der Regel voll von unglaublichen Lücken und himmelschreienden Auslassungen. In der Erkenntnis, daß selbst scharfsichtige Visionen die Zukunft nicht in allen Einzelheiten vorhersagen können, schlugen die Professoren C.K. Prahalad von der University of Michigan und Yves L. Doz vom INSEAD 1986 ein alternatives Konzept vor, das sie »strategische Intention« (»Strategic Intent«) nannten und als den Prozeß definierten, »nicht planbare Ziele anzustreben«. Ganz gleich, ob man nun den Begriff »Vision« oder »strategische Intention« verwendet, das Entscheidende dabei ist die Tatsache, daß derlei Deklarationen die *Ambitionen* eines Unternehmens beschreiben. Das bedeutet, daß zwar die allgemeine Stoßrichtung klar sein muß, daß jedoch viele Detailfragen noch nicht beantwortet werden können.

Für das gleiche Geld könnten wir auf der Stelle Toyota und Nissan kaufen.

H. Ross Perot 1986 vor dem GM-Vorstand
(Hätte Perots Vorschlag Gehör gefunden, wäre der Weltmarktanteil von General Motors sofort von 22 auf 40 Prozent geschnellt.)

Es gibt keine Rezepte. Es gibt keine Garantie, daß meine Bemühungen erfolgreich sein werden. Man muß sich auf seinen Instinkt verlassen.

Louis V. Gerstner, Chairman von IBM

Das klassische Beispiel für eine Vision im Sinne einer Ambition ist das Ziel, daß Yashinari Kawai und sein Sohn Ryoichi in den 60er Jahren dem Erdbaumaschinenhersteller Komatsu vorgaben. Die Vision der Firma Komatsu war ebenso prägnant wie simpel: »Maru-C« oder, mehr oder weniger wörtlich ins Deutsche übertragen, »Caterpillar einkreisen«. Als sich die Kawais daran machten, diese Vision Wirklichkeit werden zu lassen, schien dieses Ziel völlig abwegig. Mit einem Umsatz von 1,4 Milliarden Dollar und einem Weltmarktanteil von über 50 Prozent war Caterpillar Inc. der weltgrößte Hersteller auf diesem Sektor. Das Unternehmen war zudem international bekannt für die überlegene Technologie seiner Produkte und Fertigungsanlagen sowie für die beispiellose Qualität seiner Geräte und seines Kundendienstes. Komatsu dagegen verzeichnete einen Umsatz von mageren 168 Millionen Dollar, konnte keine Marktpräsenz außerhalb Japans vorweisen, verfügte lediglich über eine begrenzte Produktpalette und geringes technisches Know-how. Außerdem gingen fürchterliche Gerüchte über seine Maschinen- und Servicequalität um, die »nur halb so gut war wie der internationale Standard« – wie ein Topmanager von Komatsu später eingestand. Noch besorgniserregender war die Tatsache, daß das japanische Handels- und Industrieministerium (MITI) davon überzeugt war, daß weder Komatsu noch Japan langfristig einen Wettbewerbsvorsprung bei Erdbaumaschinen erreichen konnten und daher 1963 ein Joint-venture zwischen Mitsubishi und Caterpillar genehmigte. Vor dem Hintergrund dieser ungeheuren Herausforderung hätten die Kawais unmöglich in allen Einzelheiten beschreiben können, was sie unter »Maru-C« verstanden. Dennoch hatte Komatsu 1984, etwa zwanzig Jahre später, bei Erdbaumaschinen einen Weltmarktanteil von 25 Prozent erobert und erwirtschaftete einen Umsatz von 713 Milliarden Yen (etwa 3 Milliarden Dollar) sowie Gewinne von 23 Milliarden Yen (ungefähr 95 Millionen Dollar), während Caterpillar mit einem Marktanteil von 43 Prozent einen Umsatz von 6,6 Milliarden Dollar und einen Endverlust von 428 Millionen Dollar verbuchte. Inzwischen hat sich Caterpillar wieder deutlich erholt, doch ist

Komatsu – jetzt selbst einer der Titanen der Branche – nach wie vor ein ernstzunehmender Konkurrent. Dem japanischen Hersteller war es also gelungen, ein Ziel zu erreichen, das von den meisten Beobachtern als unmöglich eingestuft worden war, als die Kawais ihre Unternehmensambition erstmals verkündeten.

Ähnlich verhielt es sich auch mit der Vision, die sich Kimberly-Clark, ein Druckpapierhersteller aus dem Mittelwesten der USA, im Jahre 1920 vorgab: Er wollte einen Markt für seinen neuen, ein Jahr zuvor eingeführten Papierartikel zum einmaligen Gebrauch aufbauen und dort dann die Vormachtstellung erringen. Ursprünglich wollte das Unternehmen schlicht und einfach seine Kapazitäten für die Absorptionswatte Cellucotton auslasten, die es 1914 als Baumwollersatz entwickelt hatte. Der Absatz von Cellucotton, das sich während des Ersten Weltkriegs, in dem, so John R. Kimberly später, fast die Hälfte aller Soldaten getötet oder verwundet wurden, gut verkaufen ließ, sackte nach dem Waffenstillstand in den Keller. Die mangelnde Auslastung veranlaßte Kimberly-Clark, sich nach einem neuen Produkt umzusehen. Als das Unternehmen 1920 versuchte, die ungenutzten Kapazitäten mit seinem neuen Wegwerfprodukt zu füllen, stand es vor drei schier unüberwindlichen Hindernissen. Erstens war dies der erste Vorstoß von Kimberly-Clark auf den Verbrauchermarkt. Zweitens waren Papierprodukte zum einmaligen Gebrauch eigentlich eine völlig neuartige Produktkategorie; schließlich gab es damals noch keine Pappteller und -tassen, Papierhandtücher oder Windeln. Außerdem stand sich der Artikel selbst im Weg: Die *Kotex-Damenbinde* war das erste Produkt dieser Art. Wie John Kimberly es später beschrieb, war sie entwickelt worden, da das Unternehmen Berichte gehört hatte, daß »Schwestern während des ersten Weltkriegs Cellucotton in Gaze eingepackt und diese Kombination als Hygienebinde während der Regelblutung verwendet hatten«. Es war, so Kimberly, ein Produkt, »das Leute weder einlagern noch verkaufen wollten und über das man nicht einmal sprach«. Obwohl die Führungsriege von Kimberly-Clark 1920 kein genaues Bild von ihren Ambitionen und dem einzuschlagenden Weg zeichnen konnte, hält das Unternehmen heute auf dem amerikanischen Markt für Damenhygieneartikel (Gesamtvolumen: nahezu eine Milliarde Dollar) einen Marktanteil von über 30 Prozent. Mit einem Umsatz von sieben Milliarden Dollar ist Kimberly-Clark zudem in den USA ein führender Hersteller von allen erdenklichen Papierartikeln zum einmaligen Gebrauch.

> *Wenn eine Idee nicht zunächst absurd erscheint,*
> *taugt sie nichts.*
>
> Albert Einstein (1879–1955)

Betrachten wir schließlich die Vision, die 1870 zur Gründung der Eastman Kodak Company führte: der Wunsch, durch den Bau preisgünstiger, leichter, benutzerfreundlicher Kameras dem Durchschnittsbürger die Kunst der Fotografie zu erschließen. Als George Eastman in den 70er Jahren des 19. Jahrhunderts sich erstmals seine Vision ausmalte, war Fotografieren in seinen Worten »ein verwickeltes, schwerfälliges Martyrium«, für das man eine Wagenladung schwerer, komplizierter Geräte benötigte. Eine typische Ausrüstung bestand aus »einer Kamera von der Größe einer Seifenkiste, einem Stativ, das mit seiner Stärke und bei seinem Gewicht einen ganzen Bungalow hätte tragen können, einem schwarzen Zelt, einem Nitratbad und einem Behälter für Wasser« – all das war erforderlich, weil die Fotografen ihre Plattennegative direkt am Aufnahmeort entwickeln und abziehen mußten. Nach mehr als zehnjähriger Arbeit hatte Eastman sein Ziel mit einer eigenen Kamera erreicht, die er später »Kodak« nannte. Sie war denkbar einfach: Sie hatte nur ein Seil und einen Knopf zum Spannen bzw. Lösen der Blende sowie einen Hebel zum Aufziehen des Films. Wenn man alle Aufnahmen belichtet hatte, konnte man den Film zur Entwicklung an die Firma Kodak schicken.

Als er mit seiner Entwicklungsarbeit begann, hatte Eastman noch keine genaue Vorstellung von der Zukunft seines Unternehmens. Wie auch bei Komatsu und Kimberly-Clark stand bei Kodak eine überzeugende Ambition am Beginn des Erfolges, deren allgemeine Stoßrichtung klar war – auch wenn viele Einzelheiten noch nicht geklärt worden waren.

Im Nachhinein erscheinen Geschichten über Versuche, größere Unternehmen einzukreisen, neue Produktkategorien zu erfinden und komplizierte Techniken der breiten Masse zugänglich zu machen, wie der Stoff, aus dem Träume sind, wie jene präzise ausformulierten Visionen, die sich viele Mitarbeiter von ihrem Führungsteam wünschen. Als sie zum ersten Mal präsentiert wurden, waren diese Visionen, die uns heute so klar und geschliffen erscheinen, jedoch nur grobe Entwürfe in mancherlei Hinsicht präzise und eindeutig, in anderer hingegen unvorstellbar vage und aus der Luft gegriffen. Solche Beispiele führen uns also deutlich vor Augen, daß eine Vision zwar die Ambitionen eines Unternehmens in die richtigen Bahnen lenken, aber keinesfalls ein detailliertes Bild von der Zukunft und dem Weg zum Ziel zeichnen kann.

Detaillierte Gesamtpläne bringen nichts: Nur ein schrittweises Vorgehen erhöht die Erfolgschancen

Ambitionen, die so hoch gesteckt sind, daß ein Unternehmen sie nicht mehr planen kann, scheinen dem Chaos Tür und Tor zu öffnen. Die Fallbeispiele von Professor James Brian Quinn von der Amos Tuck School der Dartmouth University haben jedoch gezeigt, daß sich wahre Strategien auch in den größten und höchstentwickeltesten Firmen im Laufe der Zeit »weiterentwickeln«. Dies geschieht durch einen Prozeß, den Quinn als »logischen Inkrementalismus« bezeichnet. Seine Forschungen deuten darauf hin, daß ein Unternehmen, das sich peinlich genau an einen vorformulierten Plan zu halten versucht und möglichst wenig Abweichungen zuläßt, seine langfristigen Erfolgschancen mindert, da sich die Zukunft häufig in eine andere Richtung bewegt als zunächst angenommen. Die Alternative besteht darin, die Umsetzung der Vision schrittweise zu konzipieren und die zugrundeliegenden Annahmen neuen Ereignissen anzupassen. Solche inkrementalen Ansätze, derer sich Unternehmen wie Komatsu und Kimberly-Clark bedient haben, können weitaus erfolgreicher sein als allumfassende Gesamtpläne.

> *Wenn du Luftschlösser gebaut hast, muß deine Arbeit nicht umsonst sein. Schließlich gehören sie ja in die Luft. Du mußt sie jetzt nur auf ein Fundament stellen.*
>
> Henry David Thoreau (1817–1862)

Bei Komatsu lautete eine der zentralen Annahmen von Vater und Sohn Kawai, daß das Joint-venture zwischen Mitsubishi und Caterpillar die Existenz ihres Unternehmens gefährde. Daher verlangte Komatsu unverzüglich einen Ausgleich vom Handels- und Industrieministerium (MITI) und beantragte ein Verbot der Kooperation. Das MITI gab daraufhin bekannt, daß seine Genehmigung erst zwei Jahre später, also 1965, in Kraft treten solle. Zwei weitere wesentliche Annahmen der Kawais lauteten, daß nach Vollzug des Joint-ventures – wenn auch mit Verzögerung – Komatsu nur dann weitere Erfolge auf dem Markt für Erdbaumaschinen verbuchen konnte, wenn es seine Technik und Produktqualität erheblich verbesserte. Daher lag der strategische Schwerpunkt von Komatsu in den nächsten beiden Jahrzehnten auf der schrittweisen Stärkung seiner Kompetenzen in diesen beiden Bereichen.

Die notwendige Verbesserung seiner technischen Position gelang dem Unternehmen, indem es seine zweijährige Gnadenfrist nutzte und in aller Eile Technologieverträge mit International Harvester, Bucyrus-Erie und Cummins Engine abschloß. Allerdings wollte Komatsu nicht völlig von diesen ausländischen Technologiepartnern abhängig sein. Daher richtete die Firma 1968 auch ein eigenes Forschungs- und Entwicklungslabor ein. Bis 1982 hatte die Firma dann Mittel und Wege zur Kündigung der Lizenzabkommen mit International Harvester und Bucyrus-

Erie gefunden. (Ein Spitzenmanager des japanischen Herstellers meinte später dazu: »Komatsu hatte die per Lizenzvertrag übernommenen Verfahren verdaut und seine eigene Technologie aufgebaut. Aus diesem Grund haben wir die verschiedenen Lizenzabkommen einfach gekündigt.«)

Wie gelang es Komatsu nun, seine Produktqualität zu verbessern? Auch hier wußte das Unternehmen seine zweijährige Verschnaufpause zu nutzen. Ausgehend von seinem bereits etliche Jahre zuvor gestarteten Qualitätssicherungsprogramm initiierte das Unternehmen »Projekt A« – einen umfassenden Vorstoß, der Qualitätsverbesserung bei Komatsus Hauptprodukten – kleinen und mittelgroßen Bulldozern zum Ziel hatte. Die ersten im Rahmen von »Projekt A« gebauten Planierraupen kamen 1966 auf den Markt; sie hielten doppelt so lange wie ihre Vorgängermodelle. Trotz einer Verlängerung der Garantiefrist gingen daher die Gewährleistungsansprüche um 67 Prozent zurück. Dann läutete Komatsu die zweite Phase von »Projekt A« ein: Senkung der beim Bau der Bulldozer anfallenden Kosten.

1972 folgte dann das »Projekt B«, in dessen Mittelpunkt Qualitätsverbesserungen und anschließende Kosteneinsparungen bei großen Planierraupen, Komatsus Hauptexportartikel, standen. Und 1976, als die Nachfrage nach Baumaschinen weltweit nachzulassen drohte, folgte dann die »Kampagne V-10«, die eine 10prozentige Kostenreduktion bei gleichzeitiger Qualitätserhaltung oder -verbesserung, eine Verringerung in der Zahl der verwendeten Teile von mindestens 20 Prozent sowie eine Rationalisierung der Fertigungsverfahren zum Ziel hatte. Das Bestechende an Komatsus schrittweisem Ansatz war nicht nur die Tatsache, daß jede einzelne Maßnahme die Wettbewerbsposition des Unternehmens stärkte, sondern auch, daß sich alle Schritte auch gelohnt hätten, selbst wenn die Firma niemals ihr Endziel »Maru-C« erreicht hätte.

Bei Kimberly-Clark lautete die zentrale Zukunftsprognose: Papierartikel zum einmaligen Gebrauch können Mehrwegprodukte ersetzen, und wir können mit unseren Verfahren zur Papierherstellung, einem Schuß Hartnäckigkeit und Experimentierfreudigkeit diese neuen Verbrauchsgüter entwickeln und vermarkten. Nachdem Kimberly-Clark mit der Erfindung und Einführung der Kotex-Damenbinden den ersten Vorstoß auf diesen Markt gewagt hatte, konzentrierte es sich im nächsten Schritt darauf, das Tabuthema Damenbinden zu einem Gegenstand der öffentlichen Diskussion zu machen. Bei der Bestellung von jeweils 144 Packungen erhielten die Händler 22 Päckchen als kostenlose Dreingabe. Das Unternehmen verteilte Gratisproben an Verbraucher und Krankenschwestern, startete Werbekampagnen, verpackte seinen Artikel für den Einzelhandel in neutrales Papier und lancierte massive Aufklärungskampagnen. (Wie John Kimberly später erklärte, ging Kimberly-Clark ganz auf Nummer Sicher und gründete eine »separate Gesellschaft …, die das neue Erzeugnis vertreiben und verkaufen sollte, ohne den wohlrenommierten alten Firmennamen ins Spiel zu bringen«. Ab 1950 durfte diese Tochtergesellschaft wieder unter »Kimberly-Clark« firmieren.)

Bestärkt durch seinen Erfolg mit Kotex wagte Kimberly-Clark den nächsten inkrementalen Schritt und führte einen zweiten Konsumartikel zum einmaligen Gebrauch ein: ein »Sanitätstuch zur Beseitigung der Cremes«. Dieses Produkt beruhte ebenfalls auf einem während des Krieges entwickelten Verfahren, mit dessen Hilfe besonders dünne und weiche Zellulosetücher für die Filter von Gasmasken hergestellt worden waren. Sie raten schon, worum es hier ging, natürlich um *Kleenex.* Das Unternehmen bemühte sich nach Kräften, die Papiertücher weicher und fester zu machen, erreichte jedoch nur moderate Verkaufszahlen, bis das Topmanagement 1920 eine Verbraucherstudie in Auftrag gab, nachdem es immer häufiger gehört hatte, daß viele Frauen Kleenex nicht zum Abschminken, sondern als Taschentuch verwendeten. Die Studie ergab, daß 61 Prozent der Befragten Kleenex für ein Taschentuch hielten, während hingegen nur 39 Prozent an ein Reinigungstuch dachten. Kimberly-Clark änderte daraufhin seine Werbestrategie und verdoppelte dadurch den Absatz der Kleenex-Tücher in den nächsten zwölf Monaten. Der daraus resultierende Cashflow konnte in neue Anlagen für weitere Wegwerfartikel investiert werden. Dies führte zu einer überarbeiteten, breiter gefaßten Vision: *Veränderung der grundlegenden Lebensgewohnheiten einer ganzen Nation durch Erschließung eines neuen Marktes für Papierprodukte zum einmaligen Gebrauch.*

Der schrittweise Ansatz, den die großen Visionäre in der Wirtschaft wählen, wird eine andere Gruppe vorausschauender Menschen wohl kaum überraschen: Schachspieler. Als 1966 in einer Untersuchung einmal die Zeit gemessen wurde, die Schachspieler für ihren zweiten Zug benötigten, nachdem ihre Gegner das Spiel eröffnet hatten, ergaben sich deutliche Unterschiede, je nach dem Geschick der Spieler: Spieler der Klasse C brauchten nur wenige Sekunden, Experten sieben, Meister zehn und Großmeister bis zu zwanzig Minuten. Der Grund: Der Zug eines Kontrahenten bietet einem Schachspieler die Gelegenheit, die Möglichkeiten auf dem Brett neu zu überdenken, und bessere Spieler machen davon auch weidlich Gebrauch. Ebenso müssen Unternehmen mit hochgesteckten Ambitionen und großartigen Gesamtplänen auch einzelne Bausteine skizzieren, die Reihenfolge ihrer Umsetzung planen, für die Gegenwart einige besonders wichtige Prioritäten setzen und dann bereit sein, ihre Strategie zu ändern, wenn sich die Optionen auf dem Spielbrett ändern.

Träume sind nichts wert. Träumen kann doch ein jeder… Visionen kosten nichts. Und daher ist eine Vision keineswegs ein Wettbewerbsvorteil… Der wichtigste Teil meiner Arbeit besteht darin, daß ich in relativ knapper Form aufschreibe, was das Unternehmen meiner Meinung nach tun sollte… Ich gebe den Mitarbeitern den grundlegenden Rahmen vor, in dem wir arbeiten werden, und überprüfe dann Projekte.

Bill Gates, Gründer und Chairman der Firma Microsoft

Das schrittweise Vorgehen, das Komatsu und Kimberly-Clark praktizierten, bietet drei Vorteile. Erstens muß der »Visionär« nicht unbedingt über hellseherische Fähigkeiten verfügen, da der

Kurs, der zu den Unternehmenszielen führt, immer wieder korrigiert werden kann. Zweitens erhöhen sich dadurch die Chancen für eine Verbesserung der Wettbewerbsposition, selbst wenn das ursprünglich angestrebte Ziel niemals erreicht wird. Und drittens erlaubt diese Vorgehensweise einem Unternehmen (oder einem Geschäftsbereich), Chancen oder Gefahren zu identifizieren und wahrzunehmen bzw. zu entschärfen, die es zu Beginn seines Vorhabens noch nicht hatte vorhersehen können.

Vergessen Sie die großangelegten Visionsplanungen: Die Hüter der Unternehmensressourcen wachen über den Eingang zum Paradies

Träume und Visionen können überall im Unternehmen entstehen. Zu ihrer Umsetzung wird allerdings ein relativ großer Teil der knappen Unternehmensressourcen benötigt: Kapital, Zeit für Forschung und Entwicklung, Fertigungskapazitäten, Werbemittel usw. Bisweilen müssen auch Änderungen vorgenommen werden, die weit über die impliziten »Hausregeln« hinausgehen. In solchen Fällen müssen Bereichsleiter, Geschäftsführer, Direktoren, Vorstände oder andere Führungskräfte, die faktisch über die Ressourcenverteilung oder die Überarbeitung von Vorschriften bestimmen, für das Projekt gewonnen werden. Ganz gleich, was der Unternehmenschef zum Thema »flachere Organisationsstruktur« oder die Einbeziehung weiter Kreise in die »Visionsentwicklung« sagen mag – den Weg ins Paradies versperren jene Manager, die die Firmenressourcen kontrollieren. (Auf das Thema »flachere Organisation« geht Kapitel 4 genauer ein.)
Nehmen wir als Beispiel den Werdegang von King Kullen. 1930, mitten in der Weltwirtschaftskrise, befanden sich Lebensmittelgeschäfte in der Regel im Geschäftsdistrikt der Innenstadt, erzielten auf einer Verkaufsfläche von 46 bis 55 Quadratmetern einen wöchentlichen Umsatz von 500 bis 800 Dollar, mußten

aber gleichzeitig hohe Lohnkosten tragen, da nur wenige Artikel zur Selbstbedienung angeboten wurden. Der 46jährige Michael Cullen, der die Filiale der Kroger Grocery and Baking Company in Herrin im US-Bundesstaat Illinois leitete, war überzeugt, daß eine Branche mit solchen Merkmalen zum Untergang verurteilt war. Er hatte eine bessere Idee, und daher schrieb er einen Brief an den Vizepräsident der Firma Kroger, die damals eine Kette kleiner Einzelhandelsgeschäfte betrieb. Nach Cullens Ansicht sollte sich Kroger in eine Supermarktkette verwandeln, ausgehend von fünf Pilot-Standorten, die seinem Plan zufolge »Cullen Stores« heißen sollten. Hier noch eine Auswahl seiner weiteren Vorschläge:

- durchschnittliche Ladengröße: 540 Quadratmeter (etwa 12 mal 40 bis 50 Meter)
- Standort: drei Querstraßen von den »teuren Innenstadtlagen« entfernt, ausreichendes Parkplatzangebot
- Selbstbedienungsanteil: 80 Prozent
- erwarteter Wochenumsatz: 1500 Dollar bei Obst und Gemüse, 2500 Dollar bei Fleisch- und Wurstwaren, 8500 Dollar bei Lebensmitteln
- erwartete Bruttoumsatzrendite auf der Grundlage detaillierter Schätzungen der betrieblichen Aufwendungen: 2,5 Prozent bei Obst und Lebensmitteln, 3 Prozent bei Fleisch- und Wurstwaren
- Preispolitik: 300 Artikel zum Selbstkostenpreis, 200 Artikel 5 Prozent über Selbstkostenpreis, 300 Artikel 15 Prozent über Selbstkostenpreis und 300 Artikel 20 Prozent über Selbstkostenpreis
- Werbestrategie: doppelseitige Zeitungsanzeigen, in denen »300 Artikel zum Selbstkostenpreis und 200 weitere praktisch zu den gleichen Kosten« offeriert werden

Aus heutiger Sicht fällt einem sofort auf, wie umfassend, kühn und präzise Cullens Schreiben war. Dennoch lehnte der Vizepräsident von Kroger diese Idee nicht nur ab, sondern verbot Mike

Cullen sogar jegliche weitere Diskussion dieses Themas. Daraufhin gründete der Visionär in Long Island im US-Bundesstaat New York die Lebensmittelkette King Kullen, der 1935 fünfzehn Supermärkte angehörten. Michael Cullen starb 1936, noch bevor er seine Strategie auf nationaler Ebene umsetzen konnte. Kroger hatte mittlerweile nach Cullens Ausscheiden dessen Vorschlag nochmals überprüft und bis 1935 insgesamt 50 Supermärkte eingerichtet, von denen sechs mit Parkflächen ausgestattet waren. Man kann nur spekulieren, wie Cullen seinen Traum hätte verwirklichen können, wenn ihm eine weitere Zusammenarbeit mit Kroger ermöglicht worden wäre.

Visionen werden Wirklichkeit, wenn die für die Verteilung der Ressourcen zuständigen Führungskräfte tief in ihrem Innern glauben, daß die darin beschriebenen Ambitionen die zukünftige Entwicklung der Branche zutreffend beschreiben und die Weichen in diese Richtung gestellt werden können. Wenn den »Ressourcenhütern« die Person, von der die neue Vision stammt, unsympathisch ist, wenn sie mehr Daten benötigen, bevor sie sich auch emotional guten Gewissens für die neue Idee engagieren können, oder wenn sie die maßgeblichen Entwicklungen in der Branche anders einschätzen, werden sie die für die Umsetzung der Vision erforderlichen Mittel höchstwahrscheinlich nicht bereitstellen. Ohne entsprechendes Datenmaterial, das die Zukunftsprognosen dieser Menschen grundlegend verändert, führt die Entwicklung einer Vision daher vielleicht zu bestechenden Folien auf dem Overheadprojektor, aber wohl kaum zu einer Änderung der strategischen Ausrichtung des Unternehmens. Denn Visionen sind das Produkt bestimmter Denkweisen und Leidenschaften, nicht mechanisch angewandter Verfahren. Eine Vision, die nicht die Fantasie und Begeisterung der für die Ressourcenverteilung zuständigen Manager weckt, kann kaum erfolgreich umgesetzt werden.

Visionen können tatsächlich über den Erfolg oder Mißerfolg eines Unternehmens entscheiden. In Zeiten des Wandels hängt die zukünftige Dynamik eines Unternehmens oftmals von einer grundlegenden Verlagerung der Überzeugungen und Verhaltensweisen vieler Menschen ab. Allerdings müssen dabei in der Regel auch vertraute Geschäftspraktiken, langjährige Traditionen oder Produkte, die den Mitarbeitern ans Herz gewachsen sind, über Bord geworfen werden. Visionen stellen eine Möglichkeit dar, wie Unternehmensführer die erforderlichen Veränderungen beschreiben und andere für ihre Pläne gewinnen können. Wer jedoch »Visionsentwicklung« ohne Unterstützung der Ressourcenhüter betreibt, kann lediglich einen weiteren Unterpunkt auf der Checkliste »Spitzenleistungen im Management« abhaken – während sich in Wirklichkeit die geschäftliche Ausrichtung des Unternehmens nicht nennenswert ändert.

Ebensowenig gibt es Standardrezepte für erfolgreiche Visionen. Nicht jedes Unternehmen könnte in die Fußstapfen von Komatsu mit seiner ehrgeizigen Vision treten. Nicht jede Branche ist reif für eine Revolution, und nicht jede Führungskraft taugt zum Pionier. Viele Firmen wären statt dessen gut beraten, wenn sie sich zunächst einmal zum Ziel setzen würden, ihren Kunden attraktive Produkte zu liefern und ein angenehmes Arbeitsklima für ihre Beschäftigten zu schaffen. Auch müssen nicht alle Visionen so detailliert ausgearbeitet sein wie die von King Kullen. Auch wenn viele der heute berühmten Visionen den Eindruck erwecken, sie hätten von Anfang an detailliert ausformulierte Gesamtpläne beinhaltet, waren die meisten, wenn man so will, zunächst nur »poststrategische Erkenntnisse«, die erst nach Abschluß der Reise vollständig schriftlich dokumentiert wurden. Wie alle anderen menschlichen Tätigkeitsfelder hat auch die Wirtschaft so ihre eigenen Heldensagen hervorgebracht.

Die meisten Unternehmen fahren am besten, wenn die Führungskräfte, die über die Mittelverwendung entscheiden, sich ihre eigenen Annahmen über die zukünftige Branchenentwicklung vergegenwärtigen, andere im Unternehmen um ihre Stellungnahme (und mögliche Gegenargumente) bitten, auf der Grundlage dieser Informationen die Ambitionen der Firma in Worte fassen und sie dann Schritt für Schritt ausbauen und modifizieren. Ob nun die Vision letztendlich großartig oder eher bescheiden ausfällt, dieser Ansatz erlaubt den Menschen im Unternehmen auf jeden Fall, nach den Sternen zu greifen, ohne dabei die Realität aus den Augen zu verlieren. Und nur das ist sinnvoll, will man das Unternehmen durch eine Zukunft steuern, die niemand – nicht einmal der weitblickendste Unternehmenskapitän – ganz genau vorhersagen kann.

2. KAPITEL

Auftrag unverständlich

Auf den Inhalt kommt es an

> *Zieldeklaration (syn.: »Mission Statement«). 1. Eine kurze, prägnante Beschreibung des Unternehmenszwecks, die als lockere Partitur dienen und alle Mitarbeiter im Unternehmen anregen soll, auch ohne strenge Kontrollen die gleiche Melodie zu spielen. 2. Häufig auch das Versprechen eines immerwährenden Engagements für eine beliebige Kombination von Schlagwörtern wie »Total Quality Management«, »Kostenführerschaft«, »mündige Mitarbeiter durch Empowerment«, »Spitzenleistungen«, »kontinuierliche Verbesserungen« und anderen Managementparolen, die gerade Hochkonjunktur haben; wird zwar für ein bestimmtes Unternehmen geschrieben, paßt jedoch gleichermaßen für Flugzeugbauer, Software-Anbieter, Bezirkskrankenhäuser, Warenhausketten und die Schnellreinigung an der Ecke. 3. In manchen Unternehmen auch ein an deutlich sichtbarer Stelle ausgehängter Talisman, der böse Geister vertreiben soll.*

Unternehmen verwenden häufig »Zieldeklarationen«, um ihren Adressaten nahezubringen, wie sie sich selbst und ihre Zukunft sehen. Dazu gehören Erklärungen über die Art und Weise, wie eine Firma ihre Geschäfte abwickelt, welche Ziele sie anstrebt und/oder die Strategie, mit deren Hilfe sie diese Zukunft zu erreichen gedenkt. Wer jedoch eine solche »Zieldeklaration« für eine unabdingbare Voraussetzung für die Verwirklichung einer Vision hält, möge sich die Geschichte von F. Kenneth Iverson und dem von ihm geleiteten Unternehmen, der Nucor Corporation, vor Augen halten.

Iverson ist zweifellos einer der klassischen Visionäre der amerikanischen Wirtschaft. Sein Unternehmen, Nucor, hat alle traditionellen Annahmen über die Stahlherstellung auf den Kopf gestellt, von den Rohstoffen (Alteisen statt Eisenerz) über die eingesetzten Technologien (Lichtbogenöfen statt der Sinteranlagen, Koks- und Hochöfen und Sauerstoffaufblaskonverter, die in den großen integrierten Stahlkonzernen verwendet werden) bis hin zu den Arbeitgeber-Arbeitnehmer-Beziehungen und der Vergütungspolitik (keine gewerkschaftliche Organisation, aber ein dynamisches Gewinnbeteiligungsprogramm). Als Iverson 1965 bei Nucor die Zügel in die Hand nahm, rümpften die großen Stahlkonzernverbünde die Nase über sein Ministahlwerk mit seinem Jahresumsatz von 22 Millionen Dollar, das damals auf dem besten Wege war, Verluste von mehr als zwei Millionen Dollar anzuhäufen. 1993, fast 30 Jahre später, hatte Nucor beim Umsatz seinen integrierten Konkurrenten Wheeling-Pittsburg hinter sich gelassen (2,2 Milliarden Dollar im Vergleich zu 1,0 Milliarden Dollar), übertraf beim Gewinn sowohl Bethlehem Steel als auch Inland Steel Industries (124 Millionen Dollar gegenüber Verlusten von 266 bzw. 38 Millionen Dollar) und hielt mit 33 Prozent einen höheren Marktanteil als Armco, Wheeling-Pitt, Bethlehem und Inland *zusammen* (5181 Millionen Dollar gegenüber 4482 Millionen Dollar, Stand März 1994). Noch schlimmer wurde das Ganze jedoch durch die Tatsache, daß Nucor in einer Zeit, in der die Branche insgesamt schrumpfte, immer weiter expandierte und seinen Vormarsch auf das Gebiet des Flachstahls ausdehnte – einer Produktkategorie, die einst als immun gegen die Attacken der Ministahlwerke galt.

Es überrascht nicht, daß Nucor und Iverson Gegenstand vieler Artikel in der Wirtschaftspresse waren. Und so nimmt es auch nicht wunder, daß Iverson manchmal telefonisch um zusätzliche Informationen gebeten wird. In einer Rede vor dem »Planning Forum« berichtete er 1993 von einem solchen Fall:

Nucor ist an etlichen Wirtschaftsuniversitäten zum Fallbeispiel geworden ... [Ein Student rief mich an,] und er sagte: »Entschuldigen Sie bitte, könnten wir vielleicht eine Kopie

Ihrer Zieldeklaration haben?« Ich antwortete: »Nein.« Und er sagte: »Warum nicht?« Und ich erwiderte: »Weil es so etwas bei uns nicht gibt.« In den Zieldeklarationen der meisten Unternehmen steht nichts als Unfug; sie sind voll von wohlklingenden, blumigen Formulierungen, die die meisten Mitarbeiter überhaupt nicht lesen ... und sie haben kaum einen Bezug zum Geschäftsgebaren und den Abläufen des Unternehmens.

Der Mann hat recht. Unternehmen mit großartigen Visionen und Wertvorstellungen, zu denen Nucor zählt, *benötigen* zur Verwirklichung ihrer Ambitionen keine Zieldeklarationen, solange sie auch auf andere Weise mit ihren Zielgruppen kommunizieren können. Und das ist Nucor gelungen. Umgekehrt kann keine Absichtserklärung dieser Welt, und mag sie noch so geschliffen formuliert sein und noch so fleißig verteilt werden, Visionen oder Wertvorstellungen *hervorbringen,* die ansonsten im Unternehmen jeglicher Grundlage entbehren.

Dennoch entscheiden sich immer mehr Unternehmen dafür, Zieldeklarationen zu verfassen. Untersuchungen einer führenden Consulting-Firma haben ergeben, daß sich die Zahl dieser Dokumente bis 1994 innerhalb von fünf Jahren verdoppelt hatte; in jenem Jahr gab es in über der Hälfte der amerikanischen Großkonzerne ein »Mission Statement«. Was können Unternehmen nun angesichts der wachsenden Beliebtheit dieser Dokumente tun, um sicherzustellen, daß ihre Erklärung nicht vor »Unfug« und »blumigen Formulierungen« strotzt, die »kaum einen Bezug zum Geschäftsgebaren und den Abläufen des Unternehmens« haben?

Eine Zieldeklaration ist ein Kommunikationswerkzeug. Sie kann zwar durchaus Kunden, Aufsichtsbehörden und Lieferanten über das Unternehmen informieren. Ihr eigentlicher Nutzen besteht jedoch darin, die Grenzen für die kollektiven Aktivitäten der Menschen abzustecken, die in oder mit dem Unternehmen arbeiten. Diese Grenzen nenne ich den »organisatorischen Rahmen«, der den Handlungsspielraum des Unternehmens insgesamt umschreibt. Alle Tätigkeiten, die in diesen Rahmen passen, sind zulässig; alles, was außerhalb liegt, ist nicht statthaft. Die »Aspirationserklärung« von Levi Strauss & Co. beschreibt das Produkt des Unternehmens als »Markenfreizeitkleidung« und bringt damit deutlich zum Ausdruck, daß etwa Markenjeans innerhalb des vorgegebenen Rahmens liegen – nicht aber die Haute Couture, obwohl sie nachweislich ebenfalls ein ehrbarer (wenn auch kostspieliger) Geschäftszweig ist.

Leider gelingt es jedoch vielen Zieldeklarationen nicht, einen brauchbaren Rahmen für die Geschäftstätigkeit eines Unternehmens abzustecken. Für Unternehmen, die sich für eine solche Absichtserklärung entscheiden und sicherstellen wollen, daß sie ihnen auch tatsächlich etwas nützt, ist die »IRG-Analyse« – die Überprüfung von *Inhalt*, *Relevanz* und *Glaubwürdigkeit* – ein guter Ausgangspunkt.

Die Allzweckdeklaration

Unsere Aufgabe besteht darin, das bestgeführte Unternehmen der Welt in der [bitte Passendes einsetzen]-Branche zu werden durch unser Engagement für höchste Kundenzufriedenheit bei allen unseren Serviceleistungen, die erbracht werden von Mitarbeitern mit weitreichender Entscheidungsbefugnis, die im Rahmen des neuen Teamparadigmas an der kontinuierlichen Verbesserung unserer Position beispielloser Qualität und Kostenführerschaft arbeiten und dabei überdurchschnittliche Erträge für unsere Aktionäre erwirtschaften.

Zieldeklarationen zweier Zeitungen

Alle Nachrichten, die es Wert sind, gedruckt zu werden

Motto im Zeitungskopf der *New York Times*

Die schlechteste Zeitung der Welt

Motto im Zeitungskopf des *Marshall Islands Journal*

41

Inhalt – oder
»Zu viele Noten verderben die Melodie«

Ein Unternehmenschef fragte mich einmal, was ich denn von Zieldeklarationen halte. Ich antwortete mit einer Gegenfrage: »Gibt es in Ihrem Unternehmen ein solches Dokument, und falls ja, was steht da drin?« Nachdem er einige Sekunden lang in seinen Bart genuschelt hatte, entschuldigte er sich, kramte in seinem Aktenkoffer herum und zog schließlich eine Kopie heraus, um sie mir vorzulegen. Wenn bereits er den Inhalt des Dokuments nur wiedergeben konnte, wenn er ihn ablas, wie hoch ist Ihrer Meinung nach dann die Wahrscheinlichkeit, daß die anderen Mitarbeiter in seinem Unternehmen diese Botschaft verinnerlicht haben und sie als kontextuellen Rahmen ihres eigenen Handelns betrachten?

Dieses Beispiel von einer Zieldeklaration, die man getrost vergessen kann, ist keineswegs ein seltener Ausnahmefall. In vielen Firmen trägt die Beschreibung des Unternehmenszwecks eher dazu bei, den Handlungsrahmen zu verschleiern, weil entweder so belanglose Worte verwendet werden, daß ihre Bedeutung praktisch gleich Null ist, oder weil das Dokument so viel Geschwafel enthält, daß man den Wald vor lauter Bäumen nicht mehr erkennen kann.

Betrachten wir zunächst das erste dieser beiden Probleme: austauschbare 08/15-Phrasen, bei denen man vergeblich nach dem Inhalt sucht. Diese offensichtliche Vorliebe für leere, nichtssagende Worte hat derart um sich gegriffen, daß ein Handbuch für die Verfasser von »Zieldeklarationen« allen Ernstes vorschlägt, Unternehmen sollten Sätze wie diesen verwenden: »Wir setzen uns für beispiellose Qualität ein.« Nach den mir bekannten Zieldeklarationen zu urteilen, haben sich nicht gerade wenige Unternehmen an ähnliche Anweisungen gehalten. Daher verschreiben sie sich einem leidenschaftlichen Einsatz für den »Kundennutzen« oder proklamieren »Wir wollen die Besten sein«, ohne diese Ziele über ihre intergalaktischen Aussagen hinaus näher zu erläutern oder gar Wege zum Ziel aufzuzeigen. Ganz anders liest sich

hingegen das »Mission Statement« des amerikanischen Eiscreme-
herstellers Ben & Jerry: *Produktion, Vertrieb und Verkauf von
Eiscreme und verwandten Produkten bester Qualität aus rein
natürlichen Zutaten auf der Grundlage von Milchprodukten
aus Vermont in einer Vielzahl innovativer Geschmacksrichtun-
gen.* Oder dieser Satz aus dem entsprechenden Dokument von
McDonald's: *Wir wollen den Appetit der Menschheit auf gutes,
mit einem freundlichen Lächeln serviertes Essen zu erschwingli-
chem Preis stillen.* Im Vergleich zu diesen beiden Beispielen bieten Banalitäten wie das Streben nach »beispielloser Qualität« nur
leere Kalorien ohne jeglichen Nährwert.

Das zweite Problem, nämlich zu großer Wortreichtum, kann die
Botschaft ebenfalls unverständlich machen. Manche Firmen halten ihre Absichtserklärungen anscheinend für eine Art Faltkof-
fer: Sie stopfen immer mehr Ballast hinein, bis diese vollgepack-
ten »geistigen Taschen« so schwer geworden sind, daß sie keiner
mehr heben kann. Das Resultat: Eine Zieldeklaration mit ungemein vielen Worten, von denen jedes einzelne von einem Komi-
tee nach langen Verhandlungen sorgfältig auf die Goldwaage gelegt wurde, bis schließlich nur noch wenige Menschen die Botschaft hinter den zahllosen Worthülsen verstehen können. Solche
Proklamationen verleihen oftmals zwar einem Teil des Unternehmens Stärke und die richtige Perspektive (und zwar meistens den
Verfassern des Dokuments). Für die meisten Mitarbeiter wird
dieses Papier jedoch ohne eine kurze und bündige Zusammenfas-
sung sehr schnell Bestandteil der allgemeinen Hintergrundgeräu-
sche – das übliche »Blabla« aus der Vorstandsetage.

Eine Zieldeklaration besteht nur dann die »Inhaltsprüfung«,
wenn ihre Formulierungen den Menschen in der Organisation
wirklich etwas sagen und eine oder mehrere zentrale Botschaften
enthalten. Dies ist beispielsweise der Hotelkette Ritz-Carlton
gelungen, die sich ihren Mitarbeitern gegenüber so beschreibt:
»Damen und Herren, die Serviceleistungen für Damen und Herren erbringen.« Als Sigi Brauer Geschäftsführer des Bostoner
Ritz-Carlton war, erklärte er frisch eingestellten Mitarbeitern,
daß hinter diesem Satz der Gedanke stünde, daß ein Angestellter

des Ritz-Carlton nicht fragt »Was wollen Sie?«, sondern »Wie kann ich Ihnen helfen?« und daß die im Service tätigen *Damen und Herren* keinesfalls als Dienstboten, sondern als geschätzte Mitarbeiter geachtet würden.

Ein weiteres Beispiel für eine gelungene Wortwahl ist das Sendungsbewußtsein, das zu Beginn hinter der Entwicklung des Macintosh-Computers stand: »Entwicklung eines preisgünstigen tragbaren Computers, der so nützlich ist, daß ihn sein Besitzer vermißt, wenn er ihn nicht bei sich hat.« Für beide Unternehmen schufen diese Worte einen Rahmen, der einen genauen Kurs vorzeichnete und gleichzeitig die Beschäftigten überzeugte.

Ein gute Möglichkeit, die inhaltliche Qualität Ihrer Zieldeklaration einzuschätzen, besteht darin, Mitarbeitern auf allen Organisationsebenen die Frage zu stellen, was sie denn sagen würden, wenn sie den Kern dieser Botschaft einem neuen Mitarbeiter nahebringen müßten. Wenn sie daraufhin eine gut durchdachte Version liefern können, hat Ihre Zieldeklaration den Inhaltstest bestanden, selbst wenn Ihre Beschäftigten nicht den gleichen Wortlaut wählen wie das ursprüngliche Dokument oder wenn sie die einzelnen Punkte in einer anderen Reihenfolge aufzählen. Wenn Ihre Mitarbeiter den Inhalt jedoch nicht adäquat reproduzieren können, wissen Sie, daß Ihr Dokument entweder aus leeren Worthülsen besteht oder viel zu langatmig ist – oder beides.

Eine überzeugende Wertedeklaration:

Wir wollen nicht vergessen, daß die Medizin für den Patienten da ist. Wir wollen uns stets daran erinnern, daß Medizin dem Menschen dienen soll und nicht der Gewinnerzielung. Wenn wir uns immer an diese Grundsätze halten, werden wir auch stets Gewinne erwirtschaften. Je mehr wir diese Werte verinnerlichen, desto höher werden auch unsere Gewinne ausfallen.

George W. Merck, President der Firma Merck & Co., 1932–1957

Relevanz – oder
»Der Rahmen ist mächtiger als das Schwert«

Jedes »Mission Statement« hat seine Grenzen. Das Wettbewerbsumfeld ändert sich. Gesetzliche Bestimmungen ändern sich. Die
Kunden verändern sich. Irgendwann summieren sich diese Veränderungen so sehr, daß sich auch die Strategien, die Zieldeklaration und die grundlegenden Denkweisen eines Unternehmens
ändern müssen. In solchen Fällen können die bisherigen Absichtserklärungen keine hilfreiche Verhaltensrichtschnur mehr
bieten, weil sie nicht mehr relevant für die wahrscheinlichen –
oder auch potentiell möglichen – Anforderungen sind, von denen
der zukünftige Erfolg abhängt.

Dennoch betrachten viele Unternehmen ihre Zieldeklaration als
unveränderliche Konstante. Zum einen liegt dies daran, daß eine
Veränderung des Handlungsrahmens eine wesentliche Verlagerung in der Strategie oder Ausrichtung erfordert – ein Schritt,
den niemand leichtfertig wagt. Zum anderen ist es aber auch
darauf zurückzuführen, daß der Entwurfsprozeß der ursprünglichen Erklärung oft so mühevoll und teuer war, daß kein Mitarbeiter ihn nochmals durchlaufen möchte. Je mehr die offizielle
Bekanntgabe der Aufgaben und des Zweckes eines Unternehmens in Beton gegossen wird, desto mehr werden auch etwaige
Veränderungsvorschläge tabuisiert. Wenn dann die Zieldeklaration modifiziert werden muß, klammert sich das Unternehmen
aufgrund dieses Tabus effektiv an überholte oder schlicht un-
richtige Annahmen über die auf seinem Markt relevanten Er-
folgsfaktoren.

So standen beispielsweise die Spitzenmanager einer führenden
Bank vor folgendem Dilemma: Marktforschungsdaten deuteten
zunehmend darauf hin, daß ihre Kunden in finanziellen Fragen
nicht alle Serviceleistungen aus einer Hand beziehen wollten.
Dieses Nachfrageverhalten stand in direktem Widerspruch zu
einem Teil der Richtlinien, die in der Zieldeklaration ihres Unternehmens verankert waren. Doch keiner der Topmanager war
bereit, dieses Problem direkt beim Namen zu nennen – das war

viel zu riskant. Statt dessen wurden die Umfrageergebnisse ignoriert, was eine Reihe von strategischen Optionen zunichte machte, die sich nahtlos in die Stärken und Fähigkeiten der Bank eingefügt hätten. Die Zieldeklaration legte in diesem Fall nicht etwa den Grundstock für richtige strategische Verhaltensweisen, sondern verhinderte sie geradezu.

Ein noch extremeres Beispiel liefert hier ein großer Konzern aus der Elektronikbranche, dessen Geschäftsführung zu dem Schluß kam, daß die einzige Hoffnung des Unternehmens in einer verstärkten Fokussierung auf Software und Dienstleistungen lag und nicht in Eisenblöcken und kilometerlangen Drähten. Der Vorstandsvorsitzende teilte diese Meinung, bis jemand anklingen ließ, daß dann auch die Zieldeklaration entsprechend abgeändert werden müsse. »Um Himmels willen«, rief der Unternehmenschef völlig entsetzt, »wir haben zwei Jahre gebraucht, bis wir uns auf diese Formulierung geeinigt haben. Wir können sie jetzt nicht einfach ändern.« Das Resultat: Die Kursanpassung unterblieb, und die Folgen entsprachen genau den Vorhersagen der Analyse: stetig sinkende Margen und massiver Personalabbau.

Wenn Unternehmen trotz neuer Erkenntnisse an überkommenen Zieldeklarationen festhalten (wie in unserem ersten Beispiel) oder sie partout nicht an veränderte Marktgegebenheiten anpassen wollen (wie im zweiten Fall), können ihre wohlgesetzten Worte, die Jahr für Jahr treu und brav im Geschäftsbericht und auf Hochglanzpostern abgedruckt werden, im günstigsten Falle irrelevant werden. Schlimmstenfalls können sie dem Unternehmen sogar schaden. Wenn Ihr Unternehmen seine Ziele in einem solchen Dokument fixiert hat oder plant, eine neue Zieldeklaration zu schreiben oder seine alte zu überarbeiten, lohnt es sich, mit Hilfe des Relevanztests zu überprüfen, ob der darin abgesteckte Handlungsrahmen zu den Maßnahmen paßt, die Voraussetzung für den zukünftigen Erfolg des Unternehmens sind – und nicht nur zu den Erfolgsrezepten der Vergangenheit oder dem Wunschdenken der Verfasser.

Glaubwürdigkeit – oder
»Warten auf den Sankt-Nimmerleins-Tag«

Viele Zieldeklarationen sind unfreiwillig komisch. Wir alle kennen Unternehmen, die vom Kundenservice schwärmen, aber ihre Kunden gleichzeitig regelmäßig verächtlich und geringschätzig abfertigen, die vollmundig der Bevollmächtigung der Mitarbeiter huldigen, aber ihren Beschäftigten mit noch weniger Respekt begegnen als ihren Kunden, die davon träumen, das »bestgeführte Unternehmen« oder die »Nummer eins« in ihrer Branche zu werden, während ihr Marktanteil kontinuierlich schrumpft. In jedem dieser Fälle könnten aufmerksame Beobachter zu dem Schluß kommen, daß die Unternehmensziele wohl – wenn überhaupt – um den »Sankt-Nimmerleins-Tag« herum erreicht werden.

Führungskräfte in solchen Unternehmen rechtfertigen ihre offensichtlich absurden Zieldeklarationen häufig als »Versuch der Mobilmachung«, daß heißt als rhetorische Tricks, die darauf abzielen, die Kultur und Marschrichtung des Unternehmens zu verändern. Forschungen von Andrew Campbell, einem Direktor des Ashridge Strategic Centre in London, und Laura Nash, einer an der Boston University tätigen Wissenschaftlerin, haben jedoch gezeigt, daß Zieldeklarationen dann besonders wirkungsvoll sind, wenn sie zur *Verstärkung bereits begonnener* Maßnahmen dienen. Wie weit diese Bemühungen bereits fortgeschritten sein müssen, hängt vom jeweiligen Einzelfall ab. Am einen Ende der Skala steht Komatsu. Sein Ziel »Maru-C« (bzw. »Caterpillar einkreisen«) war zwar kühn, doch ebneten seine Maßnahmen zur Verbesserung der Qualität von kleinen und mittelgroßen Bulldozern zumindest den Weg für erste Schritte in diese Richtung. Am anderen Ende der Skala befindet sich British Airways (BA). BA-Chairman Colin Marshall initiierte 1983 den Turnaround der Fluggesellschaft – und verkündete 1986 das Credo der Kundenzufriedenheit, nachdem British Airways sich bereits mehrere Jahre lang um Verbesserungen in diesem Bereich bemüht hatte.

In beiden Fällen verstärkten die Slogans bereits in Angriff genommene Vorhaben und fanden ihren Niederschlag in den tatsächlich im Unternehmen verliehenen Auszeichnungen. Wenn ehrgeizige Zielvorgaben sich jedoch nicht auf eine solche Grundlage stützen, werden sie häufig zum Bumerang. Das vergebliche Bemühen, die Kluft zwischen den anvisierten Zielen und der realen Situation zu schließen, steigert dann die Frustration einiger Mitarbeiter immer mehr. Andere erkennen diese Diskrepanz und verlegen sich auf Zynismus; sie haben den Eindruck, daß ihre Arbeitgeber in »schlechtem Glauben« bzw. böswillig handeln, und bringen dem Führungsteam allmählich nur noch Verachtung entgegen. Meinen Beobachtungen zufolge tritt bei den meisten Beschäftigten aber eine Art »Gehirnspaltung« auf: Sie zitieren und diskutieren die Zieldeklaration mit der einen Gehirnhälfte, treffen aber ihre täglichen Entscheidungen mit der anderen, für die »internen Spielregeln« zuständigen Gehirnhälfte – und nur selten erkennen sie den Gegensatz zwischen den befürworteten Standards und den tatsächlich durchgeführten Maßnahmen. »Frontberichte« von heldenhaften Versuchen, die Zieldeklaration am Leben zu erhalten, können diese Gehirnspaltung weiter verstärken, da durch sie die weitaus größere Zahl von Fällen in den Hintergrund rückt, in denen die Intentionserklärung mißachtet oder gar verletzt wurde. (Kapitel 5 befaßt sich eingehender mit der Frage, wieso man die »wahren« Regeln in einem Unternehmen in den seltensten Fällen mit Anfeuerungsrufen oder offiziellen Veränderungsprogrammen beeinflussen kann.)

Die vorbildlichste Zieldeklaration aller Zeiten:

Wir erachten folgende Wahrheiten für selbstverständlich: daß alle Menschen gleich geschaffen sind; daß ihnen der Schöpfer gewisse unveräußerliche Rechte verliehen hat, zu denen unter anderem Leben, Freiheit und das Streben nach Glück gehören; daß zur Sicherung dieser Rechte Regierungen eingesetzt sind, welche die ihnen zustehende Gewalt von der Einwilligung der Regierten ableiten…

*Wir... erklären, daß diese vereinigten Kolonien freie und
unabhängige Staaten sind und von Rechts wegen sein
sollen... Und zur Bekräftigung dieser Erklärung verbür-
gen wir einander, in fester Zuversicht auf den Beistand
der göttlichen Vorsehung, unser Leben, unser Gut
und unsere heilige Ehre.*

Thomas Jefferson in der
amerikanischen Unabhängigkeitserklärung von 1776

Für sich genommen führen Zieldeklarationen noch nicht zu Ver-
haltensänderungen. Mit Sicherheit werden sie in solchen Unternehmen wirkungslos verpuffen, deren interne Spielregeln und
Belohnungssysteme den Status quo unterstützen. Firmen, die in
solchen Dokumenten hehren Zielen huldigen, wären gut beraten,
ihre Mitarbeiter und Kunden in regelmäßigen Abständen anonym zu befragen, um ihren wirklichen Fortschritt im Vergleich
zu ihren erhabenen Standards zu messen, die sie in ihren offiziellen Verlautbarungen preisen. Wenn die Befragten Ihnen mitteilen, daß die Ziele zwar großartig klingen, nicht aber der tatsächlichen Realität im Unternehmen entsprechen, wissen Sie, daß Sie
im Glaubwürdigkeitstest versagt haben. Sie können sich dann
aber gegen die Gefahr wappnen, daß Ihre Zieldeklaration einfach
nur als Ansammlung von Worthülsen betrachtet wird, die zwar
fleißig nachgebetet, in der Praxis aber gemeinhin ignoriert werden. Dann wissen Sie auch, daß Sie Ihre Mitarbeiter nicht wie
vorgesehen motivieren, sondern vielmehr ungewollt ihrem Zynismus Vorschub leisten.

In einem Schulungskurs legte der Dozent den Teilnehmern die
kürzeste Zieldeklaration vor, die jemals geschrieben wurde. Sie
stammt von dem Fahrzeughersteller Lexus und lautet: »BEAT
BENZ«. Nachdem er diese »Perle« enthüllt hatte, fragte der
Schulungsleiter die Kursteilnehmer, was sie denn davon hielten.
Ein unerschrockener Zeitgenosse meldete sich und sagte: »Das
ist fantastisch. Es ist kurz, trifft genau den Kern der Sache und

wirkt motivierend.« »*Nein!*« brüllte der Dozent, »es ist *negativ!* Das ist *ganz* schlecht!« (Dieser Schulungsleiter fuhr offenbar nicht viel Auto. Sonst hätte er gesehen, welche Marktanteile Lexus Mercedes abgejagt hat, indem es viele der Vorzüge eines Benz zu einem niedrigeren Preis bot.)

Eine Zieldeklaration ist kein Talisman. Sie hat keine magischen Kräfte, sondern kann lediglich als öffentliche Erklärung des gewünschten »Rahmenkonzepts« dienen und auf diese Weise die gewünschten Verhaltensweisen fördern. Aber wenn die Botschaft der Prüfung auf Inhalt, Relevanz und Glaubwürdigkeit nicht standhält, wird die Zieldeklaration zu ihrer eigenen Parodie – oft bis zum Bersten angefüllt mit wohlklingenden Platitüden, aber völlig losgelöst von der tatsächlichen Strategie des Unternehmens.

Was beschreibt nun die Zieldeklaration Ihres Unternehmens am treffendsten? Ist sie ein sinnvoller Bezugsrahmen oder auch einfach nur eines dieser stereotypen Klischees, die den Fortschritt eher behindern, anstatt ihn zu beschleunigen?

3. KAPITEL

Strategieführer für Spieler

Warum die wahre strategische Ausrichtung eines Unternehmens von seinem Wetteinsatz abhängt

> *Strategieplan. 1. Eine Reihe von Analysen, die nach den Anforderungen eines Unternehmens zusammengestellt werden mit dem Ziel, eine bereits begonnene Kampagne oder einen fertigen Budgetvorschlag zu rechtfertigen. 2. Eine Reihe von Analysen, die nach den Anforderungen eines Unternehmens zusammengestellt werden, aber dennoch wenig oder überhaupt keine Ähnlichkeit mit der tatsächlich verfolgten Strategie aufweisen (die aber, sobald sie einmal gedruckt und gebunden sind, im Notfall sehr gut als Türstopper oder Buchstütze verwendet werden können).*

In den Unternehmen wimmelt es nur so von Spielern. Einige davon tragen graue Flanellanzüge und Oxfords, andere Seidenblusen und Perlenketten, wieder andere Jeans und Cowboystiefel. Sie alle haben aber eines gemeinsam: Sie gehen Wetten im Namen ihrer Arbeitgeber ein. Ihre Einsätze gehören dem Unternehmen, und sie reichen von der Verteilung personeller Ressourcen bis hin zur Verwendung finanzieller Mittel. Ihre Wetten schließen sie im Namen des Unternehmens ab; sie überlegen sich, welche Branchen und Märkte für ihre Firma interessant sein könnten und was ihr dort zum Erfolg verhelfen kann. Und im Laufe der Zeit summieren sich diese Wetteinsätze und die daraus resultierenden Maßnahmen zur strategischen Marschrichtung, die ein Unternehmen verfolgt.

Kurzum: jede Firma hat eine strategische Ausrichtung, die sich als die Summe ihrer abgeschlossenen Wetten definieren läßt. Allerdings folgt daraus *nicht unbedingt,* daß die strategische Richtung in jedem Unternehmen *richtig* ist. Meinungsbildung findet nicht immer unter den gleichen Voraussetzungen statt, und wenn die Spieler im Unternehmen ihre Einsätze auf der Grundlage fehlerhafter Annahmen verteilen, mindern sie damit die Erfolgschancen beträchtlich.

Viele Firmen investieren Geld und Zeit in ausgeklügelte Planungsprozesse in der Hoffnung, daß ein schriftlicher Plan zu einem besseren und informierteren Wettschein führt. Allerdings gibt es doch eine ganze Reihe von Unternehmen, die sich trotz der Erstellung eines auf ihre zahlreichen Anforderungen abgestimmten Plans mehr oder weniger geschickt durchmogeln und bestenfalls einen mittelmäßigen Leistungsstand erreichen. Umgekehrt sind da aber auch unzählige Firmen, die auch ohne schriftlichen Plan Wetten mit attraktiven Gewinnchancen abschließen. So stellte beispielsweise Professor Amar Bhide von der Harvard Business School in seinen Interviews mit den Gründern der 100 wachstumsstärksten Unternehmen auf der von der Zeitschrift Inc. zusammengestellten Liste der 500 größten US-Firmen fest, daß sage und schreibe zwei Drittel davon ihre Geschäftspläne, wenn überhaupt, sozusagen auf der Rückseite eines alten Briefumschlags notiert hatten.

> *Kein Thema hat Führungskräfte, Unternehmensberater und Wirtschaftswissenschaftler mehr beschäftigt als die Unternehmensstrategie… Seltsamerweise können sich aber die Berater und Theoretiker nicht einmal in der grundlegendsten aller Fragen einigen: Was genau ist eine Unternehmensstrategie?*
>
> The Economist

Eine Erklärung für dieses Phänomen betrifft die Eigenschaften der Einsätze, die Unternehmen einzahlen müssen, wenn sie eine neue Chance wahrnehmen oder eine neue Richtung einschlagen wollen. In einer perfekt planbaren Welt wäre es möglich, ein Konzept mit entsprechend genauen zeitlichen Vorgaben und Verantwortlichkeiten aufzustellen. In der Welt der Spieler hingegen verändern sich die Rahmenbedingungen und die Gewinnchancen oft sehr plötzlich. In einem solchen Umfeld erweisen sich unantastbare Pläne und starre Terminvorgaben nicht als sonderlich hilfreich. In diesem Zusammenhang können Beobachtungen, wie geschickte Spieler ihre Einsätze verteilen, auch Unternehmen bei der Entscheidung über eine vorteilhafte strategische Ausrichtung helfen. Erstens wissen geübte Spieler attraktive Chancen zu erkennen, die sich ihnen plötzlich und unerwartet bieten, und sie lassen sich keinesfalls durch die Restriktionen eines strategischen Plans davon abhalten, ein für sie vorteilhaftes Ereignis zu ihren Gunsten zu nutzen. Zweitens steigern gute Spieler ihre Gewinnwahrscheinlichkeit, indem sie die Chancen der wichtigsten Einsätze ihres Unternehmens einer disziplinierten, klar fokussierten Analyse unterziehen. Zusammen können diese beiden Eigenschaften auch die Gewinnquote eines Unternehmens deutlich verbessern. Das Fallbeispiel der Freemont Canning Company, das im Anschluß vorgestellt wird, geht detaillierter auf die Frage ein, wie Überlegungen zu den Gewinnchancen und Spielstrategien eines Unternehmens seine Fähigkeit zur gewinnbringenden strategischen Neuorientierung deutlich verbessern können.

1. Gute Spieler wissen, daß sie Asse aus dem Nichts hervorzaubern können (vorausgesetzt, der strategische Plan steht ihnen dabei nicht im Wege)

Glückliche Zufälle und Unternehmenspläne passen in aller Regel nicht sonderlich gut zusammen. Das Glück ist schwer faßbar und bringt die regelmäßigen Abläufe durcheinander, da es sich urplötzlich, ohne jede Voranmeldung zeigt. Pläne hingegen sind or-

dentlich und detailliert; sie enthalten präzise Ziel- und Zeitvorgaben. Wenn sich die Mitarbeiter eines Unternehmens peinlich
genau an einen Plan halten und unerwartete Chancen ignorieren,
weil sie schlecht in die vorgegebene Abfolge oder Marschrichtung passen, wird das Glück so reagieren, wie es sich für einen
verschmähten Gast gehört: Es wird sich heimlich, still und leise
davonschleichen und einen anderen Gastgeber suchen, der es
mehr zu schätzen weiß. Gute Spieler wissen, welche Rolle die
glücklichen Zufälle in ihrer Gesamtstrategie spielen. Daher ach-
ten sie besonders sorgfältig darauf, daß sie für ungeplante Ereignisse empfänglich bleiben, in einem solchen Fall flexibel reagieren und in aller Eile zusätzliche Wetten abschließen. Der Zeitpunkt ist zwar nicht immer günstig, und das Ergebnis entspricht
nicht immer ihren Wünschen. Das ist aber nun einmal der Preis,
den sie bezahlen müssen, wenn sie die Anarchie der glücklichen
Zufälle mit der Disziplin eines strategischen Plans in Einklang
bringen wollen.

Wie packt man das Glück beim Schopf?
Die Geschichte von Daniel und Dorothy

Daniel und Dorothy, ein junges Ehepaar aus Freemont im US-
Bundesstaat Michigan (ein Ort mit 2000 Einwohnern), wollten
an einem Sommerabend ausgehen. Man schrieb das Jahr 1927.
Daniel war damals 29 und hatte im Ersten Weltkrieg als Soldat
gedient. Nun arbeitete er für die Freemont Canning Company,
die in bescheidenem Umfang Obst- und Gemüsekonserven her-
stellte und seinem Vater Frank gehörte. An jenem Abend wartete
Daniel im Abendanzug darauf, daß Dorothy fertig wurde. Seine
Frau hatte aber nicht einmal begonnen, sich umzuziehen. Sie
stand immer noch in der Küche und passierte Erbsen für die jün-
gere ihrer beiden Töchter, die sieben Monate alte Sally. Allein
schon die Tatsache, daß sie für ihr Baby Erbsen durch ein Sieb
strich, ist bemerkenswert, denn 1927 erhielten die meisten Säug-
linge gemäß der damals herrschenden Ernährungslehre praktisch
ihr ganzes erstes Lebensjahr hindurch nur flüssige Nahrung.

Daniel wurde langsam ungeduldig und bat Dorothy, sich doch bitte zu beeilen. Daraufhin meinte sie, daß er doch die Arbeit am Durchschlag übernehmen solle, wenn er den Ablauf beschleunigen wolle, Jahre später berichtete Daniel von den Folgen dieses Vorschlags: »Während sich Dorothy anzog, stürzte ich mich mit dem Passiersieb in die Schlacht. Ich rollte die Ärmel auf, bewaffnete mich mit einem Schöpflöffel und machte mich daran, die Überlegenheit des Mannes über die Frau zu demonstrieren. Heldenhaft stieß und quetschte ich – und bald waren die Erbsen überall, nur nicht mehr im Sieb.«

Dorothy war natürlich entzückt über das Chaos, das sie bei ihrer Rückkehr in die Küche erwartete. Sie warf einen Blick auf die Erbsen, die auf den Boden und in die Spüle gerollt waren, und stellte ihrem Mann eine Frage, die ihr schon einige Zeit auf der Seele gelegen hatte. »Warum«, erkundigte sie sich, »kann man diesem Unsinn kein Ende machen? In deiner Fabrik kannst du doch Tomatenpüree herstellen – warum also nicht auch Gemüse für Sally?« Daniel blieb zunächst skeptisch. Er war überzeugt, daß das Problem auf die unzulänglichen Küchenutensillen seiner Frau zurückzuführen war. Daher erstand er am nächsten Tag zunächst ein neues Passiersieb im Eisenwarengeschäft von Freemont und ging dann in sein Büro, wo er, mit Durchschlag, Gabel und Suppenkelle bewaffnet, noch einmal Erbsen zu passieren versuchte – mit dem gleichen unbefriedigenden Ergebnis wie am Vorabend. Jetzt endlich war er überzeugt, daß Dorothy recht hatte, und er fragte seinen Vater, ob Freemont Canning nicht prüfen könne, inwieweit es einen Markt für »nicht teure, kommerziell hergestellte Babynahrung« gebe. Jahre später erinnerte sich Daniel: »Es würde nicht ganz der Wahrheit entsprechen, wenn ich jetzt sage, daß Vater vor Freude über diesen Vorschlag einen Luftsprung vollführt habe. Aber andererseits sagte er doch auch wieder, daß er keinen einleuchtenden Grund sehe, weshalb Mütter sich dieser Idee verschließen sollten – und daher schlug er mir vor, das Projekt in Angriff zu nehmen.«

Pläne sind nichts. Planung ist alles.

Dwight David Eisenhower (1890–1969)

Und so kam es, daß Dorothy, Daniel und Frank Gerber die Freemont Canning Company in die Gerber Products Company ver-
wandelten. Als das Unternehmen Anfang der 40er Jahre seinen
Namen änderte und die Konserven für Erwachsene aus dem Programm nahm, war es bereits zum führenden Anbieter von Babynahrung in Nordamerika aufgestiegen. Zwanzig Jahre später, als
Daniel Gerber in seinen 1964 erschienenen Erinnerungen *Alles
für das Baby* (in dem Buch *Das Geschäft ihres Lebens* von Sidney
Furst und Milton Sherman) die Geschichte seines Unternehmens
erzählte, war die Marke »Gerber« in den Vereinigten Staaten
praktisch zum Synonym für Babynahrung geworden – und diese
Position hatte das Unternehmen auch noch 1994 inne, als der
schweizerische Mischkonzern Sandoz es für fast vier Milliarden
Dollar aufkaufte.

Jeder ist seines Glückes Schmied: von verschütteten Chemikalien und Kajakunfällen

Manch einer würde wohl sagen, daß Daniel und Dorothy einfach nur Glück hatten, aber meiner Ansicht nach war es mehr
als das. Obwohl die Gerbers in der Freemont Canning Company einen bestimmten strategischen Kurs verfolgten, standen
sie einer unerwarteten Chance offen gegenüber und waren bereit, wenn auch mit einem anfangs nur geringen Einsatz, auszuprobieren, ob sich Dorothys Idee als Niete oder Volltreffer erweisen würde. Die Gerbers sind hier jedoch kein seltener Ausnahmefall, in dem eine Firma eine zufällige Gelegenheit in ihre
Strategie einbauen konnte. Professor Bhides Untersuchung
ergab beispielsweise, daß 20 Prozent der umsatzstärksten, auf-
strebenden Unternehmer, mit denen er sprach, die Ideen, auf
denen ihre Firmen beruhten, einem »glücklichen Zufall« ver-

dankten, den sie dank ihres geschäftlichen Spürsinns geschickt
zu nutzen verstanden.

Unternehmen können ihre Erfolgschancen verbessern, indem sie
Asse aus dem Nichts hervorzaubern. Einige Firmen, zum Beispiel 3M oder DuPont, räumen ihren Forschern systematisch die
Möglichkeit ein, Wege zu erforschen, die zu zufälligen Erfindun-
gen führen können. So wurde etwa das Imprägniermittel Scotch-
gard von 3M zufällig entdeckt, als sich einer der Chemiker des
Unternehmens eine Flüssigkeit, mit der er gerade herumexperi-
mentierte, versehentlich über den Turnschuh goß. Er bemerkte
dann plötzlich, daß dieser Bereich mit einem Mal schmutzabwei-
send war, und erkannte darin das Potential für ein neues Produkt. Das Material Teflon von DuPont erblickte auf eine ähnliche Weise am 6. April 1938 das Licht der Welt: Ein junger Wissenschaftler namens Roy J. Plunkett prüfte bei der Suche nach
einem ungiftigen Kühlmittel die Rückstände eines mißlungenen
Experiments und stellte fest, daß statt des erwarteten gasförmi-
gen Tetrafluorethylen ein weißes, wächsernes Pulver entstanden
war, das sich als ausnehmend glatt und beständig gegen Säuren,
Laugen, Wärme und Lösungsmittel erwies – und auf diese Weise
legte er den Grundstein für einen Geschäftszweig, der jährlich
eine Milliarde Dollar zum Umsatz von DuPont beisteuern sollte.
Sowohl bei 3M als auch bei DuPont wußten die Wissenschaftler
aus früheren Erfahrungen, daß sie in ihrem Labor den Genossen
Zufall mit offenen Armen begrüßen durften. Daher fühlten sie
sich berechtigt, in gewissen Umfang auf die Erforschung uner-
warteter Ideen zu setzen, selbst wenn diese Produkte nicht explizit in den strategischen Plänen ihrer Abteilung aufgelistet waren.
Kodak hat im Marketing einen ähnlichen Ansatz gewählt. Am
Freitag werden hier kostenlos Kameras und Filme an die Mitarbeiter verteilt. Die Beschäftigten müssen die Leihapparate am
Montag zurückgeben und den vollen Film zur Entwicklung ins
Kodak-Labor einschicken. Wie die Professoren Steven Wheelwright und Kim Clark von der Harvard Business School berichten, entwickelte Kodak seine »Weekender«, die wasserdichte
Version der Einmalkamera FunSaver, nachdem ein Mitarbeiter

mit seinem Kajak gekentert war und den geliehenen FunSaver in einer Plastiktüte mit dem Wasser zurückbrachte, in das die Kamera gefallen war. Als Mitarbeiter von Kodak wußte er, daß der nasse Film nicht beschädigt war, solange er bis zur Entwicklung im Wasser gelagert wurde. Daraus entstand die Idee für ein Produkt, das bis Mitte 1994 bereits einen beträchtlichen Beitrag zu den 60 Millionen FunSavern geleistet hatte, die jährlich verkauft werden. Wenn Kodak neue Produkte systematisch von seinen eigenen Mitarbeitern testen läßt, erhält es nicht nur ein sofortiges Feedback zu seinen Versuchsfilmen und -kameras, sondern erhöht auch gleichzeitig die Wahrscheinlichkeit, daß es zufällig auf eine gewinnbringende Idee stößt.

Ganz gleich, ob das Glück nun einfach im Vorbeilaufen an die Pforte klopft oder bewußt angelockt wird, solche zufälligen Chancen stellen die Spieler im Unternehmen vor eine Herausforderung: Sie müssen sich überlegen, wie sie verhindern können, daß die strategischen Pläne zur Zwangsjacke werden. Die tatsächlichen Entwicklungen stimmen nur selten genau mit den in solchen Plänen aufgestellten Prognosen überein, und falls doch, dann halten sie sich kaum jemals an den darin abgesteckten Zeitrahmen. Wer sich weigert, überraschende Verlagerungen und Veränderungen zu sehen und zu berücksichtigen, kann zwar an seinen Plänen festhalten, läuft aber Gefahr, eine potentielle Neuorientierung zu verpassen, die das Unternehmen auf einen vielversprechenderen (und profitablen) Kurs gebracht hätte.

2. Gute Spieler wissen, daß ihre Gewinnquote von der klugen Einschätzung ihrer Chancen abhängt (vorausgesetzt, der Strategieplan beeinträchtigt nicht ihre Fähigkeit, die wahren Risiken zu erkennen)

Planungsprozesse bieten den Beteiligten eine gute Gelegenheit, sich einmal von den Anforderungen des Tagesgeschäfts zu lösen und die zentralen Annahmen zu überprüfen. Die Unternehmensrichtlinien für die Analysephase der strategischen Planung verlangen meist die Erhebung ungeheurer Datenpakete; in der Regel gehören dazu Aussagen zur Marktgröße und den sich abzeichnenden Trends, zur Branchenstruktur, Informationen zu den Wettbewerbern, zur Kundendynamik, wirtschaftliche Überlegungen zu den einzelnen Produkten sowie die allgegenwärtige Analyse der Stärken, Schwächen, Chancen und Risiken (SWOT-Analyse). Das Problem dabei ist nicht etwa, daß in diesen Plänen die falschen Daten verarbeitet werden, sondern vielmehr, daß die für den Wetteinsatz Zuständigen in der Datenflut ertrinken. In dem Bestreben, flugs einen »MECE«-Plan zu erstellen, der auf grundsätzlich unvereinbaren, insgesamt aber erschöpfenden Analysen beruht (»mutually exclusive, collectively exhaustive«), können sie das Ziel aus den Augen verlieren, nach ausreichender Informationsanalyse Einsätze für die attraktivsten Möglichkeiten bereitzustellen. Daher können solche Pläne in Übereinstimmung mit den Unternehmensregeln aufgestellt werden, ohne daß die verheißungsvollsten Geschäftsmöglichkeiten des Unternehmens einer sorgfältigen Prüfung unterzogen und Maßnahmen aufgezeigt werden, die möglicherweise zu einer Verbesserung der Gesamtgewinnquote führen könnten.

Eine Möglichkeit, um den Schwerpunkt des Planungsprozesses auf die wichtigsten Einsatzgebiete zu lenken, besteht darin, einen Maßstab anzulegen, den ich »günstiges, aber gewinnbringendes Preis-Leistungspaket auf lange Sicht« nenne. Diese Meßlatte beruht auf der einfachen Erkenntnis, daß ein Unternehmen seinen langfristigen Markterfolg nur dann sichern kann, wenn es einer Gruppe von Kunden ein Angebot unterbreitet, das diese im Vergleich zu den anderen verfügbaren Alternativen als vorteilhaft betrachten, das aber gleichzeitig dem Unternehmen selbst einen Gewinn bringt. Vor dem Hintergrund sich wandelnder Rahmenbedingungen muß das Unternehmen dann im Laufe der Zeit immer wieder neue derartige Angebote finden. Auch hier sind die Erfahrungen der Familie Gerber ein gutes Beispiel: Sie lenkten mit Hilfe eines neuen Produktes ihr Unternehmen in eine ganz andere Richtung. Obwohl die Gerbers keinen von einer Wirtschaftsuniversität abgesegneten Strategieplan besaßen, wußten sie doch, wie sie die Chancen nutzen konnten, die eine Modifizierung ihrer strategischen Ausrichtung erlaubten. Sie verglichen ihre Vorgehensweise gewiß nicht mit einem Standard, der »günstiges, aber gewinnbringendes Preis-Leistungspaket auf lange Sicht« hieß. Dennoch arbeiteten sie beharrlich daran, ihre Erfolgschancen auf dem Babynahrungssektor zu erhöhen, indem sie die Grundsätze anwandten, die hinter diesem Standard stehen, und auf diese Weise das Unternehmen in eine neue Richtung lenkten.

Ein günstiges, aber gewinnbringendes Preis-Leistungspaket auf lange Sicht: qualitativ hochwertige Babynahrung zu vernünftigen Preisen ... und angemessenen Kosten

Wie erfüllten die Gerbers die Anforderung, »ein günstiges, aber gewinnbringendes Preis-Leistungspaket« anzubieten? Ihre ursprüngliche Vorstellung, »nicht teure, kommerziell hergestellte Babynahrung« anzubieten, war genau der richtige Ansatz für einen ersten Vorstoß auf einem neuen Markt. Ihr Einsatz war zunächst äußerst gering; schließlich wollten sie nur herausfinden, ob ihre Idee überhaupt realisiert werden könne. Daher stellten sie im Rahmen von »Experimenten« mit Frau Gerber und ihrer Tochter Sally als ersten Testkunden geringe Mengen von Obst- und Gemüsepüree her. Bald meldeten auch die Mitarbeiter des Unternehmens und die Bewohner von Freemont ihr Interesse an der Fertignahrung für ihre eigenen Kinder an. Als dies geschah – also noch bevor sie sich über den lokalen Markt in Freemont hinauswagten – begannen die Gerbers an der *Kostenseite* ihrer Gleichung zu arbeiten. Daniel Gerber beschrieb dies später so: »Natürlich tauchten viele Fragen auf. Würden die Ärzte kommerziell hergestellte Babynahrung empfehlen? Würde ein Kaufmann, der noch nie nach Babynahrung gefragt worden war, dieselbe probeweise auf Lager nehmen? Würde eine vorsichtige Mutter, die von unserer Firma nichts wußte, dieses eigenartige Produkt kaufen? Während wir auf diese Fragen die Antworten

Abbildung 1: Graphische Darstellung eines »günstigen,
aber gewinnbringenden Preis-Leistungspakets«

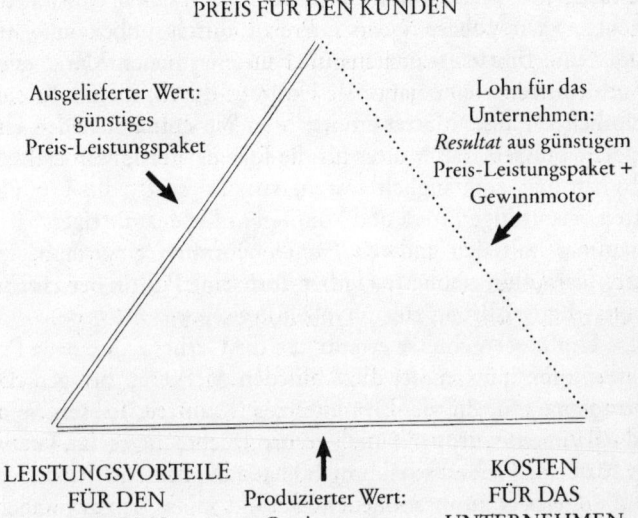

PREIS FÜR DEN KUNDEN

Ausgelieferter Wert:
günstiges
Preis-Leistungspaket

Lohn für das
Unternehmen:
Resultat aus günstigem
Preis-Leistungspaket +
Gewinnmotor

LEISTUNGSVORTEILE
FÜR DEN
KUNDEN

Produzierter Wert:
Gewinnmotor

KOSTEN
FÜR DAS
UNTERNEHMEN

Ausgelieferter Wert: Das Preis-Leistungsbündel, das wir bieten müssen, damit unsere anvisierte Zielgruppe unser Angebot den Preis-Leistungsbündeln vorzieht, die andere Wettbewerber auf dem Markt bieten; unser günstiges Angebot.

Produzierter Wert: Die Kosten, die unserem Unternehmen angesichts des unserer Meinung nach erreichbaren Volumens und der Kostenstruktur der Produktalternativen entstehen, wenn wir dieses spezifische Preis-Leistungspaket anbieten möchten; unser »Gewinnmotor«.

suchten, verbrachten wir viele Monate mit der Verbesserung unserer Herstellungstechniken und versuchten herauszufinden, wie man das Erzeugnis verfeinern und zu einem vernünftigen Preis herstellen konnte.«

Im Laufe des Jahres 1928 erhöhte die Freemont Canning Company ihren Einsatz auf dem Babynahrungsmarkt und nutzte freie Kapazitäten für die Produktion einer ersten Produktlinie. Dabei lag der Schwerpunkt nach wie vor auf einem vorteilhaften Preis-Leistungspaket, das dem Unternehmen auch einen Gewinn einbrachte. »Wir fuhren gewissermaßen durch unbekannte Gewässer und führten – um uns über unseren neuen Markt etwas zu informieren – eine nationale Umfrage durch, die die Kaufgewohnheiten junger Mütter ermittelte ... Wir entnahmen den Umfrageergebnissen, daß Mütter für die Idee der fertig vorbereiteten Babynahrung empfänglich waren, vorausgesetzt, die Produkte hatten vernünftige Preise und konnten in Lebensmittelgeschäften zusammen mit den anderen Familienvorräten eingekauft werden ... daraufhin etablierte Gerber dort seine Politik der Höchstqualität-Babynahrung zu sinnvollen Preisen.«

Diese Umfrageergebnisse ermutigten die Gerbers, ihre neue Produktlinie im Spätsommer 1928 auf den Markt zu bringen. Der Anfangspreis für die vier Grundpürees (Karotten, Erbsen, Spinat und Pflaumen) wurde mit 15 Cent pro Büchse angesetzt. Grundlage für diese Preisentscheidung bildeten die beiden Alternativen, die die Gerbers zu ihrem neuen Produkt sahen. 1. gewöhnliche, ganze Erbsen (wie die, mit denen sich Dorothy und Daniel abgeplagt hatten), die es in den Lebensmittelgeschäften des Landes für 10 Cent pro 18-Unzen-Dose gab, und 2. pürierte Babynahrung (wie sie die Freemont Canning Company einführte), die seit kurzer Zeit in ein paar Drugstores an der Ostküste angeboten wurde und 35 Cent pro Büchse kostete.

Kurzum: Die Gerbersche Variante des »günstigen, aber gewinnbringenden Preis-Leistungspaket auf lange Sicht« lautete *Babynahrung erstklassiger Qualität zu vernünftigen Preisen und angemessenen Kosten.* Mit dieser Meßlatte stellten sie sicher, daß ihr Einsatz auch attraktive Gewinnchancen bot. Dazu steuerten sie drei Elemente gleichzeitig: *Produktwert, Preis* und *Kosten.* Abbildung 1 zeigt eine mögliche graphische Umsetzung dieser Gleichung. Die Vorgehensweise der Gerbers mag zwar selbstverständlich erscheinen. Denken Sie aber nur einmal daran, wie viele Unternehmen heute ausgeklügelte strategische Pläne erarbeiten nur um dann ins

Straucheln zu geraten, wenn sie feststellen müssen, daß sie nicht zugleich der anvisierten Zielgruppe ein annehmbares Preis-Leistungspaket bieten und ihre Kosten auf ein Niveau drücken können, auf dem für sie selbst noch ein angemessener Gewinn abfällt.

Günstiges, aber gewinnbringendes
Preis-Leistungspaket »auf lange Sicht«:
kontinuierliche und sprunghafte Veränderungen

Den zeitlichen Aspekt ihres Grundsatzes durchdachten die Gerbers mit der gleichen Beharrlichkeit. Sie fragten sich nicht, ob es Veränderungen geben würde, die sich auf ihr Geschäft auswirken könnten; sie wußten vielmehr damals ebenso gut wie wir heute, daß Wandel unvermeidlich ist. Ihre Fragen bezogen sich daher auf die Richtung und die Geschwindigkeit des Wandels, mit dem sie aller Wahrscheinlichkeit nach konfrontiert würden. Genauer gesagt: Sie wußten, daß sie sich überlegen mußten, ob die Einführung von Festnahrung im fünften Lebensmonat, die damals als »revolutionäres Denken« galt, sich langsam und allmählich oder aber plötzlich über Nacht bei Millionen von Müttern und ihren Kinderärzten durchsetzen würde.

In dieser kritischen Frage baten die Gerbers Experten um ihre Meinung: »Als ich unserem Kinderarzt in Grand Rapids im Sommer 1928 die marktfertige Produktion zeigte, sagte er mir, daß ich bei allem Enthusiasmus die wirklichen Möglichkeiten noch unterschätzen würde ... Auf weitere Familienkonferenzen folgten unzählige Beratungen mit Ernährungsfachleuten und Hauswirtschaftlern ... [die sich] über die großen Möglichkeiten, die sich für die Zukunft abzeichneten, noch begeisterter zeigten als wir.« Nachdem sie ihre eigene intuitive Einschätzung mit der Meinung der Fachleute untermauert hatten, waren die Gerbers bereit, darauf zu setzen, daß dieses »revolutionäre Denken« den damaligen langfristigen Trend auf dem Markt für Babyfertignahrung (langsames Wachstum von einer kleinen Ausgangsbasis aus) durchbrechen und ihrem Unternehmen somit fantastische Chancen eröffnen würde.

Die Gerbers setzten also auf einen abrupten Wandel. Ein Jahr
später, als die Aktienkurse im Börsenkrach von 1929 ins Boden-
lose stürzten, investierten sie sogar noch höhere Summen in
ihren neuen Geschäftszweig. »Wir hatten die Babynahrung als
gute Ergänzung zu unserem sonstigen Produktionsprogramm
betrachtet. Als Amerika in die Wirtschaftskrise geriet, verlagerte
sich das Hauptgewicht nunmehr auf die Babynahrung. Die Freemont Canning Company sah sich vor eine schwere Entscheidung
gestellt – sollte sie mit der Zeit gehen, das heißt, sich treiben lassen, oder sollte sie ihre Verkaufs- und Werbeanstrengungen ver-
größern? Wieder riskierten wir das Spiel – und die Verkaufszif-
fern für Babynahrung stiegen weiter.«
Als sich die Wirtschaftskrise weiter verschärfte, investierte
das Unternehmen noch mehr in diesen Bereich. Es baute For-
schungslabors, stellte hochkarätige Experten ein und lancierte ein
aktives, landesweites Marktforschungsprogramm. Bis 1943 hielten die Gerbers an ihrer zweigleisigen Strategie fest und stellten
sowohl Babynahrung als auch Konserven für Erwachsene her.
Dann allerdings stieß das Unternehmen an seine Kapazitätsgren-
zen. Angesichts des sensationellen Erfolgs seiner Babynahrung
beschloß die neu firmierte Gerber Products Company, die Er-
wachsenennahrung aufzugeben und bereitete so den Boden für
den Slogan, der bald zu ihrem Markenzeichen werden sollte:
»Babys sind unser Geschäft ... unser einziges Geschäft«.
Unternehmen veröffentlichen andauernd Zusammenfassungen
ihrer Einschätzungen über Richtung und Tempo von Veränderungen, und zwar in der Form von Budgets. Im Gegensatz zu den
Gerbers nehmen sie sich aber nicht immer die Zeit, die zugrundeliegenden Trends zu identifizieren und dann explizit darzulegen,
ob und warum diese Veränderungen wohl allmählich oder urplötzlich eintreten werden. Manche, wie beispielsweise Apple bei
der Einführung des Newton, gehen einfach davon aus, daß sie
gleich hinter der nächsten Wegbiegung auf den erhofften plötzlichen Wandel stoßen werden. Andere, wie etwa Daisy Fay Harper,
die Protagonistin aus Fanny Flaggs Roman *Das wundersame
Leben der Daisy Fay,* versuchen, durch Extrapolation des gegen-

wärtigen Trends Aussagen über die Zukunft zu machen. Als »Wettermädchen beim Frühstücksfernsehen« wählt Daisy Fay genau diese Methode: »Die Arbeit ist einfach. Ich mach' nichts weiter, als den Fünf-Uhr-Wetterbericht 'n Stückchen weiter nach rechts zu schieben. Wenn ich an der Ostküste angelangt bin, fang' ich wieder bei Kalifornien an.« Beides kann gefährlich sein. Als Apple sein Newton MessagePad zum ersten Mal einer breiten Öffentlichkeit vorstellte, entpuppte es sich als klassischer Flop. Und Daisy Fay wurde auf der Stelle gefeuert, nachdem ihr Chef ihr die Leviten gelesen hatte: »Er meinte, sie hätten im Mittelwesten gerade die schwersten Überflutungen seit fünfundzwanzig Jahren, und fragte, warum, zum Teufel, ich eigentlich dauernd über Kalifornien erzählen würde, wo gerade Dürre herrschte.«

Wie erkennt man einen Trend?
Auf die Wahrscheinlichkeit kommt es an!

Die heutigen Planungsprozesse bergen eine Gefahr in sich: Die Beteiligten können so tief in den Datenfluten versinken, daß sie nicht mehr erkennen, in welche Richtung das Unternehmen seine Investitionen lenken sollte. Der Grundsatz, ein »günstiges, aber gewinnbringendes Preis-Leistungspaket auf lange Sicht« zu schnüren, ist hier ein möglicher Ausgangspunkt zur Bewertung der Einsätze und der daraus resultierenden Überlegungen, welche Investitionen sinnvoll sind und wie das Unternehmen seine Erfolgschancen steigern kann.

Unter der Führung der Gerbers mit ihrer Version dieses Grundsatzes konnte die Freemont Canning Company eine Vielzahl von Maßnahmen ergreifen, die heute zu den Grundlagen der »modernen« Managementtheorie gerechnet werden. Für die Familie Gerber waren sie schlicht und einfach Teil eines umsichtigen Ansatzes zur Beurteilung von Einsatzmöglichkeiten, die das Unternehmen in eine neue Richtung lenken konnten. Daher brauchten die Gerbers auch keinen Qualitätsspezialisten, der sie ermahnte, doch auf »die Stimme des Kunden zu hören«; sie wußten bereits von sich aus intuitiv, daß sie genauere Informationen darüber sammeln mußten, was Mütter möglicherweise oder tatsächlich wollten. Zu diesem Zweck führten sie sogar eine landesweite Umfrage durch – ein in den 20er Jahren noch relativ neuartiges Verfahren. Auch mußten sich die Gerbers nicht die von den Japanern vorbildlich betriebene »kostenorientierte Produktentwicklung« vorexerzieren lassen: Nicht einmal zwölf Monate nach ihren ersten Tests war ihnen klar, daß sie ihre Kosten senken mußten, ohne Abstriche beim Nährwert oder Geschmack zu machen, wenn sie ihr Ziel – »Hochqualitäts-Babynahrung zu sinnvollen Preisen« – erreichen wollten. Und sie benötigten auch keine »Zukunftsforscher«, die Reden über den »sprunghaften Wandel« schwingen: Sie waren selbst in der Lage zu erkennen, daß sie sensibel den Verlauf des Trends abschätzen mußten, der den potentiellen Markt für ihr neues Produkt bestimmte. Denkt man an so meisterhafte Spieler wie die Gerbers, so liegt wohl der Schluß nahe, daß die Verfahren zur Strategiefindung, die heute so lautstark als »neu« angepriesen werden, vielleicht gar nicht so neu sind.

Voraussagen sind sehr schwierig – besonders über die Zukunft.

Mark Twain (1835–1910)

Auf den ersten Blick mögen strategische Analyse und Empfänglichkeit für unerwartete strategische Chancen völlig unvereinbar erscheinen. Das Beispiel der Gerbers beweist jedoch, daß eine Verbindung dieser seltsamen »Bettgenossen« äußerst lukrativ sein kann und eine weitaus größere Gewinnchance in sich birgt als ein starres Festhalten an wohlfeilen Plänen einerseits oder ein passives Warten auf glückliche Zufälle andererseits. Fast 75 Jahre nachdem Dorothy ihrem Mann ihren revolutionären Vorschlag unterbreitete, sind die Gerbers nach wie vor ein Paradebeispiel für Unternehmer, die bei der Entscheidung über ihre strategische Marschrichtung die Perspektive von Spielern wählten und auf diese Weise ihre Chance erhöhten, die Bank zu sprengen – oder zumindest so oft zu gewinnen, daß sich das Spiel für sie lohnte.

TEIL II

Das Leben in der umgedrehten Pyramide

Kollektives Handeln leicht gemacht

In der gesamten Kulturgeschichte der Menschheit findet man immer wieder Glaubenssätze und Institutionen, die anfangs von unschätzbarem Wert und später tödlich waren.

WALTER BAGEHOT (1826–1877)

Manche Menschen behaupten, die Effizienz eines Unternehmens könnte gesteigert werden, indem man sein Organigramm auf den Kopf stellt und alle hierarchischen Strukturen schlicht und einfach abschafft. Andere fordern wiederum tiefgreifende Programme zum Wandel der Unternehmenskultur. Wieder andere beharren darauf, daß ein hohes Niveau kontinuierlicher Verbesserungen, ein »lernendes« Unternehmen und loyale Mitarbeiter erreicht werden könnten, wenn man offene Kommunikation und freien Informationsfluß propagiere.

Das Problem dabei ist, daß *Organisationen* nur dann effizienter arbeiten können, wenn es Mechanismen gibt, die *ihren einzelnen Mitgliedern* ihren Beitrag zu übergeordneten Zielen erleichtern. Dennoch kann die Anwendung schneller Patentlösungen für eine »radikale Neuorganisation« genau die gegenteilige Wirkung haben und es den einzelnen Mitarbeitern sogar erschweren, ihre Arbeit richtig und gut zu machen. Dann jammern alle über die Unlösbarkeit organisatorischer Probleme – wo doch in Wahrheit eine falsch verordnete Medizin die ursprüngliche Krankheit verschlimmert oder gar neue Leiden hervorgerufen hat.

Die nächsten drei Kapitel werden belegen, daß es durchaus möglich ist, ein angenehmeres organisatorisches Umfeld für die Mitarbeiter eines Unternehmens zu schaffen. Dafür genügt es aber nun mal nicht, einfach nur das Organigramm neu zu zeichnen, formelhafte Programme einzuführen oder großartige Proklamationen für den freien Informationsfluß vom Stapel zu lassen. Kapitel 4 mit dem Titel *Die Mär von der flachen Organisation. Organisation für Menschen statt für die moderne Managementtheorie* beschäftigt sich mit der Frage, warum es nie ganz ohne Hierarchie geht und wie man sich die Hierarchie trotz allem effizient zunutze machen kann.

In Kapitel 5, *Entschlüsselung der Unternehmenskultur. Abschied von der Entschuldigung für jede Jahreszeit,* liegt der Schwerpunkt auf einer der naheliegendsten, aber am seltensten genutzten Möglichkeiten zum Wandel der Unternehmenskultur: Veränderung der internen Spielregeln.

In Kapitel 6 schließlich, das den Titel *Offene Kommunikation und andere Hirngespinste. Wer weiß schon, wohin die Informationen fließen?* trägt, werden einige Anregungen vorgestellt, wie Sie den Informationsfluß so gestalten können, daß er zur Erreichung der Unternehmensziele beiträgt.

Alle drei Kapitel beleuchten das gleiche Problem aus drei verschiedenen Blickwinkeln: Organisationen verändern sich nicht allein durch kosmetische Maßnahmen; Slogans, anfeuernde Rufe und symbolische Gesten genügen in den seltensten Fällen. Zudem sind die meisten Unternehmen auch nicht derart verknöchert, daß ihre Führungskräfte weder die Macht noch das Instrumentarium besitzen, um einen Wandel herbeizuführen. Die Vitalität einer Organisation muß vielmehr durch kontinuierliche Maßnahmen und Prüfungen erhalten werden; es geht darum, endlos an einem unendlich komplexen Ökosystem herumzubasteln: an der Ansammlung vieler Individuen, die jeweils ihre eigenen Präferenzen und Sichtweisen mitbringen und zusammenkommen, um Ziele zu verfolgen, die nur im Kollektiv verwirklicht werden können.

4. Kapitel

Die Mär von der flachen Organisation

Organisation für Menschen statt für die moderne Managementtheorie

> *Flache Organisation. 1. Abbau von Führungsebenen in der Organisationsstruktur eines Unternehmens mit dem Ziel, seine Fähigkeit zu raschen, wirkungsvollen Reaktionen auf veränderte Kundenbedürfnisse und Wettbewerbskräfte zu verbessern. 2. Eine Reihe von Maßnahmen, die ehemals »Dezentralisierung« genannt wurden und in der Vergangenheit ebenso heftige Gegenreaktionen auslösten – die sogenannte »Rezentralisierung«. 3. Ein Begriff aus der Organisationslehre, der die Abschaffung der gesamten Hierarchie zum Ziel hat und dann jedoch neue Organisationsstrukturen hervorbringt, in denen die Entscheidungsfindung noch länger dauert und interne politische Grabenkämpfe eine noch größere Rolle spielen als jemals zuvor.*

In der Religion der »Trendsurfer« gibt es viele Engel – und mindestens einen Teufel: die hierarchische Organisation. Sie gilt allgemein als Wurzel allen Übels und wird als Fluch der Unternehmen, Feind der Eigeninitiative von Mitarbeitern und Hindernis für rechtzeitiges Handeln gebrandmarkt. Unter anderem werden der Hierarchie die folgenden Greuel vorgeworfen:

- Ein auf Kommando und Kontrolle beruhender Führungsstil, der den Mitarbeitern wenig Spielraum für selbständige Entscheidungen oder neue Problemlösungsvorschläge läßt.

- Eins-zu-Eins-Kommunikation, in der den Beschäftigten als Ansprechpartner nur ihre unmittelbaren Vorgesetzten zur Verfügung stehen.
- Generelle Geringschätzung von Ideen, Vorschlägen und Beteiligung von Arbeitnehmern an der Entscheidungsfindung.
- Eine übermäßige Anzahl von Führungsebenen, durch die der Aufgabenbereich des einzelnen Mitarbeiters viel zu sehr eingeschränkt wird, was letztlich langsame, ineffiziente Abläufe zur Folge hat.
- Exzessive Bürokratie und bürokratische Prozeduren im Unternehmen, die obendrein zu Zeit- und Geldverschwendung führen.
- Komplexe Aufgabenverteilungs- und Einstufungssysteme, die Mitarbeiter in starre Stellenkategorien pressen und ihren Blick eher auf das Spiel des systeminternen Aufstiegs lenken als auf die gute Bedienung ihrer Kunden.
- Konzentration aller Entscheidungsgewalt in einer Person oder einer sehr kleinen Gruppe, so daß ein Großteil des Wissens und Urteilsvermögens im Unternehmen brachliegt.
- Immense Gehaltsunterschiede, die dazu führen, daß die Bezüge der Spitzenmanager mindestens hundertmal so hoch sind wie die der Mitarbeiter auf der untersten Ebene.

Wenn nun die Hierarchie all diese Mißstände hervorruft, müssen Unternehmen diesen bösen Geist gewiß austreiben. Daher haben sich viele Theoretiker und Praktiker der Ausrottung der Hierarchie verschrieben und sich zum Ziel gesetzt, Berichtspflichten und Titelbezeichnungen über Bord zu werfen. In der daraus resultierenden, nennen wir sie einmal »post-hierarchischen« Organisation sind die Organigramme herkömmlichen Zuschnitts in den Papierkorb gewandert; die Pyramide ist jetzt abgeflacht, »auf den Kopf gestellt«, oder in neue »laterale« Formen gegossen, die einem »Wagenrad« oder einem »Kleeblatt« gleichen oder gar die Bezeichnung »horizontale Organisation« verdienen. Die überkommenen Machtstrukturen wurden beiseite gefegt; es ist jetzt verpönt, über »Untergebene« und »Vorgesetzte« bzw. über

niedrigere oder »höherrangige« Positionen in der Organisationsstruktur zu sprechen. Statt dessen sind Bezeichnungen wie »Partner«, »Kollegen«, »Sponsoren« und »Berater« angesagt. Die herkömmlichen Arbeitsgruppen wurden ebenfalls generalüberholt:
Wer heute auf sich hält, arbeitet im Team, und daher gibt es zahl-
lose »Projektteams«, »abteilungsübergreifende Teams«, »eigenverantwortliche Teams«, »selbstgesteuerte Teams«, »autonome
Teams«, »halbautonome Teams«, »sich selbstkonstituierende
Teams« und »Teams in Eigenregie« – um nur einige Beispiele zu
nennen.

Vor lauter Eile, die Unternehmen aus den Fängen der Hierarchie
zu befreien, überlegen sich die Verantwortlichen häufig nicht, ob
die Hierarchie denn tatsächlich die eigentliche Problemursache
ist. Ich persönlich glaube dies nicht. Und da ich kein Anhänger
der Theorie bin, daß die Hierarchie gänzlich abgeschafft werden
kann, möchte ich hier drei Gegenthesen aufstellen:

1. Das Ziel, eine nichthierarchische Organisation aufzubauen, ist
   blanker Unsinn, weil es so etwas gar nicht gibt.
2. Die eingangs beschriebenen Probleme sind zwar durchaus
   real, doch sind sie einer *unangemessenen* und *schlecht ge-
   lenkten* Hierarchie anzutasten, nicht etwa der Hierarchie *an
   sich.*
3. Lösungen, die auf die Beseitigung der Hierarchie abzielen,
   können ein Unternehmen schwächen und zerstören. Unter
   anderem können sie »Melassitis« und das »Farm-der-Tiere-
   Syndrom« hervorrufen.

Meine Schlußfolgerung aus diesen Gegenthesen lautet, daß
Führungskräfte sich einem anderen Ziel zuwenden und die
Hierarchie nicht verbannen, sondern vielmehr eine Hierarchie
aufbauen müssen, die sich *positiv* auf ihr Unternehmen aus-
wirkt.

Eine Organisation ohne Hierarchie gibt es nicht: Die Geschichte von der nichthierarchischen Meritokratie

Die internationale Unternehmensberatung McKinsey & Co., Inc., wird häufig als klassisches Beispiel für eine nichthierarchische Organisation angeführt – oder, um den von Marvin Bower, einem der Firmengründer, geprägten Ausdruck zu verwenden, eine »nichthierarchische Meritokratie«. Als ich für McKinsey arbeitete, hielt ich – wie auch viele meiner Kollegen – diese Beschreibung für ein Evangelium. Wir alle waren mit der Geschichte des Unternehmens vertraut und wußten, daß Bower und seine Partner bereits 1939 die Vermeidung hierarchischer Strukturen als zentrales Ziel für den »Anbieter professioneller Dienstleistungen« identifizierten, der ihnen vorschwebte. Ihrer Meinung nach würde dies die flexible Aufgabenverteilung und offene Diskussionen fördern.

Wir haben versucht, eine hierarchische Struktur zu vermeiden, und legen keinen besonderen Wert auf Positionen oder Titel weder innerhalb noch außerhalb unseres Unternehmens. In allen erfolgreichen Zusammenschlüssen von Mitgliedern der gehobenen Berufe leitet sich der Respekt für den Einzelnen nicht aus seinem Titel, sondern aus seiner fachlichen Kompetenz, seinem Auftreten und seinen Führungsqualitäten ab.

Marvin Bower, McKinsey & Co., Inc.

In den meisten Unternehmenskulturen lernen die Mitarbeiter, das offizielle Firmendogma nachzubeten, dabei aber gleichzeitig die wahren internen Regeln einzuhalten. Nur selten erkennen sie, daß diese beiden Regelwerke nicht deckungsgleich sind. (Mehr zu den postulierten und tatsächlichen Regeln in einer Organisation enthält Kapitel 5.) Daß ich überhaupt bewußt über das

Credo von McKinsey nachdachte, war auf einen dummen Zufall zurückzuführen: Ich bereitete damals eine Präsentation für eine Gruppe hochrangiger Besucher vor und schickte daher einige handschriftliche Folienentwürfe an die Grafikabteilung. Unter anderem stand in meinem Entwurf folgender Satz:

McKinsey ist eine nichthierarchische Meritokratie.

In der gedruckten Fassung meines Foliensatzes wurde daraus:

McKinsey ist eine hierarchische Mentokratie.

Ob der Setzer sich nun absichtlich oder zufällig vertan hatte, dieser Fehler beschrieb die Firma so treffend, daß es geradezu unheimlich war. Auch wenn es das Wort »Mentokratie« nicht gibt, kann man sich doch durchaus vorstellen, daß ein solcher Begriff geprägt wird, um eine Organisation zu beschreiben, die die mentalen und intellektuellen Fähigkeiten ihrer Mitarbeiter als entscheidendes Beförderungskriterium wählt – eine passende Beschreibung der Situation, die ich bei McKinsey beobachtet hatte. Und obwohl Marvin Bower sich nach Kräften bemüht hatte, McKinsey eine flache Organisationsstruktur zu verpassen, setzte sich das Unternehmen in Wirklichkeit aus weitaus mehr Hierarchieebenen zusammen, als die Vorgaben des Firmenmitbegründers es vermuten ließen.

Nehmen wir als Beispiel die ersten sechs Berufsjahre eines frischgebackenen McKinsey-Beraters. In Bowers Vorstellung gab es während dieser Zeit im Grunde nur eine Hierarchieebene, die des Projektmitarbeiters, der auch von Zeit zu Zeit die Rolle eines Projektleiters übernehmen konnte. Aber in der Praxis, wie ich sie während meiner Tätigkeit für McKinsey erlebt habe, gab es mindestens drei Abstufungen in den Reihen der Berater, die noch nicht zum Partner aufgestiegen waren: Berater, Projektleiter und verantwortlicher Projektleiter. Und je nachdem, wer über die Größe und Berichtsebenen in einem Projektteam entschied, waren sogar bis zu *sechs* verschiedene Stufen denkbar: Beratungsassistent, Berater, leitender Berater, Projektleitungsassistent, Projektleiter und verantwortlicher Projektleiter. Je höher der Rang der betreffenden Mitarbeiter, desto umfangreicher waren auch ihre Entscheidungs- und Kontrollbefugnisse – und ihre Honorarsätze.

Die Schattenhierarchie in der Beraterklasse wurde von der Machtfülle unterstützt, mit der Projektleiter ausgestattet waren: In den meisten Fällen oblag ihnen die Organisation des Projekts, und sie hatten de facto Linienkompetenz gegenüber den Beratern, die an »ihrem« Projekt mitwirkten. Schließlich waren sie es, die entscheiden konnten, wer welche Aufgaben übernehmen mußte. Die Projektleiter waren in der Regel auch für die Beurteilung der ihnen zugeordneten Berater zuständig. Diese Beurteilungen, die jeweils für jedes Projekt neu durchgeführt wurden, betrachteten die Berater unterhalb des Partnerrangs als Wertmaßstab, mithin als Grundlage für ihr Gehalt und ihren Aufstieg im Unternehmen. Obwohl der Partner, der das Team als Projektdirektor formell leitete, diese Beurteilungen überprüfen mußte, entsprachen die Endfassungen bekanntermaßen in weiten Teilen den Entwürfen der jeweiligen Projektleiter.

Selbst Bower war sich dieser real existierenden Hierarchie bewußt, und da er der Ansicht war, daß seine Organisation mehr Führungsebenen besaß, als ihr guttat, versuchte er die Beteiligten zu einer organisatorischen Schlankheitskur zu überreden. Obwohl seine Amtszeit als Geschäftsführer bereits 1967 abgelaufen war, mühte er sich weiterhin, über seinen Status als »Seniorpartner in Beratungsfunktion« und die daraus resultierende fortgesetzte Verbindung zu McKinsey seinen Einfluß geltend zu machen. Er legte den Partnern dringend ans Herz, doch wie früher die Beurteilungen aller Berater im Team selbst zu schreiben, von den frischgebackenen Akademikern, die gerade ihr Wirtschaftsstudium abgeschlossen hatten, bis hin zu den verantwortlichen Projektleitern, die bereits mit einem Fuß die Grenze zum Partner überschritten hatten. Und er bat die Berater eindringlich, ihre Tätigkeit als Leiter verschiedener Projekte lediglich als temporär zu betrachten.

Dennoch wurde an der Hierarchie in den Reihen der Berater kaum etwas verändert, und viele Mitarbeiter betrachteten Beförderungen von einer dieser Ebenen zur nächsten als Meßlatte für ihren Fortschritt auf dem Weg zum Partner (bzw. für den Aufstieg ihrer Kollegen). Sobald sie es einmal zum Projektleiter gebracht hatten, waren nur wenige von ihnen bereit, sich wieder mit einer weniger prestigeträchtigen Rolle zufriedenzugeben oder für einen anderen Projektleiter zu arbeiten; sie hielten so etwas dann für einen Abstieg auf der Karriereleiter. Ebenso wichtig war die Tatsache, daß jeder Schritt nach oben mit einer Erweiterung der Beraterkompetenzen und interessanteren Aufgaben verbunden war, weil die Betreffenden mehr Entscheidungsfreiheit in bezug auf ihre Arbeit und die gewählte Vorgehensweise erhielten.

Aus interner Sicht gab es in den Reihen der McKinsey-Berater also durchaus eine Hierarchie, und die Mitarbeiter erkannten ihre Existenz ebenso deutlich wie Marvin Bower selbst. Hatte die Existenz dieser Hierarchie nun zur Folge, daß McKinsey zu einem aufgeblähten, verkrusteten Apparat wurde, der nicht in der Lage war, sich flexibel gegen die Konkurrenz zur Wehr zu setzen? Natürlich nicht. Es bedeutete nicht einmal, daß die Hierarchie bei McKinsey *schädlich* war. Fest steht lediglich, daß es in dieser Firma eine Hierarchie gab – wie in jedem anderen mir bekannten Unternehmen auch. Lassen Sie uns den Tatsachen ins Auge sehen: Hierarchien entwickeln sich nun mal, ob es den Führungskräften und Wirtschaftswissenschaftlern nun paßt oder nicht. Sie sind ein unausweichlicher, integraler Bestandteil einer jeden Organisation. Wir müssen also eine andere Frage stellen: Hilft die sich bildende Hierarchie einem, seine Ziele zu erreichen, oder steht sie vielleicht einem wirksamen Handeln eher im Wege?

Auf Verantwortlichkeiten und Weisungsgewalten kommt es an: Warum die Hierarchie *nicht* die Wurzel allen Übels ist

Stellen Sie sich eine Bank vor, in der es eine ganze Heerschar von Abteilungsleitern gibt, alle blutjung, alle mit ihrem eigenen kleinen Herrschaftsgebiet und ihren eigenen vielschichtigen Mitarbeiterteams, die ihnen unterstellt sind. Stellen Sie sich weiter vor, daß diese Bereichsleiter Spartenleitern unterstellt sind, die ihrerseits an die Vorstandsmitglieder der Bank berichten. Deren Vorgesetzter ist dann der örtliche Bankdirektor, der seinerseits dem Vorstand der Konzernholding berichtspflichtig ist. Ist diese Bank ein typisches Beispiel für die Übel der Hierarchie?

Viele würden diese Frage wie aus der Pistole geschossen mit ja beantworten. Stellen Sie sich nun aber vor, daß es sich in unserem Beispiel um eine amerikanische Bank unmittelbar nach dem Zweiten Weltkrieg handelt. Peter F. Drucker betonte in diesem Zusammenhang in einem Interview mit der Zeitschrift *Industrial Week:* »Also, nach dem Zweiten Weltkrieg – ich glaube kaum, daß Sie sich vorstellen können ... mit welchen Personalengpässen wir damals zu kämpfen hatten ... Als die Wirtschaft unmittelbar nach dem Krieg zu expandieren begann, benötigten die Unternehmen Mitarbeiter, konnten aber keine auftreiben ... [Vor dem Krieg] dauerte es in der Regel 30 Jahre, bis man in einer Bank zum Abteilungsleiter aufstieg ... Weil nach dem Krieg aber Mitarbeiter an allen Ecken und Enden fehlten, gab es auf einmal 26jährige Abteilungsleiter. Wir hatten keine andere Wahl! Und wir schränkten ihre Kompetenzen sehr stark ein.«

Die Entscheidung über Sinn oder Unsinn einer Hierarchie ist keine Frage der Ideologie (»Hierarchie ist von Haus aus etwas Schlechtes«). Ebensowenig kann sie anhand von Faustregeln gefällt werden (»Eine Hierarchie ist in Ordnung, so lange es nicht mehr als vier Führungsebenen zwischen dem CEO und den einfachen Arbeitern gibt«). Vielmehr hängt die Güte einer Hierarchie von ihrer Eignung für das jeweilige Umfeld und der Qualität der Führung ab. Und da wir die Hierarchie nun mal nicht einfach beiseite fegen können, müssen wir uns überlegen, welche Konsequenzen sie mit sich bringt. Ich verwende hier den Begriff »Hierarchie« im Sinne des Psychoanalytikers Elliott Jaques, der fünfzehn Bücher über die Gestaltung von Organisationen geschrieben hat: »Hierarchie ist das System der Verantwortlichkeiten und Weisungsgewalten, mit dessen Hilfe ein Unternehmen die Produktion seiner Güter und Dienstleistungen steuert.« Nach dieser Definition läßt sich die wahre Qualität einer Hierarchie nicht unmittelbar aus den Organigrammen ablesen, die häufig gar nicht zeigen, wo die Arbeit erledigt wird. Gradmesser der Hierarchiequalität ist vielmehr die Verteilung von Verantwortlichkeiten und Weisungsgewalten in der Organisation.

Jaques' Definition der Begriffe »Verantwortlichkeit« und »Weisungsgewalt« spielt für die Darstellung und Modifizierung einer jeden Hierarchie eine zentrale Rolle. Jaques definiert »Verantwortlichkeit« als »ein System der Aufgabenverteilung, in dem eine Person mit übergeordneten Aufgaben (Führungskraft) für das Arbeitsergebnis von Mitarbeitern auf der ihr unmittelbar nachgeordneten Stufe (Untergebene) verantwortlich gemacht wird und für deren Handeln zur Rechenschaft gezogen werden kann«, ob nun kollektiv als Team oder als Individuum oder beides. Den Begriff »Weisungsgewalt« definiert Jaques als die Machtbefugnisse, mit deren Hilfe die für das Ergebnis Verantwortlichen sicherstellen können, daß das gewünschte Resultat zum richtigen Zeitpunkt und in Übereinstimmung mit den jeweiligen Vorgaben erbracht wird. Wenn man Jaques' Theorie ein wenig abwandelt, könnte man sagen, daß die Weisungsgewalt in bezug auf eine bestimmte Ergebnisgruppe von den folgenden *vier spezifischen Vollmachten* abhängt:

- Umfang der Mitwirkung an der Definition der erwarteten Ergebnisse und/oder der Prioritäten, Arbeitsbereiche und/oder Arbeitspläne für die Verwirklichung dieser Ergebnisse.
- Umfang der Mitwirkung an der Leistungsbeurteilung, die in der Praxis zur Festlegung der zukünftigen Vergütung, Aufga-

ben und Karrierepfade der Mitarbeiter in der Abteilung/dem Team verwendet wird, die/das für die betreffenden Ergebnisse zuständig ist.

- Möglichkeit, einen neuen Mitarbeiter in der Abteilung oder im Team abzulehnen, der nach Meinung der betreffenden Führungskraft nicht die Mindestleistungsstandards erfüllt.
- Möglichkeit, den Prozeß der Abberufung eines Mitarbeiters in der Abteilung/im Team wegen unzureichender Leistung zu initiieren.

Eine graphische Darstellung der Verantwortlichkeiten mit den zugehörigen Aufgaben und Weisungsbefugnissen ist der *erste Schritt* auf dem Weg zur Beurteilung der Zweckmäßigkeit einer gegebenen Hierarchie. Um nochmals das Beispiel McKinsey aufzugreifen: Meinen Erfahrungen zufolge war dieses System der Verantwortlichkeiten und Weisungsgewalten einigermaßen klar umrissen. Die kollektive Verantwortlichkeit des gesamten Teams ergab sich aus dem Angebotsschreiben oder einer anderen Bestätigung des Beratungsauftrags, in der die Bedingungen und Fristen für das Projekt schriftlich fixiert wurden. Die individuellen Verantwortlichkeiten waren aus den Arbeitsplänen abzulesen, die einzelnen Teammitgliedern die Erfüllung bestimmter Aufgaben innerhalb eines vorgegebenen Zeitrahmens zuwiesen. Analog dazu hatte jede Verantwortlichkeitsebene im großen und ganzen auch angemessene Weisungsgewalten: Projektleiter durften Arbeitspläne organisieren, die täglich geleistete Arbeit überwachen, Kundenkontakte pflegen und die Beurteilungen für nachrangige Teammitglieder schreiben. Projektdirektoren lenkten die Tätigkeiten aller Projekte in die richtige Richtung, stellten ihre einheitliche Qualität sicher und handelten aus, wer Mitglied in ihren Kundenserviceteams sein sollte und wer nicht. Alles in allem scheint mir das System der Verantwortlichkeiten und Weisungsgewalten bei McKinsey im spezifischen Kontext dieser Unternehmensberatung sinnvoll gewesen zu sein; die Hierarchie eignete sich gut für ihr spezielles Dienstleistungsangebot in ihrem spezifischen Wettbewerbsumfeld.

Verantwortlichkeit. Eine löbliche Eigenschaft, die alle anderen im Unternehmen in weitaus größerem Umfang an den Tag legen müssen, als sie es heute tun. Nicht zu verwechseln mit Weisungsgewalt – das ist etwas, von dem ich mehr benötige.

Weisungsgewalt. Eine Form der Macht, von der ich mehr benötige, wenn ich meine Arbeit richtig erledigen soll. Nicht zu verwechseln mit Verantwortlichkeit, der Eigenschaft, die allen anderen im Unternehmen bedauerlicherweise fehlt.

Führungslose Hierarchien geraten stets außer Kontrolle: die versteckten Gefahren der »Melassitis« und des »Farm-der-Tiere-Syndroms«

Wenn Hierarchien nicht oder nur unzureichend geführt werden, geraten sie oftmals in einer Art und Weise außer Kontrolle, die einen massiven Einbruch in der Zuverlässigkeit und Effizienz des Unternehmens nach sich zieht. Am einen Ende der Skala der wildwuchernden Hierarchien steht das »Judizium interruptum«: ein Zustand, in dem erheblich mehr Kontrollpunkte als nötig existieren und so der Entscheidungsfreiheit des einzelnen Mitarbeiters unnötige, destruktive Fesseln angelegt werden. Gegen diese Art von Unternehmen richten sich in der Regel die Tiraden der Wissenschaftler über die Übel der Hierarchie, und hier kann ein Abbau von Hierarchieebenen tatsächlich wirksame Dienste leisten. Wie die Autoren der GE-Unternehmensbiographie, Noel Tichy und Stratford Sherman, berichten, wurde bei General Electric die Zahl der offiziellen, im Organigramm ausgewiesenen Hierachieebenen in der Zeit zwischen 1981 und 1992 von neun auf vier bis sechs reduziert (je nachdem, um welchen Geschäftsbereich es sich handelte). Gleichzeitig ging die Zahl der Bereichsleiter mit Ergebnisverantwortung von zirka 150 auf weniger als 50 zurück.

Das andere Extrem ist der »Pseudo-Bevollmächtigungswahn«, eine Krankheit, die zumeist ausbricht, wenn ein Unternehmen versucht, seine Hierarchie völlig zu zerstören oder radikal umzukrempeln, ohne dabei zu bedenken, welche Auswirkungen das auf das System der Verantwortlichkeiten und Weisungsgewalten hat, auf dessen Grundlage es seine Güter oder Dienstleistungen hervorbringt. Diese Art der Mitarbeiterbevollmächtigung kann zu recht gravierenden Problemen führen, die ebenso schädliche Folgen haben können wie ein Übermaß an Führungsebenen im Organigramm. Wenn die Verantwortlichkeiten nicht mehr klar abgesteckt sind, wird sich auch das Verantwortungsbewußtsein der Mitarbeiter im Unternehmen *verflüchtigen* und sich bald niemand mehr für irgend etwas zuständig fühlen. Sind hingegen die Verantwortlichkeitsregeln unklar, nach denen die Macht im Unternehmen ausgeübt wird, wird die Weisungsgewalt solange *abwandern, bis irgend jemand* effektiv die Befehle erteilt, die über die Arbeitsorganisation bestimmen ... aber nicht unbedingt die Person oder die Personen, denen diese Befugnisse ursprünglich übertragen werden sollten.

Im günstigsten Fall führen derlei Unklarheiten in bezug auf Verantwortlichkeit und Weisungsgewalten zur »Melassitis«. Das Unternehmen bleibt dann in der süßen, zähflüssigen Masse der Prozeßabläufe stecken, so daß nennenswerte Fortschritte nur noch im Schneckentempo erreicht werden können. Im schlimmsten Fall tritt sogar das »Farm-der-Tiere-Syndrom« auf. Wie in George Orwells Roman beschwören dann unklare Verantwortlichkeiten und Weisungsgewalten enorme politische Mauscheleien und Machtkämpfe hinter den Kulissen herauf, die nach außen hin mit honigsüßen Lippenbekenntnissen zur »flachen« Organisation vernebelt werden.

Der Unterschied zwischen diesen beiden Leiden hat meinen Beobachtungen zufolge etwas mit den internen Spielregeln zu tun: Wenn die Menschen, die die Macht an sich reißen wollen, nicht mit Beförderungen und Gehaltserhöhungen belohnt werden

oder gar einen Karriereknick erleben, wird gleichzeitig die Wahrscheinlichkeit größer, daß das Unternehmen in den Melassebot-
tich rutscht. Werden sie jedoch für ihr Verhalten auch noch belohnt, befindet sich das Unternehmen auf dem besten Weg zur
Farm der Tiere. In beiden Fällen erkennen die Manager an der
Spitze des Unternehmens höchstwahrscheinlich nicht, was sich
da eigentlich unter ihnen zusammenbraut, sondern singen vielmehr ein Loblied auf ihre ach so teamorientierte, flache Organisation, deren Mitarbeiter so weitreichende Entscheidungsbefugnis besitzen. Das sollte uns eigentlich nicht überraschen, denn
Spitzenmanager haben ja bereits die gesamte Machtfülle, die sie
benötigen, und können sich daher nur schwer vorstellen, zu welchen Maßnahmen andere Menschen greifen, um sich ähnliche
Vollmachten zu verschaffen.

Das Überangebot an Arbeitsgruppen, Ausschüssen und Teams,
die als Ersatz für die alte, verhaßte Hierarchie herhalten sollen,
verhindert dabei weder die »Melassitis« noch das »Farm-der-
Tiere-Syndrom«. Im Gegenteil: Solche Arbeitsgruppen können
beide Leiden schon allein deshalb verschlimmern, weil sie häufig
ohne ausreichende Berücksichtigung von Verantwortlichkeiten
und Weisungsbefugnissen konzipiert werden. In solchen tem-
porären Gruppierungen werden wirksame, frühzeitige Maßnahmen oftmals durch eine Vielzahl von Hindernissen vereitelt:
diffuse oder fehlende Aufgabendefinition (keine klare Beschreibung des erwarteten Endergebnisses oder des zu lösenden Problems), mangelnde Definition von zeitlichen Begrenzungen oder
Etappenzielen (keine klaren Aussagen darüber, was wann von
wem erreicht werden sollte), keine allgemein anerkannten Mechanismen für die Lösung von Pattsituationen und die Qua-
litätsmessung (keine eindeutigen Vorgehensweisen zur Beseitigung von Problemen, bei denen die internen Debatten in eine
Sackgasse geführt haben, oder für eine kritische Überprüfung der Ergebnisse) sowie schwache oder gänzlich fehlende
Weisungsgewalten (keine Mechanismen, mit deren Hilfe die
Führungskräfte, die nominell die Verantwortung tragen, die
Grenzen für die Arbeit abstecken, die Leistung der Beteiligten

beurteilen, neuen Mitarbeitern den Zugang zur Gruppe verwehren oder Verfahren zum Ausschluß leistungsschwacher Gruppenmitglieder einleiten können).

Das neue Schlagwort vom »eigenverantwortlichen Team«, das sich selbst steuert (»self-directed work teams« oder schlicht SDTs in der englischsprachigen Literatur) ist meiner Meinung nach kein probates Gegenmittel für eine aus dem Ruder gelaufene Hierarchie. Die Mitarbeiter des Levinson Institute, das in Waltham im US-Bundesstaat Massachusetts Kurse für Spitzenmanager anbietet, hören häufig die Behauptung, eigenverantwortliche Teams hätten wirksam zusammengearbeitet, ohne sich über diese leidigen Fragen der Verantwortlichkeit und Weisungsgewalten den Kopf zerbrechen zu müssen. In einem Interview mit Jack Gordon von der Zeitschrift *Training Magazine* vertrat der Leiter des Instituts, Gerry Kraines, jedoch einen anderen Standpunkt: »Ich habe bislang noch keine befriedigende Erklärung gehört, was eigentlich unter ›Verantwortlichkeit des Teams‹ zu verstehen sein soll. Jedesmal, wenn [das Levinson Institute] eine solche Geschichte überprüfte, in der von einem besonders effektiven ›eigenverantwortlichen Team‹ die Rede war, stellten wir fest, daß eine verantwortliche Führungskraft an dem Projekt beteiligt war.« Meine eigenen Beobachtungen haben hier ergeben, daß es für Teams durchaus möglich ist, ihre eigene Arbeit meisterhaft zu managen, solange sie letztlich einer Führungskraft berichten, die für die Ergebnisse der Teamarbeit verantwortlich ist und daher auch sicherstellen muß, daß das Team innerhalb eines geeigneten Handlungsspielraums tätig wird. (Mehr zur Definition dieses Handlungsspielraums finden Sie in den Kapiteln 2 und 8).

Für ebensowenig sinnvoll halte ich einen Ansatz, in dem die Unternehmensleitung zwar die Entwicklung der realen Machtstruktur uneingeschränkt zuläßt, aber gleichzeitig darauf beharrt, daß eine Nomenklatur und Organigramme verwendet werden, die eine hierarchielose Organisation bzw. gleiche Befugnisse für alle Mitarbeiter im Unternehmen suggerieren. Nehmen wir beispielsweise Bezeichnungen wie »Associate« oder »Partner«. Man erzählt sich, John D. Rockefeller Junior sei einer der ersten Unternehmer gewesen, der seine Untergebenen als »Associates« bezeichnete. Das mag richtig sein, doch kann man wohl getrost davon ausgehen, daß diese »Associates« niemals der Versuchung erlagen, ihren Status mit dem des reichsten Mannes der Welt zu verwechseln. Wer heute *ceteris paribus* frisch eingestellte Hochschulabsolventen als »Associates« oder »Partner« und die Führungskräfte, die sie beurteilen, als »Sponsoren« oder »Mentoren« bezeichnet und Wörter wie »höhere« und »niedrigere« Führungsebenen bzw. »Untergebene« und »Vorgesetzte« tabuisiert, verändert deshalb noch lange nicht die real existierenden Befehlsketten und Machtstrukturen im Unternehmen. Ebensowenig ist das Bild einer auf den Kopf gestellten, um 90 Grad gedrehten oder von innen nach außen gestülpten Pyramide ein Anzeichen für die völlige Ausrottung der Hierarchie im Unternehmen – obwohl dadurch natürlich unklar wird, wer denn jetzt die *wahre* Macht im Unternehmen besitzt, so daß die weniger scharfsichtigen Mitspieler sich letztlich gar nicht mehr auskennen.

Faktisch erfordert die Zähmung der Hierarchie weitaus komplexere Maßnahmen als die bloße Veränderung der Titelbezeichnungen und die Verschiebung der Kästchen im Organigramm. Wer wirklich etwas bewegen möchte, muß sich über die Hindernisse im klaren sein, die einem wirksamen Handeln im Wege stehen, und dabei berücksichtigen, wo die Verantwortlichkeiten und Weisungsgewalten im Unternehmen tatsächlich angesiedelt sind. Legt man diesen Maßstab an, so war Marvin Bowers Entwurf für den organisatorischen Aufbau von McKinsey ein Erfolg. Er wollte eine flexible Organisation schaffen, die nicht in starren Verfahren gefangen ist. Diese Flexibilität erreichte er durch die Bildung temporärer Arbeitsgruppen. Darüber hinaus schwebte ihm auch ein Unternehmen vor, in dem offene Diskussionen die Norm waren, und auch dies glückte ihm weitgehend: In den Teamsitzungen nehmen normalerweise alle Teammitglieder – vom gerade erst eingestellten Assistenten bis zum hochrangigsten Partner – an offenen Erörterungen teil, in denen die

Problemlösungen im Mittelpunkt stehen ganz wie Bower es sich gewünscht hatte.

Auf den Punkt gebracht: Die eigentliche Herausforderung, vor die uns die Hierarchie stellt, ist die Frage, wie wir Verantwortlichkeiten und Weisungsgewalten in der Organisation verteilen können, so daß in einer bestimmten Firma, die auf einem bestimmten Markt tätig ist und bestimmte Anforderungen erfüllen muß, bestimmte Ergebnisse erreicht werden können. In vielen Firmen paßt der Organisationsaufbau nicht mehr zu den Rahmenbedingungen, und in ihren Hierarchien treten mittlerweile Symptome eines oder aller zu Beginn dieses Kapitels aufgelisteten Probleme auf. Für solche Unternehmen können weitreichende oder unter Umständen sogar radikale Veränderungen durchaus heilsam sein, von der Verringerung der Zahl der Führungsebenen über die Neuordnung der Personal- und Vergütungspolitik bis hin zur fundamentalen, radikalen Neugestaltung der Aufbau- und Ablauforganisation. Es ist jedoch keinesfalls zweckdienlich, wenn man versucht, die Hierarchie mit Stumpf und Stiel auszurotten. Wer dies versuchen möchte, wäre gut beraten, sich stets folgenden Grundsatz vor Augen zu halten: Ohne übergeordnete Prinzipien zur Regelung des Systems wird sich die Verantwortlichkeit verflüchtigen und die Weisungsgewalt abwandern, und zwar oftmals auf eine Art und Weise, die die Arbeitsmoral und die effektive Handlungsfähigkeit des Unternehmens fundamental untergraben.

Hierarchien entwickeln sich in Organisationen unweigerlich – ob Ihnen das nun paßt oder nicht. Es ist daher eine Führungsaufgabe sicherzustellen, daß die bestehende Hierarchie gesund bleibt und sich für das Unternehmensumfeld eignet. Wenn diese Voraussetzungen nicht erfüllt sind, muß die Hierarchie neu gestaltet und entsprechend gesteuert werden. Wer glaubt, er könne der Hierarchie ein für allemal beikommen, indem er einfach ihre Existenz leugnet, wird lediglich die Wahrscheinlichkeit erhöhen, daß die Hierarchie in *seinem* Unternehmen so vielen Prozeduren und/oder so üblen politischen Kalkülen Vorschub leistet, daß die

Mitarbeiter de facto keine Bestleistungen mehr erbringen können. Simple Umbenennung oder Verschiebungen der Kästchen im Organigramm ohne ausreichende Berücksichtigung der Verteilung von Verantwortlichkeiten und Weisungsgewalten führt zwar zu schönen bunten Bildchen, hat aber mit vernünftiger moderner Unternehmensführung nichts zu tun.

5. KAPITEL

Entschlüsselung der Unternehmenskultur

Abschied von der Entschuldigung für jede Jahreszeit

> *Unternehmenskultur. 1. Die Vorgehensweise in unserem Unternehmen, unsere gemeinsamen Wertvorstellungen und kollektiven Normen. 2. Eine Entschuldigung für das Hinauszögern unbedingt erforderlicher Veränderungen in den Geschäftspraktiken eines Unternehmens.*

1982 veröffentlichten Terrence E. Deal und Allan A. Kennedy ein richtungweisendes Buch mit dem Titel *Unternehmenserfolg durch Unternehmenskultur*. Sie prägten damit eine Bezeichnung für ein Phänomen, das bereits vielen Menschen aufgefallen war, ohne daß sie wußten, wie sie es nennen sollten: »Unternehmenskultur« (in der englischsprachigen Literatur auch »Corporate Culture«), die Tendenz von Organisationen, eine ihnen eigentümliche Arbeitsweise zu entwickeln.

Im Laufe der Zeit wurde der Begriff »Unternehmenskultur« zur Entschuldigung für jede Jahreszeit. Jeder von uns kennt Unternehmen, die kühne Pläne für Veränderungen schmieden, in der Praxis aber gleichzeitig der Maxime »Business as usual« frönen – und mißlungene Umstrukturierungsprogramme dann der mangelnden Elastizität ihrer »Unternehmenskultur« zuschreiben. Die meisten Menschen kommen in einer solchen Situation zu dem Schluß, daß Unternehmen nur durch massive Investitionen in ein »Programm zur Umformung der Unternehmenskultur« oder in sogenanntes »Change Management« verändert werden können und daß ein solches Projekt vorzugsweise von externen Spezialisten entworfen und umgesetzt werden sollte.

Change Management. Ein Vorhaben, bei dem Außenstehende dafür bezahlt werden, die Daumenschrauben anzusetzen, um die Mitarbeiter im Unternehmen zu Veränderungen zu veranlassen, wobei sich durch den Transfer finanzieller Mittel in die Taschen der Berater gleichzeitig auch der Kontostand des Unternehmens deutlich verändert.

Während sich die Gesellschaft nur schwer zu kulturellen Veränderungen durchringen kann, sind Unternehmenskulturen im Vergleich dazu weitaus leichter zu beeinflussen. Nehmen wir als Beispiel ein Unternehmen, das lange als einer der schwerfälligsten Giganten der Wirtschaft galt: General Electric (GE). 1982 hatten sich Deal und Kennedy folgendes Urteil über GE gebildet:

Nehmen wir einen Aufsteiger bei General Electric, den der Konkurrent Xerox mit mehr Geld, einem größeren Büro und mehr Verantwortung umwirbt. Schlägt er ein, wird er möglicherweise enttäuscht sein. Denn Xerox hat eine völlig andere Kultur als General Electric. Erfolg, ja sogar Überleben hängen bei Xerox von der Fähigkeit ab, ein nahezu frenetisches Arbeitstempo einzuhalten. Harte Arbeit – hartes Spiel nach Xerox-Art ...

Als ich dieses Zitat einem Manager vorlas, der nur wenige Jahre nach dem Amtsantritt von Chairman Jack Welch im Jahr 1981 zu GE gestoßen und rasch ins Topmanagement aufgestiegen war, lachte er sich erstmal halbtot. Dann erklärte er, ich hätte mich in diesem Zitat wohl irgendwie vertan und GE und Xerox verwechselt. Als ich ihm versicherte, daß dies nicht der Fall sei, lachte er noch mehr. »Woher haben die bloß diesen Mist? Das ist ja blanker Unsinn! Das klingt, als seien wir bei GE lauter Gentlemen, die höchst vornehm miteinander umgehen. So geht's bei uns nicht zu. Bei GE arbeitet man bis zum Umfallen, kämpft bis zum Äußersten und hofft, daß das irgend jemandem auffällt – und dann hofft man, daß die Latte nicht noch fünfmal höher gelegt wird. *Bei General Electric müssen wir stets Bestleistungen bringen, sonst hat unser letztes Stündchen geschlagen.*«

Die Meinung dieses Managers war keineswegs untypisch. Noel Tichy, der Mitautor des Buches *Control Your Destiny or Someone Else Will,* einer Chronik der ersten zehn Jahre mit Jack Welch als Chairman, vertrat diese Meinung ebenfalls, als er sich 1985 für zwei Jahre im Managementschulungszentrum von GE anwerben ließ – etliche Jahre, bevor er sein Buch schrieb: »Als ich dieses Angebot annahm, hatte ich lange genug für GE als Berater gearbeitet, um zu wissen, daß ich meine Glaubwürdigkeit rasch unter Beweis stellen mußte ... Die leistungsbetonte Kultur von GE ist so mächtig, daß man als neu eingestellter Manager sogleich sein Selbstvertrauen und seine Führungsqualitäten beweisen möchte ... Ich hatte das Gefühl, daß ich bereits mit dem ersten Pfeil mitten ins Schwarze treffen mußte. Wenn mir das nicht gelang, mußte ich befürchten, daß die GEler den Respekt vor mir verlieren würden – vielleicht sogar für immer.«

Sowohl das Zitat aus dem Buch von Deal und Kennedy als auch die Beobachtungen der beiden GE-Mitarbeiter beschreiben die Unternehmenskultur bei General Electric zutreffend. Der Unterschied erklärt sich aus der jeweils betrachteten Zeitspanne: Deal und Kennedy schilderten die Situation bei GE in der Ära von Reginald Jones, die 1981 zu Ende ging. Mein Bekannter und Noel Tichy zeichneten ein Bild von GE, wie es nur wenige Jahre später aussah. Dies führt uns zu einer interessanten Frage: Wie hatte Jack Welch eine so rasche und derart grundlegende kulturelle Metamorphose in einem Unternehmen bewirken können, das 1981 mehr als 400 000 Mitarbeiter beschäftigte? Meiner Meinung nach ist dies vor allem einem Element der Unternehmenskultur zuzuschreiben, über das nur selten gesprochen wird. Ich nenne es das »Insider-Spiel«, also die impliziten, ungeschriebenen Gesetze, wie man im Unternehmen überleben und erfolgreich sein kann.

---

*Im großen und ganzen gilt, daß derjenige, der die Macht
über den Lebensunterhalt eines Menschen hat, auch
seinen Willen beugen kann.*

Alexander Hamilton (1755–1804)

Viele Führungskräfte glauben, daß ihnen eine starke Unternehmenskultur nur zwei Alternativen läßt: Sie können entweder voller Verzweiflung ihre Hände zum Himmel erheben oder ein umfassendes, von einem Berater eingepeitschtes Programm für die »Umformung der Unternehmenskultur« oder das »Change Management« initiieren. Meiner Ansicht nach gibt es jedoch noch einen besseren Weg: Identifizierung der Ziele und Regeln des »Insider-Spiels«, gefolgt von deren Veränderung als erster und grundlegender Schritt auf dem Weg zu einem kulturellen Wandel. Diese Überzeugung wurzelt in drei Beobachtungen:

1. Jedes Unternehmen hat interne Spielregeln, die bestimmen, wie man dort überleben und Erfolg haben kann. Wer einen Wandel in der Firmenkultur herbeiführen möchte, muß als erstes diese internen Spielregeln verändern.
2. Diese Spielregeln ähneln nur selten den Vorgaben in den Handbüchern zur Firmenstrategie. Bevor man das Insider-Spiel verändern kann, muß man also zunächst seine Regeln transparent machen.
3. Die geschicktesten Spieler tragen nicht immer auch zur Unternehmensleistung bei. Wer das Insider-Spiel feinabstimmen möchte, muß Mittel und Wege finden, wie er die Beiträge der Teilnehmer bewerten und die Richtigen belohnen kann.

Lassen Sie uns diese drei Beobachtungen einmal näher untersuchen und zwar mit ein wenig Unterstützung durch Robert Graves' Bericht über die »Götter des Olymp« und Noel Tichys und Stratford Shermans Bericht über die »Götter von General Electric«.

1. Jede Organisation hat ihre internen Spielregeln, die bestimmen, wie man dort überleben und Erfolg haben kann (oder: Wie Hermes das Insider-Spiel spielte und in den Kreis der Olympier aufgenommen wurde)

1980 schrieben Professor John Gabarro und John Kotter von der Harvard Business School einen Artikel mit dem Titel »Managing Your Boss«, in dem sie argumentierten, daß effektiv arbeitende Führungskräfte »Zeit und Energie aufbringen, um die Beziehung zu ihren Vorgesetzten zu steuern«. Als dieser Artikel 13 Jahre später als »HBR-Klassiker« neu aufgelegt wurde, ergänzten ihn die Herausgeber der *Harvard Business Review* mit rückblickenden Kommentaren der beiden Autoren. Professor Gabarro meinte, daß zum Zeitpunkt der ursprünglichen Veröffentlichung des Artikels »die Idee, man könne seinen Chef managen, noch als unstatthaft galt«. Professor Kotter fügte dann eine weitere interessante Beobachtung hinzu: »Würden wir den Artikel heute schreiben, würde ich mir ein wenig Sorgen um Manager machen, die sich zu sehr darauf konzentrieren, die Beziehung zu ihrem Vorgesetzten zu steuern«.

Also, unter anderem muß ich feststellen, daß ich nicht mehr jedes Golfspiel gewinne.

George Bush über sein Leben als Ex-Präsident

Unzählige Menschen in Unternehmen auf der ganzen Welt würden beiden Aussagen zustimmen. Es stimmt zwar, daß das Management von Vorgesetzten vor Gabarros und Kotters klugem Artikel kaum ein Thema in der wissenschaftlichen Literatur war.

Ebenso richtig ist allerdings, daß geschickte Insider stets sehr darauf bedacht waren, die für die Verteilung von Belohnungen und Strafen zuständigen Personen zu manipulieren, und dabei noch weit über den Vorschlag der beiden Autoren hinausgingen – was ihren Unternehmen nicht immer zum Vorteil gereichte. Und so ist es schon seit ewigen Zeiten, zumindest seit die Götter und Göttinnen der alten Griechen sich in ihrer Ratshalle auf dem Olymp zusammenfanden, um über die Geschicke der Sterblichen zu bestimmen.

Wie wurde beispielsweise Hermes, der Götterbote, in den olympischen Rat aufgenommen? Ursprünglich saßen dort elf Gottheiten: fünf männliche (Zeus, Poseidon, Hephaistos, Ares und Apollon) und sechs weibliche (Hera, Demeter, Athene, Aphrodite, Artemis und Hestia). Hermes, der Sohn des Zeus und einer weniger bedeutenden Göttin namens Maia wollte dann aber ebenfalls in den Rat aufgenommen werden. Dieses Ziel verfolgte er bereits von Geburt an: Als seine Mutter nicht hinsah, kletterte er aus seiner Krippe, schlachtete zwei der weißen Kühe des Apoll und verwendete ihren Darm für ein neu erfundenes Musikinstrument, die Lyra. Bebend vor Zorn stürmte der bestohlene Apollon auf die Erde und zerrte Hermes vor den Rat der Götter. Und da begann Hermes mit meisterhaftem Geschick, die hohen Herrscher zu manipulieren.

Erst kam die *Erklärung:* »Gestern war ich zu jung, um Recht und Unrecht unterscheiden zu können. Heute bin ich klüger, und ich bitte Euch um Gnade.« Dann kam die *Sühne:* »Ich tötete nur zwei und teilte sie in zwölf gleiche Teile als Opfer für zwölf Götter.« Und dann kam der geschäftliche Teil, das *Angebot,* das Hermes mit der Raffinesse eines wahren Insiders meisterte. Der Rat bestand ja nur aus *elf* Mitgliedern, und so brauchte Hermes nur auf die unvermeidliche Frage zu warten, wer denn der zwölfte Gott sei, um dann höflich zu antworten: »Meine Wenigkeit.« Um den Handel perfekt zu machen, überreichte er Apollon, der ja schließlich der Gott der Musik war, seine Kuhdarm- und Schildpatt-Erfindung als Versöhnungsgeschenk. Und schließlich bot er Zeus an, ihm als Götterbote zu dienen. Nach-

dem er seine Schläue, seine Eigeninitiative und seine Geschäftstüchtigkeit unter Beweis gestellt hatte, gewann Hermes die begehrte Trophäe: Zeus ernannte ihn zum Gott der Kaufleute und
nahm ihn als zwölftes Mitglied in den Rat der Olympier auf.

In modernen Unternehmen wimmelt es von Menschen wie Hermes, die aktiv am Insider-Spiel teilnehmen und dabei partout
gewinnen und die Preise einheimsen wollen, die den Siegern winken: Aufstieg, Macht, Ansehen und hohe Bezüge. Eine Veränderung der Unternehmenskultur verlangt daher vor allem eine
Neuausrichtung der Ziele und Regeln des Insider-Spiels.

Als beispielsweise Reginald Jones die Geschicke bei General
Electric lenkte, war das Unternehmensziel, etwa im gleichen
Tempo zu wachsen wie die Wirtschaft insgesamt. Für das Insider-Spiel mußte man daher erstens bestechende Pläne aufstellen
und zweitens die Planvorgaben unter allen Umständen einhalten.
Wie Tichy berichtet, beherrschte Jack Welch dieses Spiel meisterhaft. Obwohl er die Vorgaben für seinen Geschäftsbereich über
der Wachstumsrate des Bruttosozialprodukts ansetzte, legte er
seinen Chefs in der Konzernzentrale stets ansprechend gestaltete,
gebundene Berichte vor und hielt seine Versprechen stets ein.

Sobald Welch jedoch zum Chairman aufgestiegen war, änderte er
die internen Spielregeln. Ziel war nun nicht mehr ein Wachstum
auf BSP-Niveau; vielmehr sollten die GE-Geschäftsbereiche die
»Nummer eins« oder »Nummer zwei« in ihrer jeweiligen Branche werden und kontinuierlich erhebliche Steigerungen im Quartalsergebnis erwirtschaften. Andernfalls drohte der Ausschluß
aus dem GE-Portfolio. Die Pläne wurden nun nach ihrem Inhalt
und nicht mehr nach ihrer Verpackung beurteilt. Führungskräfte,
deren Entwürfe der erbarmungslosen Prüfung durch den Chairman und seine Getreuen standhielten, wurden mit dringend
benötigten Kapitalmitteln und der Chance zum beruflichen Aufstieg belohnt. Wer durchfiel, mußte zusehen, wie sein Geschäftsbereich zum Verkauf feilgeboten wurde und die eigene Karriere
zu bröckeln begann.

Keiner, der den neuen CEO beobachtete, zweifelte auch nur im
geringsten daran, daß er es ernst meinte und daß sich das Insider-

Spiel unwiederbringlich verändert hatte. In den ersten vier Jahren unter Jack Welch wurden 117 Geschäftsbereiche veräußert. 20 Prozent der Belegschaft bzw. nahezu 80 000 Mitarbeiter verließen General Electric, als das Unternehmen Sparten »aufgab, reparierte oder verkaufte«, die die neuen Kriterien nicht erfüllen konnten. In den Worten von Tichy und Sherman: »Ende 1984 gab es das alte GE nicht mehr. Welch hatte es beiseite gefegt.« Teilweise gelang ihm dies durch eine Änderung der internen Spielregeln und Zielsetzungen: Er war derjenige, der die Preise verteilte (Zugang zu finanziellen Ressourcen und beruflicher Aufstieg), und er nutzte seine Stellung, um die angestrebten Veränderungen voranzutreiben.

2. Die Regeln des Insider-Spiels haben nur wenig mit den Vorgaben in den Handbüchern zur Firmenstrategie gemein (oder: Warum der für Klassik zuständige Musikkritiker einer führenden Zeitung eine Oben-Ohne-Cellistin interviewte)

Obwohl die Götter auf dem Olymp kein Strategie- und Verfahrenshandbuch verfaßt hatten, stimmten ihre internen Spielregeln wahrscheinlich nicht mit denen von Hermes überein. Schließlich hatte dieser ja den hochgeschätzten Besitz einer anderen Gottheit stibitzt und dann Zerknirschtheit geheuchelt. Aber Hermes wußte, was den Göttern lieb und teuer war: die Lyra für Apollon und großes Verhandlungsgeschick gegenüber Zeus. Da er die Regeln des wahren Insider-Spiels kannte, wußte er, wie er sein persönliches Ziel erreichen konnte.

Ähnliche Insider-Spiele werden in modernen Unternehmen auf der ganzen Welt gespielt. Die erste Regel des Insider-Spiels lautet häufig, daß man sich für die vorgegebenen Normen stark machen muß. Je ehrlicher die Verpflichtung auf die bestehenden Regeln dabei nach außen hin erscheint, desto wirkungsvoller ist sie. Als zweite Regel empfiehlt sich in vielen Fällen, jegliche Diskrepanzen zwischen den vorgegebenen und den tatsächlichen Spielregeln zu leugnen. Wenn Sie wissen wollen, wo die offiziellen Regeln hauptsächlich nachgeplappert, aber nur selten in der Praxis befolgt werden, müssen Sie zunächst erkennen, wovon das Überleben und der Erfolg in Ihrer Firma in Wirklichkeit abhängt – ganz gleich, was in den Handbüchern steht.

Nehmen wir als Beispiel die sagenhafte Geschichte von der Oben-Ohne-Cellistin. Zeitungen versuchen anhand verschiedener Umfragen festzustellen, für welche Artikel sich ihre Leser interessieren. Ein Musikkritiker, der sich bei einer führenden Tageszeitung in einer amerikanischen Großstadt auf den Bereich Klassik spezialisiert hat, berichtet, daß Artikel zu diesem Themenbereich nicht gerade besonders populär seien: In der Regel würden sie nur von fünf bis sieben Prozent der Leser wahrgenommen. Das erklärt wahrscheinlich, weshalb einer der Vorgänger unseres Kritikers kurz vor einer geplanten Leserumfrage beschloß, einen Artikel über eine Oben-Ohne-Cellistin zu schreiben. Die Umfrage ergab natürlich, daß ein weitaus größerer Teil der Befragten *diesen* Artikel über Klassische Musik gelesen hatte – angeblich zehnmal mehr als sonst. Die offiziell proklamierte Regel verlangte von den Journalisten integres Verhalten. In der impliziten Regel hingegen stand – wenigstens aus der Sicht jenes Kritikers – zumindest teilweise die Zahl der Leser im Vordergrund. Heute ist diese Zeitung dazu übergegangen, ihre Mitarbeiter nicht mehr von geplanten Leserumfragen in Kenntnis zu setzen.

Noch typischer sind die Erfahrungen der kalifornischen Niederlassung einer Telefongesellschaft. Ihr bereiteten die Resultate einer internen Umfrage Kopfzerbrechen, aus denen hervorging, daß die Mitarbeiter der Ansicht waren, es sei wichtiger, Kunden möglichst schnell aus der Leitung zu werfen, als ihre Probleme zu lösen. Daher investierte die Firma 170 000 Dollar in Schulungsprogramme und »Einpeitsch-Meetings«, um den 850 Kundenbetreuern einzuschärfen, daß »*Sie* für das Problem verantwortlich sind, sobald Sie den Hörer abheben«. Die Mitarbeiter waren hellauf begeistert von diesem Programm und von der

Möglichkeit, in den Kursen zu lernen, wie sie ihre Aufgaben optimal erledigen konnten. Dann aber machte sich bei ihnen Verwirrung breit. Weshalb? Trotz all der Trainingskurse und Anfeuerungsrufe des Managements wurden sie nach wie vor danach beurteilt, wie lange ein Kundenanruf dauerte. Ein desillusionierter Kundenbetreuer erklärte später in einem Interview mit dem *Wall Street Journal,* daß zwar die Kunden um ein Vielfaches zufriedener gewesen seien, wenn man sich ein paar Minuten länger Zeit nahm, um ihr Problem zu lösen, und daß dies für das System als Ganzes zu Zeitersparnis führte, daß dies jedoch gleichzeitig in der Beurteilung der Telefonzeiten negativ vermerkt worden sei. Die offizielle Regel lautete: »Sie werden Erfolg haben, wenn Sie den Kunden höchste Priorität einräumen.« In Wahrheit galt jedoch eine ganz andere Regel: »Sie werden Erfolg haben, wenn Sie diese zeitraubenden Kunden so schnell wie möglich abfertigen (aber vergessen Sie nicht, zumal in Mitarbeiterbefragungen, als Ihr Ziel anzugeben, daß Sie die ›Probleme der Kunden lösen‹ wollen).«

In Extremfällen kann die Kluft zwischen den expliziten und impliziten Regeln zu schwerwiegenden Funktionsstörungen einer Organisation führen. Das geschah offenbar am Massachusetts Institute of Technology (MIT), wo 1990/91 beim Einführungskurs für Computerprogrammierung im ersten Studienjahr ein Betrugsskandal aufgedeckt wurde, der weite Kreise zog. Das MIT galt lange Zeit als Bastion der Integrität der wissenschaftlichen Forschung; seine Studenten und Dozenten waren für ihren Fleiß bekannt. Wie konnte es also zu einem solchen Skandal kommen? Wie der *Boston Globe* damals vermeldete, hielt die überwiegende Mehrheit der Studenten diesen speziellen Kurs für so schwierig, daß sie nicht glaubten, ihn ohne »kleine Mogeleien« bestehen zu können. In den Worten von Professor Sheila Widnall, der damaligen Vorsitzenden des Disziplinarausschusses am MIT: »Viele MIT-Studenten betrachten das Institut als vom Lehrkörper veranstaltetes Hindernisrennen ... [Sie] glauben, daß sie das verlangte Arbeitspensum keinesfalls auf ehrliche Art und Weise bewältigen können und daß jedes Mittel recht und billig sei, das ihnen das Überleben ermöglicht.« Die offizielle Regel lautete: »Das System ist streng, aber gerecht. Sie fahren also am besten, wenn Sie hart arbeiten und sich an unseren Ehrenkodex halten.« Viele Studenten verstanden die tatsächliche Regel jedoch anders: »Das System ist gegen uns gerichtet, also sollte uns jedes Mittel recht sein, um seine Anforderungen zu erfüllen.«

Solche Diskrepanzen zwischen expliziten und impliziten Regeln sind gar nicht so selten. In der Übersicht auf den Seiten 98/99 finden Sie einige häufig beobachtete Beispiele.

Fazit: Ganz gleich, was explizit in den Regelwerken steht und mit welchem Brustton der Überzeugung die Anforderungen in offiziellen Verlautbarungen wiederholt werden, geschickte Spieler werden sich stets an die Empfehlungen in der rechten Spalte halten und die impliziten Regeln befolgen, wenn sie Ruhm und Ansehen ernten und Strafen aus dem Weg gehen wollen. Wenn aber die Geschäftsführung diese Unstimmigkeiten zwischen Sein und Schein erkennt, kann sie die tatsächlichen Regeln des Insider-Spiels verändern. So versuchte etwa Jack Welch bei General Electric, seinen Managern beizubringen, sich wie »Eigentümer« ihres jeweiligen Geschäftsbereichs zu verhalten. Dann mußte er allerdings feststellen, daß die 248 Spitzenmanager im Schnitt alle 2,2 Jahre ihre Position innerhalb des Konzerns wechselten. Um Führungskräfte davon abzuhalten, einerseits Lippenbekenntnisse für langfristige Ziele abzulegen, andererseits aber ihren Bereich mit Blick auf die kurzfristigen Ergebnisse zu managen (und dabei insgeheim auf eine neue Position zu schielen), arbeitet GE jetzt daran, seine Manager länger in der gleichen Sparte zu belassen, so daß sie auch die langfristigen Konsequenzen ihrer eigenen Führungsentscheidungen einkalkulieren müssen.

SOLL UND HABEN BEI INSIDER-REGELN

Explizite Regeln (klingen wie Aktivposten)	Implizite Regeln (wirken wie Passivposten)
Qualität steht bei uns an erster Stelle.	Verkaufen Sie möglichst große Mengen, und gehen Sie dabei ruhig über Leichen.
Verkaufen Sie einem Kunden nie, was er nicht braucht.	Schnappen Sie sich den Auftrag; wer die höchsten Umsätze erzielt, wird auch am meisten belohnt.
Innovation geht über alles! Wir brauchen Innovationen und würdigen auch ehrenvolle Niederlagen.	Ein Mißerfolg ist immer ein Mißerfolg, daran gibt es nichts zu rütteln. Es ist viel, viel schlimmer, etwas zu versuchen und damit zu scheitern, als überhaupt keinen Finger krumm zu machen.
Wir betrachten unsere Unternehmensbereiche aus einer langfristigen Perspektive.	Wenn Sie Ihre Budgetvorgaben nicht einhalten, geht's Ihnen an den Kragen.
Unser Arbeitsumfeld ist von Ehrlichkeit geprägt; sprechen Sie Ihre Sorgen offen aus.	Heben Sie das Positive hervor und gehen Sie einfach nonchalant über alles Negative hinweg (es sei denn, Sie wünschen sich den Tod).
Teamarbeit ist unser Lebenselixier.	Beförderungen verdienen sich nur Einzelkämpfer.
Die Weiterbildung unserer Mitarbeiter ist eine unserer vornehmsten Aufgaben.	Manager, die sich der Weiterbildung ihrer Mitarbeiter widmen, sind »kleine Würstchen«: weder hartgesotten noch analytisch genug, um hier gute Arbeit zu leisten.
Wir sind eine »lernende« Organisation; helfen Sie uns, kontinuierliche Verbesserungen zu erreichen.	Machen Sie hier bloß keinen Aufstand!

Die Vergütung ist jedermanns Privatsache. Sprechen Sie nur mit Ihrem Vorgesetzten darüber, nicht mit Ihren Kollegen.	Vergleichen Sie Ihr Gehalt mit dem Ihrer Kollegen. Nur so können Sie zuverlässig feststellen, wie gut Sie wirklich abschneiden.
Wir sind eine nichthierarchische, von Gemeinschaftsgeist geprägte Organisation und halten uns an die goldene Regel »Was du nicht willst, das man dir tu', das füg' auch keinem andern zu«.	Das können Sie Ihrer Großmutter erzählen! Ich mußte meinem Chef die Füße küssen, um an diesen Job zu kommen, und jetzt biedern Sie sich gefälligst bei mir an!
Führen Sie diesen Geschäftsbereich, als wäre er Ihr eigenes Unternehmen. Richten Sie Ihren Blick stets auf die langfristige Entwicklung.	Wahre Aufsteiger bleiben niemals länger als zwei Jahre in der gleichen Position. Konzentrieren Sie sich also auf Maßnahmen, die auf den ersten Blick einen fantastischen Eindruck machen (aber von jemand anderem umgesetzt werden müssen) oder anfangs sensationelle Ergebnisse bringen (ungeachtet der langfristigen Kosten).

3. Die geschicktesten Spieler im Insider-Spiel tragen nicht immer auch zum Unternehmenserfolg bei (oder: Was uns die Geschichte von Hestia über Spielverweigerer lehrt)

Der Vorteil an der Existenz des Insider-Spiels besteht darin, daß Managementteams, die ihre Unternehmenskultur verändern möchten, einen beträchtlichen Vorsprung erzielen können, indem sie die Zielsetzung und die Regeln dieses Spiels innerhalb der Sachzwänge einer bestimmten Umgebung und Arbeitnehmerschaft modifizieren. Der Nachteil ist, daß sie dabei fälschlicherweise den Eindruck gewinnen können, daß diejenigen, die sich an die neuen Regeln anzupassen lernen, auch einen wertvol-

99

len Beitrag zum Unternehmenserfolg leisten. Dem ist aber zumeist nicht so. Da der primäre Erfolgsmaßstab im Insider-Spiel die Geschicklichkeit ist, mit der Spieler die für die »Preisverteilung« zuständigen Vorgesetzten manipulieren, kann das Topmanagement nicht immer die Täuschungsmanöver ihrer Untergebenen durchschauen. Ein klassisches Beispiel: Manager, die nach oben buckeln und nach unten treten, die vor ihren eigenen Vorgesetzten vollmundig von »mündigen Mitarbeitern« und »Vertrauensverhältnissen« sprechen können, sich aber in Wahrheit keinen Deut um die Meinung der ihnen unterstellten Arbeitnehmer scheren.

Umgekehrt gibt es auch Mitarbeiter, die das Insider-Spiel nicht spielen wollen oder darin nicht sonderlich begabt sind. Ihre Beiträge werden regelmäßig unterschätzt oder überhaupt nicht gewürdigt. Und da diese Vorstellung versierten Spielern, die die internen Spielregeln kennen und dem Insider-Spiel mit Leidenschaft frönen, völlig fremd ist, lohnt sich ein erneuter Abstecher in die klassische Mythologie. Hestia, die Göttin des Herdes und der Häuslichkeit, weigerte sich, am Insider-Spiel auf dem Olymp teilzunehmen, leistete aber dennoch wertvolle Arbeit.

Ganz gleich, was wir im Bereich der Sicherheit und Ausbildung für unsere Fahrer tun, in der Öffentlichkeit kursiert nach wie vor ein negatives Bild von uns, das auf unsere Servicegarantie zurückzuführen ist [Auslieferung der Pizza innerhalb von 30 Minuten, andernfalls kostet sie nichts]. Daher schaffen wir das Element aus der Welt, auf das dieses Negativbild zurückzuführen ist.

Thomas Monaghan, der Präsident von Domino's Pizza, zur Entscheidung des Unternehmens, seine berühmte 30-Minuten-Garantie abzuschaffen – eine Woche, nachdem es einen Prozeß verloren hatte, in dem eine Frau von Domino's 78 Millionen Dollar Schadenersatz verlangt hatte, weil sie von einem der Fahrer des Unternehmens überfahren worden war

Nach Hermes wollte auch Dionysos, der Erfinder des Weins, in den Rat der Götter aufgenommen werden. Zwar willigten die Olympier im Prinzip ein, doch waren sie alles andere als glücklich, denn mit Dionysos wären sie dreizehn gewesen, und das galt als Unglückszahl. Die Göttin Hestia löste das Problem, indem sie freiwillig aus dem Rat ausschied. Diese Entscheidung fiel ihr leicht; ihr war es nur wichtig, ihre Aufgaben als Göttin des Herdes und der Häuslichkeit optimal zu erledigen, und daher hielt sie herzlich wenig von den Intrigen der Götter und ihren unablässigen internen Streitereien um Vergünstigungen oder Macht.

Hestia war eine *Spielverweigerin,* wie sie im Buche steht. Sie erfüllte ihre Pflichten fleißig und voller Hingabe und kümmerte sich kaum um die internen politischen Grabenkämpfe der Olympier. Ihr Desinteresse an den Insignien der Macht zeigte sich sogar an ihrem Thron. Wie viele Manager in Unternehmen heute, versuchten auch die Götter und Göttinnen auf dem Olymp, sich gegenseitig in ihrer »Büroausstattung« auszustechen. Sie bauten sich Throne aus kostbaren Materialien, von massivem Gold und Silber bis hin zu schwarzem Marmor und zartem Elfenbein, und schmückten sie mit wertvollen Edelsteinen und wunderschönen filigranen Schnitzereien. Alle – außer Hestia: Sie wählte einen einfachen Holzstuhl ohne Zierrat oder Schnitzwerk. (Daher überrascht es wohl nicht, daß Dionysos zwar Hestias Platz im Rat, nicht aber ihren Thron übernahm. Statt dessen ließ er seinen eigenen bauen, aus vergoldetem Holz, geschmückt mit Trauben aus Amethysten und Tieren aus Jade, Onyx, Karneol und anderen Halbedelsteinen.)

Zeus und seine Kollegen hielten Hestia wohl bestenfalls für eine »zweitklassige« Olympierin, die nicht zur wahren Machtelite gehörte. Daher waren sie auch nicht sonderlich traurig, als sie den »engeren Kreis« der Götter verließ. Aber Hestia setzte sich mit ganzer Kraft für ihre Arbeit ein. Sie richtete am wenigsten Unfug auf der Erde an und beteiligte sich weder an Rachefeldzügen gegen andere Olympier noch an Komplotten zur Eroberung bestimmter irdischer Güter. Hestia, die klassische Spielverweigerin, erfüllte ihre Pflichten stets tadellos, nahm jedoch niemals am Insider-Spiel teil.

Menschen, die Hestia ähneln, sind nicht die einzigen, die nicht zum »engeren Kreis« der Spielteilnehmer gehören. Aus dem Rennen scheiden auch viele aus, die gerne mitmachen würden, aber die wahren Spielregeln nicht verstehen. So erging es beispielsweise Dieter, dem bis dato ein kometenhafter Aufstieg in einem multinationalen Dienstleistungsunternehmen geglückt war. Ihm wurde gesagt, »Auslandserfahrung« sei eine wesentliche Voraussetzung für die Beförderung auf die nächsthöhere Führungsebene. Daher ließ er sich vom Düsseldorfer Büro seiner Firma in die Niederlassung in Detroit versetzen. Obwohl alle Manager seiner Ebene die gleiche Botschaft erhalten hatten, wußten die versierten Spieler, daß die erste Regel für Beförderungen jedoch in Wahrheit lautete: »Du sollst dich nicht weit von den Paten entfernen, die dir möglicherweise Aufträge vermitteln können.« Daher fanden sie Mittel und Wege, wie sie mit den ausländischen Tochtergesellschaften bestehender Kunden zusammenarbeiten konnten, *ohne* in ein anderes Büro umziehen zu müssen. Als die Beförderung anstand, war Dieters Umsatzvolumen geringer und seine Referenzen in seinem neuen Büro kühler formuliert als die seiner Kollegen, die in Düsseldorf geblieben waren, obwohl Dieter zumindest gleichwertige, wenn nicht sogar überlegene Fähigkeiten vorweisen konnte. Daher verlangsamte sich sein Aufstieg, während seine Kollegen weiterhin auf der Karriereleiter nach oben kletterten.

Wie können Führungskräfte aber nun sicherstellen, daß sie bei der Überprüfung der Einhaltung der neuen internen Spielregeln nicht unwissentlich jene Spielteilnehmer mit zuviel Lob überhäufen, die im Grunde einen relativ kleinen Beitrag zum Unternehmenserfolg leisten, aber jene vernachlässigen, die nicht zum »inneren Kreis« gehören, sich aber dennoch konsequent für die Ziele des Unternehmens einsetzen? Unter anderem können sie hierzu gleichrangige Kollegen und nachrangige Mitarbeiter um ihre Meinung fragen. Wenn die Fragen die zentralen Themen ansprechen, klar und unzweideutig formuliert sind und anonym beantwortet werden können, sind solche Umfragen sehr nützliche Informationsquellen, aus denen die tatsächlichen, internen Spielregeln und ihre Auswirkungen auf die Spieler hervorgehen. Diese Erkenntnisse können Sie durch zwei Analysen sinnvoll ergänzen: Erstens können Sie ein Profil der Mitarbeiter zeichnen, die die höchsten Prämien oder die begehrtesten Positionen erhalten. Zweitens empfiehlt es sich, die Eigenschaften der Sparten und Projekte zu identifizieren, für die im Vergleich zu ihren Ansprüchen besonders großzügige finanzielle Mittel und andere Ressourcen bereitgestellt werden. Diese sollten Sie dann mit jenen vergleichen, die in der Unternehmenslotterie weniger Gewinnlose ziehen. Die Analysen werden Ihnen zeigen, welche Eigenschaften die Mitarbeiter im Unternehmen mit Erfolg gleichsetzen. Ganz gleich, welche Vorgehensweise Sie wählen, eines dürfen Sie niemals vergessen: Diejenigen, die das Insider-Spiel meisterhaft beherrschen, werden immer den Eindruck erwecken, daß sie für den Unternehmenserfolg eine gewichtige Rolle spielen und sich dabei an die offiziellen Regeln halten, ob sie dies nun tatsächlich tun oder nicht. Gleichzeitig können diejenigen, die nicht mitspielen wollen oder können, dennoch die Wertvorstellungen des Unternehmens verkörpern und einen wertvollen, wenn auch bisher nicht ausreichend gewürdigten Beitrag leisten.

Jedes Unternehmen hat seine eigene Variante des Insider-Spiels – implizite Regeln, wie man im Unternehmen überlebt und gedeiht. Und in jedem Unternehmen gibt es auch einen »inneren Kreis« von Spielteilnehmern, die die ungeschriebenen Regeln erkennen und ihre Vorgesetzten mehr oder weniger wirkungsvoll manipulieren können, sowie einen »äußeren Kreis«, der entweder nicht versteht, was da wirklich gespielt wird, oder sich dem Spiel bewußt verweigert.
Es bringt allerdings nichts, wenn Sie versuchen, diesem Insider-Spiel von oben dogmatisch Einhalt zu gebieten. Implizite Spielregeln wird es immer geben, denn sie beschreiben ja schließlich die tatsächlichen Erfolgsvoraussetzungen und bestimmen so das Verhalten der Mitarbeiter. Daher läßt sich eine »Umformung

der Unternehmenskultur« oder ein »Change-Management-Programm« am besten in Gang setzen, wenn man sich als erstes die Faktoren vornimmt, von denen das tatsächliche Verhalten der Mitarbeiter am ehesten beeinflußt wird: Faktoren, die bestimmen, was zulässig ist und belohnt wird, was verboten ist und bestraft wird, was großzügig mit Finanzmitteln bedacht und unterstützt wird, woran gespart und was ignoriert wird. Sobald Sie einmal die wahren Regeln im Insider-Spiel aufgedeckt haben, können Sie sich daran machen, diejenigen ungeschriebenen Gesetze zu verändern, die den erforderlichen Veränderungen im Weg stehen. Solche Veränderungen berühren zwar nicht unbedingt die tiefsten Gefühle der Spielteilnehmer oder ihre zentralen Werte, doch können sie gewiß als maßgeblicher Brückenkopf in der Schlacht gegen Firmenkulturen dienen, die den Unternehmenszielen abträglich sind. Ohne solche Veränderungen werden die Führungskräfte unter Umständen schon bald bei sich feststellen, daß sie noch so viel über die Gestaltung der Unternehmenskultur sprechen können, daß aber währenddessen die Regeln des Insider-Spiels nicht nur die Kultur weiterhin prägen, sondern auch die Richtschnur ihres eigenen Handelns darstellen.

6. KAPITEL

Offene Kommunikation und andere Hirngespinste

Wer weiß schon, wohin die Informationen fließen?

> *Offene Kommunikation. Ein Meinungsaustausch, bei dem Sie alles sagen können, solange Sie bloß nicht am Status quo rütteln, und alles erfahren, solange Sie auf die Buschtrommeln hören.*

Von den Zauberformeln der modernen Managementtheorie werden oft jene besonders laut vorgebetet, die »kontinuierliche Verbesserungen«, »lernende Unternehmen«, »neue Denkmuster« und »Management auf Loyalitätsbasis« fordern. All das kann tatsächlich ungemein wertvoll sein. Unternehmen, die sich kontinuierlichen Verbesserungen verschreiben, können Konkurrenten überholen, die in schönster Selbstzufriedenheit die heutigen Praktiken für optimal halten. Unternehmen, die neue Beziehungen zwischen ihrem Handeln und den angestrebten Ergebnissen kennenlernen, können ihren Wettbewerbsvorsprung weiter ausbauen. Firmen, die wissen, welche Wertvorstellungen ihrer Geschäftstätigkeit zugrunde liegen und wie sie diese verändern können, sind weitaus flexibler als jene, die sich nicht von alten, für das heutige Umfeld untauglichen Denkmustern lösen können. Und gewiß können unter sonst gleichen Bedingungen Unternehmen mit glücklichen und loyalen Mitarbeitern ihre Kunden besser zufriedenstellen und sich effizienter im Wettbewerb behaupten als Firmen mit unzuverlässigen und verärgerten Arbeitnehmern, die sich ausgebeutet fühlen, Kunden mürrisch und gleichgültig abfertigen und, wann immer möglich, die Interessen der Firma sabotieren.

Richtig ist auch, daß diese modischen Slogans nur dann zu konkreten Resultaten führen können, wenn sie sich auf eine gemeinsame Basis stützen: auf einen präzisen, rechtzeitigen Informationsfluß im Unternehmen nach oben, nach unten und horizontal. Viele Führungskräfte meinen, diese Anforderung sei problemlos zu erfüllen – »offene Kommunikation« sei schließlich in ihrem Unternehmen an der Tagesordnung. Aber genau das ist das Problem. In *keinem einzigen* Unternehmen findet ein offener Dialog statt, obwohl sicherlich in einigen mehr Offenheit herrscht als in anderen. Wenn wir den Grad der Offenheit in einem Unternehmen messen wollen, müssen wir uns den Informationsfluß nicht aus der Perspektive der Geschäftsführung, sondern aus der Sicht der Mitarbeiter innerhalb der Hierarchie ansehen. (Wer an dieser Stelle glaubt, es solle im Unternehmen kein oben oder unten mehr geben, möge sich hier noch einmal die Gegenargumente in Kapitel 4 ansehen.)

> *Durch Lernen ändern sich unsere Weltanschauung und unsere Beziehungen zu unserem Umfeld...*
> *Das steckt also im Grunde hinter dem Schlagwort von der »lernenden Organisation« – ein Unternehmen, das seine Fähigkeiten zur Zukunftsgestaltung ständig erweitert. Lernen, um zu überleben, bzw. »adaptives Lernen« ist mit Sicherheit wichtig – ja sogar notwendig. Aber in lernenden Unternehmen muß sich hier immer noch das »generative Lernen« hinzugesellen, das unsere schöpferischen Fähigkeiten erweitert.*
>
> Peter Senge, The Fifth Discipline

> *Kontinuierliche Verbesserungen sind besser als hinausgezögerte Vollkommnung.*
>
> Mark Twain (1835–1910)

Meinen Erfahrungen zufolge läßt sich die Qualität des Informationsflusses im Unternehmen an zwei Dingen ablesen: an der Bereitschaft der Mitarbeiter in der Hierarchie, ihre Ideen und Beobachtungen unverblümt vorzutragen, sowie an ihrer Meinung zur Glaubwürdigkeit der offiziellen, von der Führungsspitze ausgegebenen Informationen. In allen Unternehmen gibt es versteckte Intelligenzreserven. Wo sich jedoch Ehrlichkeit nicht besonders lohnt, rücken die Mitarbeiter auch nicht so leicht mit ihren Kenntnissen über die Vorgänge inner- und außerhalb der Organisation, ihren Ideen sowie Verbesserungs- und Problemlösungsvorschlägen heraus.

Ebenso gibt es in allen Unternehmen offizielle Informationsquellen. In einem weniger offenen Umfeld hören die Beschäftigten jedoch mehr auf die »Buschtrommeln«. Mitunter blenden sie die offiziellen Verlautbarungen, mit denen sie bombardiert werden, sogar gänzlich aus.

Spitzenmanager, die sich kontinuierliche Verbesserungen, ein lernendes Unternehmen, neue Denkmuster und den Aufbau von Loyalität der Mitarbeiter zum Ziel setzen, stehen also vor einer zentralen Herausforderung: Wie können sie feststellen, welchen Weg die Informationen in ihrer Organisation *tatsächlich* zurücklegen?

Das Mitteilungsdilemma: Mitarbeiter erzählen selten, was sie sehen oder glauben – weil in den meisten Unternehmen die Überzeugung verbreitet ist, daß man keinen Blumentopf gewinnen, aber vielleicht sehr viel verlieren kann, wenn man seine Ideen und Beobachtungen offen ausspricht

Informationen können für Unternehmen sehr wertvoll sein, ganz gleich, ob es sich nun um Beobachtungen, Daten, Vorschläge zu neuen Möglichkeiten der Datenaufbereitung oder Ideen zu neuen Lösungsansätzen handelt. Möglicherweise sind sie sogar die wertvollste Unternehmensressource überhaupt. Dennoch halten sich die Mitarbeiter vieler Firmen an das alte Sprichwort: »Reden ist Silber, Schweigen ist Gold«.

Fragen hilft ...

Häufig gibt es für die Schweigsamkeit der Beschäftigten eine ganz einfache Erklärung. Das veranschaulicht ein Beispiel, von dem Russell Ackoff berichtete, ein früherer Professor an der University of Pennsylvania: In einem Werk der Firma Alcoa in Tennessee hatten sich die gewerkschaftlich organisierten Arbeiter ein System für den Transport von Aluminiumrollen ausgedacht. Sie lagerten sie auf dickem Isolierpapier und rollten sie dann auf der unteren Kante über das Papier, wenn aus irgendeinem Grund kein Gabelstapler verfügbar war und die alten Rollen abtransportiert werden mußten, um Platz für neu gefertigte zu schaffen. Zuvor hatten die Rollen hochkant direkt auf dem Boden der Fabrikhalle gestanden und waren nötigenfalls auf der unteren Kante ohne Zwischenschicht über den Boden gerollt worden. Die Idee der Arbeiter führte zu erheblichen Einsparungen. Im Gegensatz zu früher verformten sich nämlich die Kanten nicht mehr, und daher ging auch die Ausschußquote und die Zahl der verärgerten Kunden zurück. Als Ackoff den Arbeitern zu ihrer Idee gratulierte, fragte er sie, wann ihnen dieses System denn eingefallen sei. Einer von ihnen antwortete: »Vor fünfzehn Jahren!« Ackoff traute seinen Ohren kaum. Warum hatten sie so lange mit ihrem Vorschlag gewartet? Die erstaunliche Antwort: *»Es hat uns ja nie jemand gefragt.«*

Kriegsführung besteht zu neunzig Prozent aus Information.

Napoléon Bonaparte (1769–1821)

Es kommt nur allzu häufig vor, daß das Management einfach nicht nachfragt. Nehmen wir als Beispiel das »Management auf

Loyalitätsbasis«. Was spielt sich denn heute in vielen Firmen ab? Führungskräfte sprechen von »Entscheidungsfreiraum« und »Loyalität« vor einer Belegschaft, die mehrere Entlassungswellen überlebt hat und jetzt ein mehr an Arbeit mit weniger Ressourcen erledigen muß. Für einige Mitarbeiter bedeutet dies, daß sie sich jetzt zu Überstunden gezwungen sehen; für andere, daß sie innerhalb der gleichen Zeit mehr Arbeiten erledigen müssen, ganz gleich, welcher Aufwand dafür erforderlich ist. Mehr Arbeit mit weniger Ressourcen bedeutet aber auch, daß Änderungen bei der Entlohnung und den Sozialleistungen vorgenommen werden oder daß sich die gesamten betrieblichen Gepflogenheiten wandeln. Um nur zwei kleine Beispiele zu nennen: Viele Firmen haben die festen Büros ihrer Mitarbeiter durch Kabinen ersetzt, die nur vorübergehend einer bestimmten Person zugewiesen werden, oder verlangen gar, daß ihre Beschäftigten jetzt von zu Hause aus arbeiten. Andere fordern, daß ihre Mitarbeiter bei Geschäftsreisen statt eines Direktflugs einen zentralen Umschlagplatz anfliegen und dort umsteigen sollen, wenn dies billiger ist. Daß sich die Reisezeit dadurch unter Umständen um Stunden verlängert, kümmert offenbar keinen. Vor diesem Hintergrund überrascht es wohl kaum, daß in einer 1993 von der Zeitschrift *Industry Week* durchgeführten Umfrage 60 Prozent der 2185 Befragten angaben, daß es um ihre Loyalität ihrem Arbeitgeber gegenüber weniger gut bestellt sei als noch vor fünf Jahren. Worte und Taten werden mit Sicherheit weiterhin auf Kollisionskurs bleiben, wenn Unternehmen sich nicht bemühen herauszufinden, was sie ihren Beschäftigten anbieten müssen, um sich der gewünschten Loyalität zu versichern. Glückliche, loyale Mitarbeiter erhält man auf die gleiche Weise wie zufriedene, treue Kunden: Man muß ihnen ein im Vergleich zu den Alternativen günstigeres Preis-Leistungspaket anbieten. (Auf die Rolle des Preis-Leistungspakets für die Kundenzufriedenheit geht Kapitel 9 noch näher ein.)

Die Kosmetikfirma Avon wurde hier aus Schaden klug. 1993 beschloß das Unternehmen, im Rahmen seiner Sparmaßnahmen die Belohnungen zu kappen, die seine Außendienstmitarbeiterinnen – die berühmten »Avon-Beraterinnen« – so sehr schätzten: Preise, Incentive-Reisen, ja sogar Geburtstagsgeschenke, Plaketten für Betriebsjubiläen und die jährlich ausgegebenen Anstecknadeln. Das Resultat: Die Arbeitsmoral sackte rapide ab, und das zog einen Rückgang der Gewinne nach sich. Als Brian Connolly, der Leiter der für die Leistungsanreize zuständigen Abteilung, daraufhin interne Fokusgruppen einrichten ließ, stellte er fest, daß die Außendienstmitarbeiterinnen durchweg eine Vorliebe für die früher verteilten Preise hatten. Daraufhin führte er prompt das alte System wieder ein. »Das gehört zum Zauber unseres Unternehmens«, meinte er später in einem Interview mit dem *Wall Street Journal*. Die Avon-Beraterin Carmelita Caburet, die für ihre Firma einen Umsatz in Höhe 250 000 Dollar erwirtschaftet hat, sieht das ähnlich: »Vielleicht sind wir sentimental, aber ich glaube, diese Preise geben uns das Gefühl, daß man uns beachtet.« Connolly erhielt die Informationen, die Avon benötigte, weil er einen zulässigen Weg fand, wie die Betroffenen ihre Sorgen artikulieren konnten. Sie sehen: Fragen hilft, wenn man den Informationsfluß in Gang setzen möchte.

... fragen allein genügt nicht

Viele Führungskräfte betonen, daß sie sehr wohl nachfragen, wenn sie Informationen benötigen. Sie verweisen auf die Reden, die sie gehalten haben, auf die Aktennotizen, die sie geschrieben haben, auf die Besuche, die sie abgestattet haben – ja sogar auf das offizielle Vorschlagswesen, dessen Einführung sie unterstützt haben. Und dennoch müssen sie, wenn es bereits zu spät ist, feststellen, daß großartige Ideen oder wichtige Information zwar intern verfügbar waren, aber niemals an die richtige Stelle gelangten. Der Grund dafür ist wieder ganz simpel: Fragen *allein* genügt nicht. Wenn Mitarbeiter, die über wichtige Informationen oder gute Ideen verfügen, im günstigsten Falle wohl keine auch noch so geringe Belohnung für ihre Mühen erhalten und im schlimmsten Falle aufgrund ihrer Offenheit sogar mit erheblichen Nachteilen rechnen müssen, dann dürfte es eigentlich niemanden verwundern, daß sie lieber den Mund halten.

Die Hindernisse, die sich dem freien Fluß der Ideen und Beobachtungen in den Weg stellen, kann man sich als Kontinuum vorstellen. Am linken Ende der Skala steht »keine Belohnung«, am rechten »keine Belohnung plus erhebliche (wenn auch manchmal subtile) Nachteile«. Der genaue Standort eines Hindernisses für den Informationserhalt auf diesem Kontinuum hängt von der jeweils benötigten Informationsart ab.

Nehmen wir als Beispiel Programme, die auf kontinuierliche Verbesserungen abzielen. In den Vereinigten Staaten, wo derlei Projekte jetzt erstmals umgesetzt werden, stehen Unternehmen häufig vor einem unvermuteten Problem: einer überwältigenden Ideenflut, mehr als die Geschäftsführung sich in ihren kühnsten Träumen vorgestellt hat und mehr, als man jemals weiterverfolgen könnte. Ohne geeignete Mechanismen, mit denen man feststellen kann, welche Ideen von der Person bzw. den Personen, die sie vorgeschlagen haben, umgesetzt werden können und welche nochmals überarbeitet werden müssen, kann der Prüfungsprozeß ein Eigenleben entwickeln und dann im Extremfall so lange dauern, daß die Vorschläge schon nicht mehr relevant sind. In Japan, wo es solche Programme bereits seit Jahren gibt, sind sie klar strukturiert und ein integraler Bestandteil des Arbeitslebens. Dort rechnen die Unternehmen von vornherein mit einer großen Ideenfülle und machen sich die daraus resultierenden Anregungen rasch zunutze. So unterbreiteten etwa die japanischen Mitarbeiter von Toyotas Karrosseriesparte 1987 an die 2,6 Millionen Verbesserungsvorschläge, von denen nahezu 2,5 Millionen umgesetzt wurden – zumeist von den Arbeitnehmern selbst.

Diesen Ansatz müssen nichtjapanische Unternehmen nicht unbedingt übernehmen. Vielmehr müssen sie ihren eigenen entwickeln, der rasche Reaktionen und sogar Belohnungen garantiert – vom einfachen Lob bis hin zu Geldprämien. Diese Neulinge auf dem Gebiet der Nutzung bzw. Umsetzung interner Ideen müssen die Barrieren am linken Ende der Skala überwinden.

Bisweilen stellen sich dem Informationsfluß jedoch weitaus besorgniserregendere Hindernisse in den Weg als nur schwer verständliche, wenig anwenderfreundliche Vorschlagsformulare und verwickelte, zeitraubende Prüfverfahren. Diese Barrieren sind eher am rechten Ende der Skala angesiedelt: Mitarbeiter laufen Gefahr, für die freiwillige Äußerung von Ideen bestraft zu werden, wenn diese die Manager in den oberen Rängen der Hierarchie (sprich: die Mächtigeren) beunruhigen. Aber gerade solche aufrüttelnden Informationen werden häufig benötigt, um bestehende Denkmuster auf die Probe zu stellen, dem Unternehmen zu neuen Erkenntnissen zu verhelfen oder um zu erfahren, welches Preis-Leistungsbündel den Mitarbeitern geboten werden muß, damit sie sich dem Unternehmen gegenüber loyal verhalten.

Manchmal werden Informationen, mit denen man in dieser Form nicht rechnet, ganz einfach ignoriert – was gelegentlich katastrophale Folgen nach sich ziehen kann. Das geschah offenbar im April 1985, als das Schweizer Rote Kreuz eine Lieferung Blutkonserven an das New York Blood Center schickte. Um jegliches Aids-Risko auszuschließen, testete das New Yorker Zentrum das Blut auf das HI-Virus. Bei einem geringen Teil der Konserven war das Testergebnis positiv. Daher vernichtete das New York Blood Center den offenbar verseuchten Teil der Lieferung und informierte seine Schwesterorganisation in der Schweiz per Telex über die Testergebnisse. Das eidgenössische Rote Kreuz jedoch ignorierte diese Warnung. Es ließ seine eigenen Konserven weiterhin nicht testen und rief zwölf Monate lang keine potentiell verunreinigten Blutprodukte aus den Krankenhäusern zurück. Nach heutigem Kenntnisstand wurde hierdurch das HI-Virus in der Schweiz in Transfusionen mit infizierten Blutkonserven vermutlich an 68 Bluter und weitere 100 bis 200 Krankenhauspatienten übertragen. Wie konnte das geschehen, nachdem doch die New Yorker Organisation vor der möglichen HIV-Infizierung gewarnt hatte? Schuld daran war wohl die Überzeugung der Mitarbeiter des Schweizer Roten Kreuzes, daß es sich bei Aids um eine Krankheit handle, die andere Länder und Erdteile – Afrika, Haiti, die USA – heimsuche, in der Schweiz aber kein Thema sei. Ein Schweizer Architekt, der an Hämophilie leidet, meinte in einem Interview mit der *New York Times:* »Die Antwort lief stets auf das Gleiche hinaus: Wir sind ein sehr sauberes Land; bei uns gibt es kaum Drogenabhängige oder Homosexuelle; wir verwenden hauptsächlich Blut aus der Schweiz.« Dieser Glaube war stärker als alle harten statistischen Daten.

Riskant sind aber nicht nur die Hindernisse, die von Überzeugungen ausgehen können, die Menschen die Augen vor der Realität verschließen lassen. In den meisten Unternehmen sehen die Mitarbeiter eine noch weitaus größere Gefahr: Wer einen Vorschlag unterbreitet, könnte sich den Zorn der Adressaten zuziehen – und das hat besonders dann verhängnisvolle Konsequenzen, wenn die Ansprechpartner im Unternehmen die Zügel in der Hand halten. Machthaber können und werden ihr Mißfallen auf vielerlei Weise signalisieren, von einer subtilen Diskriminierung bis hin zu offenen Zornesausbrüchen – ganz zu schweigen von der breiten Palette der Möglichkeiten zur beruflichen Erniedrigung der Mitarbeiter, von denen die unliebsamen Ideen oder Informationen stammen. Führungskräfte mit größerer Machtfülle gehen diesem Problem häufig ganz aus dem Weg, indem sie schlicht und einfach zu verstehen geben, welche Antworten sie hören möchten. Und natürlich bekommen sie dann in der Regel auch die gewünschten Reaktionen.

Das geschah beispielsweise, als 1990 die Eiscreme-Marke »Simple Pleasures« am Markt eingeführt wurde. Diese »Einfachen Freuden« wurden mit Simplesse hergestellt, einem von der Nutra-Sweet-Sparte des Monsanto-Konzerns entwickelten »Fett-Ersatz«. Das Unternehmen glaubte, daß diese Eiscreme zu einem Bombenerfolg werden würde. Schließlich schmeckte sie ja wie das qualitativ hochwertige, aber stark fetthaltige Häagen-Dazs-Eis, hatte dabei aber weitaus weniger Kalorien. Zumindest war das die Meinung der für Simplesse verantwortlichen Abteilung bei NutraSweet. Bevor Monsanto das Produkt am Markt einführte, ließ er seine Mitarbeiter eine vorläufige Variante probieren und fragte sie: »Schmeckt das nicht genau wie Häagen-Dazs?« Natürlich stimmten ihm alle Tester zu. Wie einer der befragten Manager später einem Reporter des *Wall Street Journal* gestand, entsprach das leider nicht der Wahrheit. Seine ehrliche Einschätzung, die er jedoch damals nicht zu äußern wagte, war: »Es schmeckte wie Kreide.« Das meinten auch die Konsumenten, und Monsanto nahm »Simple Pleasures« bereits 1994 wieder vom Markt.

War es falsch von den befragten Managern, mit der Wahrheit hinter dem Berg zu halten, als ihnen eine direkte, wenn auch suggestive Frage gestellt wurde? Wenn man sich überlegt, welche Zustände heute in den meisten Unternehmen herrschen, kann man ihnen meiner Ansicht nach ihre Vorsicht nicht verübeln. Hätten sie dem Unternehmenschef die Wahrheit gesagt, anstatt ihm die Antwort zu geben, die er hören wollte, hätten sie sich selbst kurzfristig größeren Risiken ausgesetzt. In einer solchen Situation wählen die meisten Menschen meinen Beobachtungen zufolge den Weg des geringsten Widerstandes.

In vielen Unternehmen bestärken Führungskräfte in Schlüsselpositionen (wenn auch vielleicht nicht absichtlich) den Verdacht, daß eine wahrheitsgetreue Aussage wahrscheinlich ein KLS (karrierelimitierender Schritt) ist. Dies wurde mir einmal sehr deutlich vor Augen geführt, als man mich einlud, bei einer Klausurtagung vor 90 Bereichsmitarbeitern eines führenden Großkonzerns zu sprechen. Unter den Teilnehmern waren Gewerkschaftsfunktionäre, Fließbandarbeiter, Vorarbeiter und Spitzenmanager. Das Thema des Managementseminars war die »Kommunikation«, die von der Führungsspitze als wesentliche Voraussetzung für die Umsetzung der Strategie der »Kunden- und Qualitätsorientierung« betrachtet wurde, der sich der betreffende Geschäftsbereich verschrieben hatte. Ein Programmpunkt waren »Workshops« – kleinere Arbeitsgruppen, an denen alle der Anwesenden mit Ausnahme der Topmanager teilnehmen mußten. Im Anschluß mußten sie dem Plenum dann die strategisch relevanten Schlüsselfragen »kommunizieren«, die in den jeweiligen Gruppen diskutiert worden waren. Von den sieben Gruppen berichteten sechs nach Abschluß der Workshop-Sitzung vom gleichen fundamentalen Hindernis: Im Kampf zwischen der Quantität und der marktgängigen Qualität gewann stets die erstere, auch wenn die offiziellen Verlautbarungen des Unternehmens gerade das Gegenteil behaupteten. Obwohl die Berichterstatter sich sichtlich unbehaglich fühlten, als sie ihre Beobachtungen mitteilten, listeten sie penibel die Sorgen ihrer Gruppen auf und unterbreiteten wohldurchdachte Veränderungsvorschläge. Als sie fertig waren, erhob sich ein hochrangiger Topmanager aus dem Fertigungsbereich und ließ seinem Ärger freien Lauf: »Qualität hatte hier schon immer Vorrang vor der Quantität. Ende der Diskussion.« Damit brachte er an diesem Tag und wahrscheinlich auch noch lange danach alle zum Schweigen. Nur wenige Menschen melden sich freiwillig als Überbringer von Hiobsbotschaften, und noch weniger sind dazu bereit, wenn sie sehen, wie wenig willkommen solche Unglücksboten im Unternehmen sind.

Es ist durchaus möglich, das KLS-Syndrom zu überwinden. Allerdings erfordert das einige Mühe und Einsatzbereitschaft. Neun Tage nachdem ein Kadett an der U.S. Air Force Academy versucht hatte, eine seiner Kommilitoninnen zu vergewaltigen, berief der Leiter der Luftwaffenakademie, Generalleutnant Bradley C. Hosmer, eine Sitzung für alle 518 weiblichen Kadetten ein, verwies sowohl seine männlichen Adjutanten als auch den männlichen Bediener des Diaprojektors des Raums, nahm seine Orden ab und bat dann die anwesenden Damen, ihm »klipp und klar« zu sagen, ob noch andere sexuelle Belästigungen an der Akademie vorgekommen seien. Vier Stunden später hatte General Hosmer eine weitaus präzisere Vorstellung vom Alltag der weiblichen Kadetten an der Akademie. Der *New York Times* gegenüber beschrieb er es später so – »Wir standen vor einem enormen Problem. Es war nicht die versuchte Vergewaltigung – solche tätlichen Angriffe kamen nur selten vor. Ein weitaus gravierenderes Problem war das allgemeine Klima. Wir wußten, daß wir daran arbeiten mußten, aber uns war nicht klar, welches Ausmaß dieses Problem bereits angenommen hatte.« Der General ergriff schon bald wirksame Maßnahmen: Die Akademie ging nicht nur konkreten Fällen nach und verurteilte die Schuldigen, sondern führte zusätzliche Schulungsmaßnahmen ein, um solche Vorfälle in Zukunft zu vermeiden. Außerdem wurde eine rund um die Uhr besetzte, vertrauliche Hotline eingerichtet, in der Kadetten Verletzungen des Verhaltenskodex der Akademie melden können. Die *New York Times* meinte dazu, General Hosmer sei der lebende Beweis dafür, »was für einen Unterschied die Person an der Spitze machen kann«.

Wenn Firmen Informationen benötigen, die ihnen unter Umständen nicht behagen, müssen sich die Verantwortlichen gut überlegen, wie sie diese Informationen – anstatt der üblichen Halbwahrheiten – ans Licht holen können. Wenn die Informationsträger aus irgendeinem Grund ihren Gesprächspartner zufrieden stimmen wollen oder – die unheilvollere Variante – sich vor Repressalien oder vor der Verbannung ins »Unternehmenssibirien« fürchten, genügt es nicht, sie einfach um ihr Feedback zu bitten. In manchen Fällen muß die Anonymität der Informanten gewahrt werden. Dies gilt insbesondere dann, wenn man die Faktoren verstehen möchte, die hinter der Loyalität der Mitarbeiter stehen. Bisweilen müssen die Fragen und die Antwortmethoden auch sorgfältig strukturiert werden, so daß Führungskräfte mit bestimmten Erwartungen und Vorlieben sie nicht sofort in Bausch und Bogen verdammen können, sondern sich tatsächlich damit auseinandersetzen müssen. In beiden Fällen ist die persönliche Disziplin der Informationssuchenden der erste Schritt auf dem Weg zu einem freieren Informationsfluß.

Zeigen Sie mir einen Mann, der von sich behauptet,
er sei objektiv, und ich werde Ihnen einen Mann zeigen,
der sich Illusionen hingibt.

Henry R. Luce (1898–1967)

Die Buschtrommeln: Inoffizielle Informationen verbreiten sich stets wie ein Lauffeuer – und erscheinen häufig verläßlicher als die Verlautbarungen der offiziellen Quellen

Während Informationen, die viele Führungskräfte gerne weiter verbreiten möchten, häufig zurückgehalten werden, verhält es sich mit den sorgfältig formulierten offiziellen Mitteilungen genau umgekehrt. Trotz aller Kommunikationsbemühungen – Programme, Vorträge, Memos, Anfeuerungsreden, Betriebszeitungen, Treffen mit Mitarbeitern an der Basis, Pressemitteilungen, Ankündigungen, Postern etc. – sind die »Buschtrommeln« in den meisten Unternehmen nach wie vor die bevorzugte Informationsquelle. Das Resultat: In der Regel überschätzt die Geschäftsleitung bei weitem, welche Aufmerksamkeit die Beschäftigten den über die offiziellen Kanäle verbreiteten Mitteilungen schenken – und unterschätzt die Bedeutung der *informellen Informationsquellen.*

Dennoch wäre es praktisch reine Energieverschwendung, die Buschtrommeln zu verfluchen. Sie sind nun mal ein Bestandteil des Unternehmensalltags. Man kann sie einfach nicht zum Schweigen bringen, und nur wenige Geheimnisse entgehen ihnen. Wer daran zweifelt, sei durch die Sage von König Midas' Ohren oder das Lehrstück vom elektronischen Nachrichtenbrett der Chemical Bank eines Besseren belehrt.

König Midas' Ohren

Der griechischen Mythologie zufolge sollte Midas, der König von Mazedonien, in einem musikalischen Wettstreit zwischen Apollon und Pan die Rolle des Schiedsrichters übernehmen. Dabei sagte er leider in schönster Ehrlichkeit, daß Pan besser spiele als der Olympier. Sein Pech: Aus kritischer Sicht war sein Urteil möglicherweise gerechtfertigt, doch zeugte es nicht gerade von »unternehmenspolitischem« Geschick, denn Apollon war schließlich der mächtigere der beiden Kontrahenten. Er ärgerte sich derart, daß er dem Midas Eselsohren verpaßte, da er – wie Apollon es so originell formulierte – sich töricht wie ein Esel benommen habe. An diesem Vorwurf ist etwas Wahres dran; Midas hatte sich wirklich nicht besonders diplomatisch verhalten. (Mehr zu den verzierten und etwas tolpatschigeren Teilnehmern am Insider-Spiel finden Sie in Kapitel 5.)

Midas schämte sich entsetzlich wegen seiner haarigen, unförmigen Ohren und verbarg sie stets unter einer Mütze – außer beim Haarschneiden. Sein Barbier mußte schwören, das Geheimnis niemals auszuplaudern. Der Mann stand vor einem untragbaren Dilemma, wie es auch Geheimnisträger in Unternehmen nur allzu häufig erleben. Einerseits wußte er, daß ihm die Todesstrafe drohte, wenn er das Geheimnis weitererzählte. Andererseits konnte er es aber einfach nicht länger mit sich herumtragen. In seiner Not fiel dem Barbier eine geniale Lösung ein: Er ging zum Fluß Paktolus, grub ein Loch, vertraute der Erde sein Geheimnis an, und schaufelte das Loch wieder zu.

Aber das Geheimnis starb nicht. An der Stelle, wo der Barbier sein Herz ausgeschüttet hatte, wuchs Schilf, das die Kunde von König Midas' Ohren einigen Vögeln zuflüsterte, die sie ihrerseits einem Mann namens Melampus weitergaben. Bald wußten alle Einwohner Mazedoniens, daß ihr König Eselsohren hatte. Und natürlich erfuhr schließlich auch Midas davon. Aus Scham und Wut beging er Selbstmord – aber erst, nachdem er seinen Barbier hatte enthaupten lassen.

Nicht alle Buschtrommeln sind so akkurat wie diese. Aber alle sind sehr widerstandsfähig und dienen in allen Teilen des Unternehmens als zuverlässige Quellen für inoffizielle Informationen. Auch wenn sich Monarchen und Manager noch so sehr bemühen, Gerüchte im Keim zu ersticken, wird ihnen das niemals gelingen. Genau wie die Bewohner Mazedoniens wollen auch die Mitarbeiter im Unternehmen die Informationen hinter vorgehaltener Hand weiterflüstern und halten Gerüchte häufig für verläßlicher als die offiziellen Mitteilungen – vorausgesetzt natürlich, sie hören sich letztere überhaupt bewußt an.

Warum sind Gerüchte nicht totzukriegen? Unter anderem liegt das an dem Wunsch der Menschen, ihr Umfeld zu verstehen. Nur selten trifft man auf Unternehmen, in denen die Beschäftigten auf das Vergnügen verzichten, Informationen zu konsumieren, weiterzutragen und zu einer Geschichte zu verdichten, die meistens erheblich von der offiziellen Linie des Unternehmens abweicht und – was noch wichtiger ist – zutreffender erscheint.

Ferner besteht auch kein Mangel an Nahrung für Gerüchte. »Informationshäppchen« können die Mitarbeiter von überall her beziehen: Einer sieht vielleicht, daß ein Manager ein neues Auto gekauft hat; ein anderer hört zufällig einen Gesprächsfetzen mit an; einem dritten vertraut eine Sekretärin ein Geheimnis an. Die Liste ließe sich beliebig fortsetzen. Aber ganz gleich, ob diese Bröckchen nun ein richtiges Bild ergeben oder nicht, sie werden auf jeden Fall zu einer Geschichte verwoben, die das, was die Beschäftigten wissen oder vermuten, plausibel erscheinen läßt. Um die Gerüchteküche ausreichend zu versorgen, brauchen sie bloß ihre Vorgesetzten zu beobachten – wie es diese selbst taten, als sie die Hierarchieleiter erklommen. Daß sich diese Spitzenmanager vielleicht nicht mehr daran erinnern, wieviel Zeit sie mit dem Lesen des Kaffeesatzes verbrachten, bedeutet noch lange nicht, daß dieser Impuls bei ihren Mitarbeitern weniger stark ist.

Die Gerüchteküche blüht und gedeiht noch aus einem weiteren Grund: Sie nützt jenen, die die Geheimnisse verbreiten. Gerüchte geben nämlich in der Regel zuverlässiger Aufschluß über die internen Spielregeln als Firmenhandbücher oder offizielle Reden. Betrachten Sie daher die Buschtrommeln als »Organisationssoziologie« für Insider. Daraus ergibt sich eine wichtige Folgerung: je mehr das tatsächlich gespielte Spiel von den offiziellen Zielen abweicht, desto lauter dröhnen die Buschtrommeln und desto mehr beruhen die Gerüchte auf Spekulationen. Irrtümer und Verzerrungen sind dann vorprogrammiert.

Das elektronische Nachrichtenbrett der Chemical Bank

Wenn man also, wie König Midas erfahren mußte, die Buschtrommeln nicht zum Schweigen bringen kann, welche Alternativen stehen einem dann offen? Erstens muß man erkennen, daß die Gerüchteküche deswegen so beliebt ist, weil sie die Informationen in einer für die Adressaten glaubwürdigen und bekömmlichen Form zubereitet. Wie ist das möglich, wo doch die Unternehmensführung soviel Zeit auf die »Kommunikation« verwendet? T. George Harris, der frühere Chefredakteur der Zeitschriften *Harvard Business Review* und *Psychology Today,* verweist in diesem Zusammenhang auf die Arbeiten über den »gebanntesten Zuhörer«, die der Sprachwissenschaftler Wendell Johnson 1956 vorlegte. Damit meinte er natürlich den Sprecher oder die Sprecherin selbst. Sowohl Harris als auch Johnson betonen, daß die Menschen auf allen Ebenen dazu neigen, mehr auf ihre eigenen Worte zu hören als auf die anderer. Jeder von uns lauscht somit am liebsten sich selbst. Diese einseitige Kommunikation ist insofern problematisch, als diese Reden zwar geschliffen und effizient vorgetragen werden, aber die Adressaten nicht unbedingt zuhören oder unseren Worten Glauben schenken.

Vor diesem Hintergrund ist es möglicherweise am besten, wenn Sie selbst die Gerüchteküche mit Nahrung versorgen und dabei wirklich zuhören und ehrlich antworten. Diesen Weg schlug Bruce Hasenyager, ein Senior Vice President der Chemical Banking Corp., ein. Er forderte seine Mitarbeiter auf, ohne Angabe ihres Namens über ein elektronisches Nachrichtenbrett im Bürokommunikationsnetz der Firma Fragen zu stellen, die er dann online beantworten wollte. Dies führte zu einem ungezügelten, unzensierten und stürmischen Gedankenaustausch, der seine Wirkung nicht verfehlte. Warum dies? Der maßgebliche Erfolgsfaktor war nicht etwa der Einsatz der Computertechnologie als Kommunikationsmittel, sondern Hasenyagers Bereitschaft, den Diskussionsteilnehmern die Zügel in die Hand zu geben, anonyme Fragen zuzulassen und die erhaltenen Fragen ehrlich zu beantworten. In einem Interview mit dem *Wall Street Journal* meinte Hasenyager später: »Es wurde ein äußerst wirkungsvolles Instrument zur Vertrauensbildung. Wir konnten den verrückten Gerüchten den Garaus machen. Als sich die Mitarbeiter am Kaffeeautomaten zuflüsterten, daß ein Teil unserer Arbeit an IBM ausgelagert werden sollte, hatte ich die Möglichkeit, allen mitzuteilen, daß dies kompletter Unsinn war.«

Zweifelsohne schlug Hasenyager einen schwierigen Weg ein. Sein Nachfolger, dem die mangelnden Kontrollmöglichkeiten sowie die Spitzen in einigen Fragen nicht behagten, schaffte das Forum wieder ab. Damit brachte der neue Chef die Buschtrommeln bestimmt nicht zum Schweigen. Vielmehr machten die Geschichten nun im Verborgenen die Runde – und waren höchstwahrscheinlich weniger präzise und demoralisierender.

Dieser Manager steht mit seiner Haltung nicht alleine da. Ähnlich erging es zum Beispiel dem Chef eines Unternehmens, das eine elektronische »Bürgerversammlung« veranstaltete, in der die geplante Reengineering-Initiative diskutiert werden sollte. Wie der Journalist und MIT-Forscher Michael Schrage berichtet, kam es dabei zu einem informationstechnischen Desaster, als sehr präzise Fragen zu den Budgetkürzungen gestellt und bestimmte Führungskräfte anonym kritisiert wurden. Nach zwei Tagen ordnete der CEO angesichts dieser Kommunikationsbeiträge an, keine anonymen Kommentare mehr zuzulassen.

Nach Ansicht von Schrage hätte diese elektronische Diskussionsrunde sorgfältiger strukturiert werden müssen. Diese Einschätzung ist zweifellos richtig; die Wildwest-Manieren der anonymen Online-Kommunikation führen bisweilen zu einer Art »elektronischer Lynchjustiz«, die sich mit brachialer Gewalt über sachlichere Stellungnahmen hinwegsetzt. Ebenso zutreffend war jedoch die Reaktion einiger Teilnehmer, die sich beklagten, daß »in diesem Unternehmen Ehrlichkeit nicht belohnt, sondern bestraft« wird. Das Verbot anonymer Meinungsäußerungen ohne gleichzeitige Einführung einer alternativen Form des vertraulichen Informationsrückflusses stellte lediglich sicher, daß bestimmte Meinungen nicht mehr vom Topmanagement gehört oder berücksichtigt wurden, auch wenn sie teilweise die Situation völlig zutreffend beschrieben. Zugegeben, E-mail-Systeme sind nicht unbedingt oder immer das beste Medium für einen derartigen Gedankenaustausch. Auf jeden Fall wird jedoch ein leicht zugängliches Forum benötigt, das die Teilnehmer gleichzeitig vor eventuellen Repressalien schützt.

Ob wir nun das Mazedonien der Antike oder die Welt der modernen Großbanken betrachten, die Lehre für Führungskräfte ist in beiden Fällen die gleiche: Dröhnende Buschtrommeln können Sie nicht zum Schweigen bringen, auch wenn Sie den Mitarbeitern noch so sehr drohen. Das Paradoxe daran ist, daß Ihnen das informelle Informationsnetz immer weiter entgleiten wird, je mehr Sie es zu kontrollieren versuchen. Wer sich also einen freien Informations- und Ideenfluß nach oben und unten sowie auf horizontaler Ebene wünscht, sollte herausfinden, welche Fragen und Gerüchte im Unternehmen in Umlauf sind und darauf möglichst wahrheitsgetreu antworten – selbst wenn dabei Eselsohren aufs Tapet gebracht werden müssen. Wenn Sie sich so das Vertrauen der Mitarbeiter verdient haben, werden viele Ideen und Beobachtungen ebenso offen vorgebracht werden wie die inoffiziellen, von den Buschtrommeln verbreiteten Geschichten.

Die alten Griechen erzählten sich, Zeus habe sich gerne damit gebrüstet, daß die Göttin Athene völlig erwachsen, in strahlender Gestalt, mit herausragenden Begabungen und zum Kampf gerüstet aus seiner Stirn hervorgetreten sei. In Wahrheit wußte aber niemand genau, wer Athenes Eltern waren, obwohl sie selbst bestimmt nichts dagegen hatte, daß sich der mächtige und angesehene Zeus als ihr Vater bezeichnete.

Vielen Ideen und Beobachtungen im Unternehmen wird ein ähnliches Schicksal zuteil wie Athene. Vielversprechende Vorschläge haben viele Eltern, die nur darauf warten, sich im Nachhinein den Erfolg auf ihrem Konto zu verbuchen. Aber die wenigen Glanznummern reichen in der Regel für den Informationsfluß, der zur Umsetzung von Zielen wie »kontinuierliche Verbesserungen«, »lernendes Unternehmen« und »Management auf Loyalitätsbasis« benötigt werden, nicht aus. Daher müssen Führungskräfte den Boden für Ideen und Beobachtungen bereiten, die auf den ersten Blick unbequem oder gar abstoßend erscheinen. Die Vorstellung von einem offenen Dialog, von einem freien Fluß der Ideen und Beobachtungen, ergibt zwar ein hübsches Bild, doch steht der natürliche Weg der Informationen oft nicht mit den Zielen des Unternehmens im Einklang: Der Informationsfluß nach oben wird häufig zensiert oder unterdrückt; nach unten weitergegebene Informationen werden häufig ignoriert oder verzerrt. Nur selten wird es eine Athene geben, die bereits bei ihrer Geburt völlig erwachsen und kampfbereit ist. Ab und zu wird zwar durchaus ein solches Wesen geboren, doch die meisten Ideen erblicken als zarte Pflänzchen im Kopf eines Mitarbeiters das Licht der Welt. Wenn ihnen das Unternehmen in der Folge nicht genügend Nahrung bietet, werden sie jedoch niemals heranreifen oder schlimmstenfalls sogar eingehen.

TEIL III

Mündige Mitarbeiter – die unbekannten Wesen

Selbstverantwortung fördern

Ich bin Hilfssanitäterin im zweiten Jahr.
Dafür habe ich eine Erste-Hilfe-Tasche bekommen,
die ich echt gut gebrauchen kann.
Einmal wurde Jimmy Lee nach der Schule
von einem Auto angefahren und blutete wie verrückt.
Da wußte ich, was zu tun war:
Ich setzte mich hin und steckte den Kopf
zwischen die Knie, um nicht ohnmächtig zu werden.

FANNY FLAGG, *Das wundersame Leben der Daisy Fay*

In der Theorie hört sich das »Prinzip Selbstverantwortung« einfach großartig an: Die Tätigkeit der Arbeitnehmer wird interessanter und vielfältiger; die Befriedigung, die sie aus ihrer Arbeit ziehen, nimmt sprunghaft zu. Die Arbeitgeber ihrerseits profitieren von engagierten und kreativen Mitarbeitern und erleben ungeahnte Produktivitätssteigerungen. In der Praxis hingegen erfüllen »Empowerment«-Programme häufig nicht die in sie gesetzten Erwartungen, sondern hinterlassen auf allen Seiten den schalen Geschmack der Desillusionierung und nicht wenige Ressentiments.

Die Gründe für diese Kluft zwischen Erwartungen und Praxis liegen eigentlich auf der Hand. In manchen Unternehmen ist die reale Ablauforganisation so konzipiert, daß selbst besonders hochmotivierte Mitarbeiter nur schwer ihren individuellen Beitrag zu den kollektiven Zielen beisteuern können. Beispiele für solche Situationen wurden in den vorangegangen Kapiteln beschrieben. Aber Initiativen zur »Bevollmächtigung« von Mitarbeitern stehen noch weitere Hindernisse im Weg. Zwei davon werden in den folgenden Kapiteln erörtert. In Kapitel 7, *Alle Macht dem Mitarbeiter (aber ja nicht zuviel)! Wer gibt schon gerne die Zügel aus der Hand?*, wird die These vertreten, daß man bei der Bevollmächtigung von Mitarbeitern – wie auch bei allen anderen Vorhaben in der Geschichte der Menschheit – nur selten etwas bekommt, wenn man nicht bereit ist, selbst etwas dafür zu geben.

Kapitel 8 mit dem Titel *Urteilsvermögen, Entscheidungsfreiraum und das Gleichnis von den Talenten. Warum Wissen eine Voraussetzung für die Entscheidungsmacht ist* zeigt Möglichkeiten auf, wie Unternehmen durch die Bildung eines gemeinsamen Wissensreservoirs das Urteilsvermögen der einzelnen Mitarbeiter schärfen können. Außerdem wird dort erläutert, weshalb die Beschäftigten auch ohne diese Unterstützung eigene Entscheidungen fällen, dabei aber nicht unbedingt eine für das Unternehmen vorteilhafte Richtung einschlagen.

Wir Menschen sind ungemein komplizierte Geschöpfe. Jeder von uns hat so seine Eigenheiten – der eine mehr, der andere weniger. Und jeder von uns reagiert immer wieder und wieder auf die Anforderungen eines sich ständig wandelnden Umfelds. Angesichts dieser inhärenten Komplexitäten können Programme zur Förderung der Selbstverantwortung nur dann funktionieren, wenn sie den Bedürfnissen einer bestimmten Gruppe in ihrem spezifischen Umfeld gerecht werden. Andernfalls werden die Beschäftigten zwar ihren erweiterten Entscheidungsfreiraum nutzen, aber nicht unbedingt in einer von der Unternehmensführung intendierten oder erwarteten Weise.

7. KAPITEL

Alle Macht dem Mitarbeiter (aber ja nicht zuviel)!

Wer gibt schon gerne die Zügel aus der Hand?

> *Bevollmächtigung. (neudeutsch: Empowerment). 1. Ein Prozeß, der Mitarbeitern vor Augen führt, wie sie in ihrer Position »ihre Sache gut machen« und mit entsprechender Motivation, Unterstützung und Autonomie in ihren hundert täglichen Entscheidungen auf genau dieses Ziel hinarbeiten können. 2. Neue Bezeichnung für das Konzept, das früher einmal »Delegation von Aufgaben« hieß. 3. Ein Prozeß, der inzwischen auch »partizipative Führung« oder »Mitarbeiterzufriedenheit« (aber niemals »Delegation«) genannt wird, und, wenn man es geschickt anpackt, sowohl Spitzenmanagern als auch Gewerkschaftsfunktionären einen fürchterlichen Schrecken einjagen kann.*

Die unter Schlagwörtern wie »Prinzip Selbstverantwortung«, »Bevollmächtigung« oder »Empowerment« subsumierte Erweiterung des Entscheidungsspielraums von Mitarbeitern ist eine der beliebtesten Modeerscheinungen der heutigen Zeit. Die Managementliteratur liefert die Rezepte für diesen Trend; Zieldeklarationen kommen nicht ohne ihn aus; Führungskräfte loben seine Vorzüge in den höchsten Tönen. Und es wird nicht nur davon gesprochen – manche Unternehmen investieren sogar tatsächlich in Empowerment-Programme und lassen ihren hehren Gefühlen offizielle Taten folgen, die häufig unter Etiketten wie »Förderung eines partizipativen Führungsstils« oder »Programm zur Steigerung der Mitarbeiterzufriedenheit« laufen. Dennoch verfehlen derartige Verlautbarungen und Programme, die mündige Mitarbeiter hervorbringen sollen, immer häufiger ihr Ziel. Statt dessen leisten sie bei Mitarbeitern wie Managern dem Zynismus, dem Ärger und der Demoralisierung Vorschub.

Die Ursache dieses Problems läßt sich schon aus dem Wortsinn des Begriffs »Bevollmächtigung« ableiten. Verben wie »bevollmächtigen« im Deutschen oder »empower« im Englischen sind keine Neologismen; es gibt sie schon seit Jahrhunderten. Auch war und ist ihre Bedeutung nicht schwer zu verstehen, wenn man einmal die verklausulierten Ausführungen beiseite läßt, die in letzter Zeit von den Mangementtheoretikern zu diesem Thema abgesondert wurden. »Bevollmächtigen« hat etwas mit Macht zu tun, und genau das ist das Bedrohliche daran: Die Vollmachten, die in der Mitte des Verbs »bevollmächtigen« stehen, müssen mit anderen geteilt werden. So etwas erwies sich jedoch bereits in den Tagen von Prometheus als äußerst schwierig.

Prometheus, der Befreier: geteilte Macht auf dem Olymp

Betrachtet man die alten Griechen, so scheint es, als sei Prometheus der Urvater aller heutigen »Empowerment«-Programme. Wie er sich diesen Ruf erwarb, zeigt die alte griechische Sage über die Schöpfung der Menschen.

Als Dank für ihre Unterstützung der Olympier im Kampf gegen die Titanen erhielten Prometheus und sein Bruder Epimetheus den Auftrag, die Erde mit Sterblichen zu bevölkern. Der etwas gedankenlose Epimetheus, dessen Name soviel wie »nachbedacht« heißt, vergab alle vorteilhaften Gaben wie Stärke, Behendigkeit, Fell, Federn oder Flügel an die Tiere und hatte plötzlich nichts mehr für die Menschen übrig. Als er seinen Irrtum erkannte, bat er seinen Bruder verzweifelt um Hilfe.

Prometheus, dessen Name »vorbedacht« bedeutete (genau wie man es sich vom Vorvater der partizipativen Führung erhofft), dachte gründlich über das Problem nach und faßte schon bald einen Plan: Zum Ausgleich müßten die Menschen einen Teil der Macht erhalten, der bislang den Olympiern vorbehalten war. Das Feuer, das bis dato allein den Götter zustand, war hierzu optimal geeignet, da mit seiner Hilfe die ansonsten wehrlosen Geschöpfe Handwerkskünste erlernen und sich verteidigen konnten. Aber die Olympier wollten ihre Macht partout nicht aus der Hand geben. Daher schlich sich Prometheus heimlich auf den Olymp, stahl eine der weißglühenden Kohlen vom Feuer der Göttin Hestia, verbarg sie in einem Narthexstengel und brachte sie noch heiß auf die Erde. Die Götter hatten immer noch die anderen Kohlen der Hestia und konnten auch weiterhin so viele Feuer anzünden, wie sie wollten – nur konnten die Menschen das jetzt auch.

Zeus fand das gar nicht komisch. Nachdem er selbst einen blutigen Kampf gegen die Titanen hatte durchstehen müssen, um an die Macht zu gelangen, war er sehr erzürnt, daß Prometheus – in den Worten des Dichters Äschylus – »den Sterblichen Ehren [gegeben hatte], die ihnen nicht gebührten«. Zeus dachte sich daher eine Strafe aus, die der Schwere des Verbrechens entsprach: Seine Knechte Kratos und Bia mußten Prometheus an einen Felsen schmieden, wo Tag für Tag ein Adler kam und von der Leber des Gefangenen fraß. Die Tatsache, daß Prometheus den Menschen zwar mehr Macht gegeben hatte, dabei aber weder die Autorität der Olympier untergraben noch ihre Macht in irgendeiner Weise geschmälert hatte, spielte für Zeus keine Rolle. Offensichtlich standen die Herrscher auf dem Olymp der Bevollmächtigung ihrer Untertanen nicht besonders wohlwollend gegenüber, wenn sie dabei einen Teil ihrer *eigenen* Macht mit ihnen teilen mußten.

Wer sich einmal von der Macht berauschen ließ und ihre Vorzüge genossen hat, und sei es auch nur für ein Jahr, wird niemals wieder freiwillig von ihr lassen.

Edmund Burke (1729–1797)

Der Kampf der Tarif-Titanen: geteilte Macht in der Vorstandsetage

In modernen Unternehmen beziehen sich die »Vollmachten«, die im Zentrum der »Bevollmächtigung« stehen, auf die Befugnis, selbst Entscheidungen zu fällen. Hier müssen Führungskräfte also einen Teil ihrer Entscheidungsgewalt an nachrangige Mitarbeiter abgeben – ähnlich wie Prometheus das Feuer der Olympier den Sterblichen zugänglich machte. Genauer gesagt: In der Regel geht es darum, den Beschäftigten Mitbestimmungsrechte zu gewähren und zwar in bezug auf die Zielsetzung eines Vorhabens bzw. auf die Mittel, mit denen bestimmte Ziele erreicht werden sollen. Leider sind viele Führungskräfte von heute ebensowenig bereit, ihre Macht mit anderen zu teilen, wie einst die Olympier. Im Gegensatz zu den Göttern der Antike haben sie darüber hinaus auch die Möglichkeit, ihren Mitarbeitern die im Rahmen von Empowerment-Programmen eingeräumten Befugnisse wieder zu nehmen – auch wenn sie dafür einen hohen Preis zahlen müssen: Sie demotivieren nämlich genau diejenigen, deren Energien und Urteilsvermögen über den Erfolg des Unternehmens insgesamt entscheiden. Welche Lehre ist daraus zu ziehen? Es ist höchst gefährlich, mit dem Feuer der Bevollmächtigung zu spielen, wenn man nicht wirklich bereit ist, seine Macht mit anderen zu teilen.

Nehmen wir als Beispiel die Caterpillar Tractor Co. Ihr Olymp befindet sich in Peoria im US-Bundesstaat Illinois; ihre Belegschaft wird von den United Auto Workers gewerkschaftlich vertreten. Von Caterpillar könnte man sagen, daß die Götter in der Vorstandsetage und im Betriebsrat nicht mehr Geschmack an einer Teilung der Macht fanden als die Götter der Antike. Caterpillars Experiment mit der Bevollmächtigung begann 1986, als ein »Programm zur Steigerung der Mitarbeiterzufriedenheit« (das sogenannte Employee Satisfaction Program oder schlicht ESP) verabschiedet wurde, das den Arbeitnehmern ein Mitbestimmungsrecht in der Werksführung gewähren sollte. Die Tatsache, daß sich die Gewerkschaftsvertreter und die Geschäftsführung auf eine Form der Arbeitnehmermitbestimmung im Entscheidungsprozeß einigen konnten, war an sich schon bemerkenswert. Nur vier Jahre zuvor hatte sich das Unternehmen durch einen bitteren, 204 Tage währenden Streik gequält, als die Führungsspitze angesichts der Bedrohung durch den Erzrivalen Komatsu beschloß, sich den Lohnforderungen der Gewerkschaften zu widersetzen. In den Reihen der Gewerkschaft wurde zudem die Meinung vertreten, daß das Unternehmen mit Hilfe von Bevollmächtigungsprogrammen die Beschäftigten manipulieren, in eine Falle locken und täuschen wolle. Solche Programme galten vielen Gewerkschaftern lediglich als raffinierte Versuche, die Macht der Interessenvertretung zu untergraben und die Arbeitnehmer auszubeuten.

Wie das *Wall Street Journal* berichtete, verhalfen die Mitarbeiter und Manager von Caterpillar ihrem Bevollmächtigungsprogramm dennoch zum Erfolg. Allein im Werk in Aurora, Illinois, schlugen die Arbeitnehmer Maßnahmen zur Verbesserung von Verfahren, Vermeidung von Fehlern und Minimierung der Ausfallzeiten vor, die innerhalb von drei Jahren Einsparungen in Höhe von mehr als 13 Millionen Dollar erbrachten. Die Beteiligung am ESP schnellte blitzartig in die Höhe; 1991 nahm die Hälfte der 2200 gewerkschaftlich organisierten Arbeiter in Aurora an insgesamt 110 ESP-Teams teil. Ein Ingenieur, der eine Position im Management bekleidete, erinnerte sich: »Bei den [Team-]Sitzungen gab es keine Arbeitnehmer- und Arbeitgeberseite mehr.« Ein Gewerkschaftler pflichtete ihm bei: »Zum ersten Mal hatte ich das Gefühl, daß meine Arbeit wirklich etwas bedeutete.«

Fünf Jahre später, am 5. November 1991, kam das Programm abrupt zum Stillstand. George Schaefer, der bei Programmstart bei Caterpillar die Position des Chairman innehatte, hatte sich nach Kräften für bessere Beziehungen zu den Gewerkschaften eingesetzt. Sein Nachfolger, Donald Fites, der 1990 das Ruder übernahm, sah die Situation jedoch anders. Er wollte die Branchen-Tarifverhandlungen abschaffen, auf deren Grundlage mit den UAW-Vertretern bei Caterpillar ähnliche Tarifverträge ausgehandelt wurden wie bei vergleichbaren Wettbewerbern (zum Beispiel John Deere). Seiner Meinung nach lag es nicht im Interesse der Firma, auf der durch das ESP geschaffenen Basis aufzubauen und Lösungen zu suchen, die mehr Selbstverantwortung auf Fabrikebene zuließen. Daher schlug Fites einen direkten Konfrontationskurs ein. Für ihn war der Weg vorgezeichnet: »Wie viel ist es wert«, fragte er, »sein eigenes Unternehmen führen zu können?« Daraufhin stellte die Gewerkschaft alle ESP-Aktivitäten ein und wandte sich statt dessen wieder ihren früheren, feindseligen Methoden zu. Einer der Gewerkschaftsfunktionäre zog aus dem ganzen Debakel eine einfache Lehre: »… wir hätten das schon vor langer Zeit lernen sollen: Dem Management kann man einfach nicht vertrauen.«

Seit damals sind viele Mitarbeiter von Caterpillar in den USA wieder zu klassischen Verhaltensmustern zurückgekehrt: In den vielen Entscheidungen, die sie Tag für Tag treffen müssen, halten sie sich wieder buchstabengetreu an die schriftlich fixierten Regeln. Die *New York Times* berichtete einige Zeit später von Lance Vaughn aus dem Caterpillar-Werk in Decatur, Illinois, der sich bei der Montage von Geländelastern wieder strikt an die Vorschriften hält: Erst befestigt er den großen Schlauch, und dann die zahlreichen kleineren Schläuche, die dahinter liegen. Dabei weiß er ganz genau, daß die Montage in der umgekehrten Reihenfolge schneller vonstatten ginge. Morris Delbridge, der im gleichen Werk beschäftigt ist, ruft nicht mehr selbst den Wartungstechniker an, wenn seine Geräte defekt sind, und hilft auch nicht mehr bei der Diagnose der Ausfallursachen. Nach den Regelwerken ist das Aufgabe des Vorarbeiters, und Delbridge macht jetzt wieder Dienst nach Vorschrift. Rich Clausel, einer der Gewerkschaftler, die im ESP-Programm in Aurora eine Führungsrolle übernommen hatten, hat sich von seinen Träumen verabschiedet, was Arbeitnehmer und Management von Caterpillar gemeinsam alles erreichen könnten. Er faßt seine Erfahrungen in Aurora nach Beendigung des ESP-Programmes so zusammen: »[Jetzt] versucht jeder, sich mit so wenig Aufwand wie nur möglich durchzumogeln.«

Das Programm bei Caterpillar hatte zunächst zu beachtlichen Fortschritten geführt: eine vertiefte Kenntnis der Beziehung zwischen individuellem Handeln und kollektivem Erfolg, bessere Wege zur Entscheidungsfindung sowie ein höheres Maß an Vertrauen zwischen den einzelnen Führungsebenen und Interessengruppen im Unternehmen. Das Endergebnis war aber trotz allem weniger Engagement, weniger Mitbestimmung und ein deutlicher Vertrauensverlust.

Wird die erneute Einschränkung der Arbeitnehmermitbestimmung den US-Werken Caterpillar Schaden zufügen? Kurzfristig wohl kaum. Die härtere Gangart in den Tarifverhandlungen führte zu erheblichen Einsparungen bei den Lohnkosten. Außerdem haben Investitionen zur Effizienzsteigerung in Höhe von fast zwei Milliarden Dollar, die während der schwierigen Zeit zwischen 1985 und 1990 getätigt wurden, als das Unternehmen vor allem gegenüber Komatsu an Boden verlor, zu einem beträchtlichen Rückgang der Betriebskosten geführt. Um nur ein Beispiel zu nennen: Die Produktionszeit für einen Traktor fiel von 25 auf 6 Tage. In Verbindung mit einer Erholung auf dem Weltmarkt für Erdbaumaschinen, der Dollar-Schwäche (von der Caterpillars Exporte aus den USA profitierten) und der Yen-Aufwertung (die Komatsus Exporten aus Japan schadete) haben diese Einsparungen Caterpillar nach jahrelangen, hohen Verlusten 1993 wieder zurück in die Gewinnzone geführt.

Langfristig werden dem Unternehmen jedoch in seinen amerikanischen Werken wahrscheinlich hohe Kosten entstehen, wenngleich diese auch nur schwer quantifizierbar sind, da sie sich in versäumten Gelegenheiten und verlorenen Ideen niederschlagen. Die nahezu unsichtbare Quelle dieses Schadens sind die vielleicht hundert Situationen im Laufe eines Tages, in denen sich jeder einzelne Mitarbeiter überlegen muß, ob er eine Änderung des Status quo wagt oder nicht – oder, wie ich es in meinem ersten Buch *How Corporate Truths Become Competitive Traps* nannte, die »hundert täglichen Entscheidungen« jedes einzelnen Mitarbeiters im Unternehmen, von den Kommandohöhen der Pyramide bis zur Basis. Die klassischen Studien zur durchschnittlichen Anzahl von Arbeitsaktivitäten sind hier ein geeigneter Maßstab für die Häufigkeit der Entscheidungsmöglichkeiten für oder gegen eine Intervention: Mintzbergs Untersuchung von Unternehmenschefs zeigte, daß sie im Schnitt pro Tag an 15 Sitzungen teilnehmen und dazu noch 36 Dokumente überprüfen. Choron stellte in seinen Untersuchungen fest, daß Geschäftsführer kleinerer Unternehmen es auf 77 verschiedene Aktivitäten pro Tag bringen, und Guest zählte bei Vorarbeitern 583 Einzelaktivitäten täglich. Wenn Sie nun die hundert Entscheidungspunkte pro Tag mit der Anzahl der insgesamt von den Caterpillar-Mitarbeitern in den USA geleisteten Arbeitstage multiplizieren, erhalten Sie eine Vorstellung davon, welche Lücke vermutlich zwischen der möglichen und tatsächlichen Leistung klafft.

Man sagt, Macht würde korrumpieren, und vielleicht stimmt das auch. Aber ich weiß genau, daß etwas ganz anderes zutrifft. Macht korrumpiert nämlich diejenigen, die ihr unterworfen werden.

Raymond Williams, britischer Wissenschaftler

Es werde Lux:
geteilte Macht ist doppelte Macht

Die Lücke zwischen dem mit Hilfe der partizipativen Führung erreichbaren Potential und den durch eine demoralisierte Belegschaft hervorgerufenen Verlusten ist häufig größer, als sich viele von uns gemeinhin vorstellen. Das zeigen zum Beispiel die Erfahrungen der flügellahmen Schwarzweißfilm-Sparte der Firma Kodak in den späten 80er und frühen 90er Jahren. Zu jener Zeit war Kodak vielfältigen Angriffen ausgesetzt. Unerwartet schlechte Quartalsergebnisse, der Prozeß, den Polaroid wegen angeblicher Patentverletzungen angestrengt hatte, Tarifauseinandersetzungen sowie Umweltschutzprobleme hatten die Börsianer dazu veranlaßt, Druck auf das Unternehmen und sein Management auszuüben. Daraufhin beschloß Kodak, das Unternehmen nach »Geschäftsprozessen« umzustrukturieren, die die herkömmlichen Funktionsgrenzen überschritten, um so die Unternehmensleistung zu steigern. Besonders weitreichende Veränderungen waren in Kodak Park erforderlich, der größten Fertigungsstätte des Unternehmens in den Vereinigten Staaten. Der Leistungsstand in diesem Werk war erbärmlich, und zu den leistungsschwächsten Geschäftsprozessen gehörte hier die Produktion von Schwarzweißfilmen.

Als Stephen Frangos mit dem Turnaround von »Black & White« beauftragt wurde, fand er Verschwendung an allen Ecken, Berge von Lagerbeständen (die größtenteils der Qualitätssicherung dienen sollten), lange Zykluszeiten sowie pünktliche Auftragsauslieferung in nur 33 Prozent aller Fälle. Die größte Gefahr aber bestand darin, daß ohne drastische Leistungssteigerung die Aktivitäten der Sparte einfach anderen Kodak-Werken auf der ganzen Welt zugeschlagen werden würden. In seinem Buch *Team Zebra* beschreibt Frangos, welchen Schluß er aus dieser Situation zog: Die einzige mögliche Grundlage für einen Turnaround waren die 1500 Mitarbeiter der Schwarzweißfilm-Sparte. Daher setzte er sich zum Ziel, ein Umfeld zu schaffen, in dem die Beschäftigten an der Gestaltung der erforderlichen Lösungen mitwirken konnten. Das Ergebnis dieser Strategie: Innerhalb eines Jahres konnte die Sparte erhebliche Verbesserungen in allen wichtigen Leistungsgrößen vorweisen.

Dieser eindrucksvolle Erfolg gelang »Black & White«, weil der Entscheidungsspielraum von Mitarbeitern wie Paul Lux erweitert wurde und die Bevollmächtigten diese Herausforderung auch annahmen. Paul Lux hatte bereits 27 Jahre lang für Kodak gearbeitet. Angefangen hatte er als Fußbodenkehrer. Nach einer Ausbildung zum »Prozeßanalytiker« (im Firmenjargon schlicht »PA«) war er dann dafür verantwortlich, daß die Chemikalien für die lichtempfindliche Emulsion richtig »aufgekocht« wurden. Das Schwierige daran war, daß die Chemikalienschmelze in riesigen, versiegelten Kesseln stattfinden mußte. Obwohl diese Kessel mit Meßinstrumenten für etliche relevante Werte versehen waren, konnte niemand vorhersagen, ob das jeweilige Gemenge hinterher wirklich brauchbar sein würde oder nicht.

Paul Lux' neue Aufgabe als PA bestand zwar lediglich darin, das Schmelzverfahren zu steuern und im Notfall einzugreifen. Dennoch beschloß er, sich ein System auszudenken, mit dessen Hilfe man die Vorgänge im Kessel zeitnah überwachen konnte. Er argumentierte, daß Echtzeitmessungen Anpassungen ermöglichen würden, solange die Schmelze noch zu retten war. Auf diese Weise könnten die Arbeits- und Materialkosten eingespart werden, die bei einem verlorenen Los anfielen. Gleichzeitig würden auch die Ausfallzeiten reduziert, die in den Anlagen beim Warten auf die nächste Lieferung entstanden. Die Tatsache, daß sich Frangos und seine Führungsmannschaft verpflichtet hatten, ihre Macht mit den Beschäftigten zu teilen, gab Lux den nötigen Freiraum. Nachdem er sich ein altes Terminal vom Typ T30 Allen Bradley besorgt hatte, das eigentlich auf dem Müll landen sollte, mühten sich Lux und zwei seiner Kollegen, Jimmy Culmone und Bill Zinner, während ihrer Mittags- und Kaffeepausen damit ab, den Computer an die Schmelzkessel anzuschließen. Zwei Monate später war die »Datenautobahn«, wie Lux sie scherzhaft nannte, einsatzbereit.

Obwohl Lux' Datenautobahn aus recht primitiven Teilen bestand, versetzte sie die Ingenieure in Erstaunen – also diejenigen, die normalerweise ein solches System konstruieren und in Betrieb nehmen würden. Im Gegensatz zu Zeus waren die Kodak-Ingenieure jedoch begeistert von dem Ergebnis ihrer Bevollmächtigungspolitik. Inspiriert von der Datenautobahn schlugen sie ein hochmodernes System zur Überwachung der Kessel vor und erhielten auch die nötigen Finanzmittel. Auch Lux selbst war begeistert von den Folgen, die sich aus seinem selbstverantwortlichen Handeln ergaben: »Im Vergleich zu dem neuen System hatten wir mit zwei Dosen und einem Faden gearbeitet. Aber die Idee zu dieser Konstruktion wäre den Ingenieuren niemals ohne unsere alte Datenautobahn gekommen. Ich fühlte mich wie ein Pionier auf unerschlossenem Boden – wir haben einen Weg in die Zukunft gewiesen.«

Soldaten gewinnen Schlachten, und Generäle ernten den Ruhm.

Napoléon Bonaparte (1769–1821)

Die Beispiele Caterpillar und Kodak symbolisieren nicht nur die beiden Extreme der Bevollmächtigungspolitik, sondern sie zeigen auch, welch dynamische und kollektive Kraft sich in den vielen Entscheidungen verbirgt, die Tag für Tag von vielen Personen auf allen Hierarchieebenen getroffen werden. Wie wir gesehen haben, kann diese Kraft für oder gegen das Unternehmen arbeiten. Der bereits weiter oben zitierte T. George Harris weist darauf hin, daß Graf Tolstoj in seinem Meisterwerk *Krieg und Frieden* genau dieses Argument beweisen wollte. Tolstoj war fasziniert von Leibnitz' Monadentheorie, die ihn letztlich zur Differentialrechnung führte (nach der eine unendliche Anzahl infinitesimal kleiner Flächen in der Summe eine meßbare Fläche ergeben) und wollte in seinem Roman zeigen, wie eine unendliche Anzahl in sich unbedeutender menschlicher Handlungen sich zu Krieg oder Frieden summieren.

Wenn man Tolstois Argumentation noch einen Schritt weiter führt, kann man sagen, daß Spartenleiter wie Stephen Frangos und Vorstandsmitglieder wie Donald Fites zwar die großen Schritte gehen, daß aber die vielen hundert täglichen Entscheidungen, die Menschen wie Paul Lux, Jimmy Culmone und Bill Zinner bei Kodak oder Lance Vaughn, Morris Delbridge und Rich Clausel bei Caterpillar fällen, sich zu wahrgenommenen oder verpaßten Chancen summieren. Wer das Wort »Empowerment« zwar stets im Munde führt, hierbei aber kaum über freundliche Worte und hehre Gefühle hinausgeht oder Bevollmächtigungsprogramme ohne grundsätzliches Engagement für neue Formen der gemeinsamen Entscheidungsfindung umsetzen möchte, stellt sicher, daß die meisten Mitarbeiter den Pfad der »versäumten Chancen« einschlagen werden.

Chaoten in der Mitte: geteilte Macht im Tagesgeschäft

Eine der häufigsten Barrieren, die sich der Erweiterung des Entscheidungsspielraums von Mitarbeitern in den Weg stellen, geht nicht von Führungskräften auf der Ebene von Fites oder Frangos aus, sondern von den Managern im Mittelbau. Oder, wie es ein ehemaliges Gewerkschaftsmitglied nach der Übernahme von Weirton Steel durch die Belegschaft mir gegenüber einmal formulierte: »Der nötige Fortschritt in unseren Stahlwerken wird eigentlich von diesen Chaoten in der Mitte behindert.«

Die Beobachtung, daß gerade die Manager auf der mittleren Führungsebene sich gegen die Bevollmächtigung der Mitarbeiter sträuben, dürfte nicht überraschen. Schließlich befehlen ja Topmanager in vielen Empowerment-Programmen nicht die Teilung ihrer eigenen Macht, sondern die des Mittelbaus. Und daher nimmt die Weisungsbefugnis der mittleren Manager ab, wenn jene, über die sie einst das Sagen hatten, einen größeren Freiraum bei der Gestaltung und Verbesserung ihrer Arbeit erhalten.

Sowohl Caterpillar als auch Kodak scheinen dieses Problem offensichtlich recht geschickt gelöst zu haben. Viele andere Firmen geraten jedoch ins Schwanken, wenn sie den Führungskräften an der vordersten Front ein neues »partizipatives« Umfeld zumuten sollen. Stellen Sie sich Zeus als Manager des Mittelbaus vor. Er ist daran gewöhnt, daß er seinen Willen bekommt, wenn er laut genug brüllt, droht und seine Untergebenen bestraft (ganz zu schweigen von den ein oder zwei Blitzen, seiner typischen Reaktion auf Ereignisse, mit denen er nicht einverstanden ist). Und diesem Mann müssen Sie jetzt klarmachen, daß er sich in einen Prometheus verwandeln muß: in einen Coach, der seine Mitarbeiter unterstützt, in einen Gott, dessen Pflicht darin besteht, seinem Team bei der Erreichung seiner Ziele zu helfen, der seinen Mitarbeitern alle erforderlichen Ressourcen in ausreichendem Maße besorgt und die praktischen Erfahrungen seiner neuen Kollegen durch seine eigenen weitblickenden Zukunftseinschätzungen ergänzt.

Um nun unseren Management-Zeus gänzlich zum Scheitern zu verurteilen, sagen Sie zusätzlich seinen Mitarbeitern noch, daß ihr Entscheidungsspielraum erweitert wird, definieren aber die Rolle von Zeus selbst keineswegs neu und bieten ihm auch nicht die erforderlichen Schulungsmaßnahmen zur Änderung seiner Einstellung an. Ebenso wenig revidieren Sie die Meßgrößen, an denen seine Leistung abgelesen wird, und Sie ändern auch nichts am Vergütungssystem. In einer solchen Situation wird unser Zeus in seinen hundert täglichen Entscheidungen den Wandel höchstwahrscheinlich blockieren, nicht vorantreiben.

Natürlich gibt es einige zeusähnliche Führungskräfte, bei denen die olympischen Kommando- und Kontrollgewohnheiten so tief verwurzelt sind, daß keinerlei Veränderungen im System, so weitreichend sie auch sein mögen, ihnen einen produktiven Umgang mit Untergebenen ermöglichen, an die sie einen Teil ihrer Vollmachten abtreten müssen. Ganz gleich, welche Lippenbekenntnisse diese Manager auch ablegen sie werden erst dann kein Hindernis für den Wandel mehr darstellen, wenn man ihnen neue Aufgaben zuweist. Andernfalls wird ihre Obstruktionspolitik zu größeren Enttäuschungen und mehr Frustration führen, als wenn die Kunde von den »mündigen Mitarbeitern« niemals verbreitet worden wäre.

Andere aber sind durchaus in der Lage, sich zu ändern, vorausgesetzt, das Unternehmen verleiht seinen schwärmerischen Worten vom »Prinzip Selbstverantwortung« auch finanziell und organisatorisch entsprechenden Nachdruck – wie dies die Manager im Caterpillar-Werk in Aurora und in der Schwarzweißfilm-Sparte von Kodak taten. Führungskräfte, denen dieser Sprung gelingt, kommen in den Genuß eines weiteren Vorteils: Sie haben die Chance, in einem erweiterten Entscheidungsrahmen eine Rolle zu spielen – und gleichzeitig teilzuhaben an der Zufriedenheit und dem Stolz, den man empfindet, wenn man Mitglied eines Teams ist, das erfolgreichere Ideen hervorbringt und umsetzt als in den früheren, autokratischeren Zeiten. Ergo: Die Teilung der Macht kann sich auszahlen – selbst für diejenigen, die ihre Vollmachten teilen müssen.

Vor kurzem wurde ich von einem Branchenverband gebeten, für Spitzenmanager aus den Reihen seiner Mitgliedsfirmen einen Workshop zum Thema »Bevollmächtigung von Mitarbeitern« abzuhalten. Nachdem ich die Geschichte von Prometheus erzählt hatte, sagte einer der Unternehmenschefs zu seinem Nachbarn: »Ich dachte, sie wollte uns etwas über die Bevollmächtigung von Mitarbeitern erzählen. Sie spricht aber über die Teilung der Macht. Ich werde meine Macht mit niemandem teilen!« Man kann jedoch unmöglich mehr Entscheidungsbefugnisse versprechen und sich dann um das Wort herumdrücken, das im Zentrum des Begriffs »Bevollmächtigung« steht. Diejenigen, die ihre Macht nicht mit anderen teilen möchten (ganz gleich, auf welcher Ebene einer Unternehmens- oder Gewerkschaftshierarchie sie sich befinden mögen), werden unweigerlich jedes Programm zur Erweiterung der Entscheidungsbefugnisse von Mitarbeitern sabotieren, mag es auch noch so gut konzipiert sein. Dadurch werden sie auch den Strom der Initiativen und Ideen drosseln, der zum Erfolg eines Unternehmens beitragen könnte. Solche Manager und Funktionäre sollten Schlagworte wie »Bevollmächtigung von Mitarbeitern« oder »Empowerment« besser gar nicht erst in den Mund nehmen, damit sie ja keine falschen Erwartungen wecken. Zugleich sollten sie aber sicherstellen, daß sie die Beschäftigten, die andernfalls eine psychische Befriedigung aus einem verstärkten Mitspracherecht ziehen würden, auf andere Weise entschädigen.

Wenn ich mich... der Konzentration der Macht widersetze, dann widersetze ich mich damit dem Sterben, denn die Konzentration der Macht ist stets der erste Schritt auf dem Weg zur Zerstörung der Eigeninitiative und somit der Energie des Menschen.

Woodrow Wilson als Gouverneur von New Jersey, 1921

Im Endeffekt könnten Manager nicht verhindern, daß ihre Mitarbeiter Entscheidungen fällen. Auch wenn sie den zulässigen Entscheidungsspielraum auf einen Bruchteil dessen reduzieren, was eigentlich denkbar wäre, können sie die hundert täglichen Entscheidungen nicht verhindern. Sie geben ihren Mitarbeitern lediglich zu verstehen, daß eine Vielzahl von Bereichen für sie tabu sind (so wertvoll ihre potentiellen Beiträge hier auch sein könnten). Verhalten sich die Führungskräfte in dieser Weise, werden sich die Beschäftigten veranlaßt sehen, Tag für Tag an jedem Entscheidungspunkt möglichst wenig Engagement und Begeisterung an den Tag zu legen. Wer seinen Mitarbeitern nicht die Instrumente und Informationen an die Hand gibt, mit deren Hilfe sie ihre Aufgaben gut erledigen können, stellt außerdem sicher, daß die »hundert täglichen Entscheidungen« eher schlampig und gleichgültig getroffen werden.

Es geht daher nicht so sehr um die Frage, ob Mitarbeiter einen größeren Entscheidungsspielraum erhalten sollten oder nicht, sondern um die Art und Weise, wie die Teilung der Entscheidungsmacht, die hinter Begriffen wie »Bevollmächtigung« oder »Empowerment« steht, sinnvoll und gewinnbringend genutzt werden kann. Auch die alten Griechen hätten wohl eingeräumt, daß es nun mal in der Natur der Dinge liege, daß man seine Macht mit anderen teilen muß. Schließlich konnte nicht einmal Zeus verhindern, daß Prometheus den Menschen das Feuer brachte – und irgendwann erlaubte er dann auch dem Herkules, den Adler zu töten, der von Prometheus' Leber fraß, und den Gequälten zu befreien. Selbst die Götter an der Spitze der steilsten Hierarchien lernen irgendwann, mit der Realität der geteilten Entscheidungsmacht zu leben.

8. KAPITEL

Urteilsvermögen, Entscheidungsfreiraum und das Gleichnis von den Talenten

Warum Wissen eine Voraussetzung für die Entscheidungsmacht ist

> *Urteilsvermögen. Grundlage jeder Entscheidung, die jeder einzelne Mitarbeiter im Unternehmen Tag für Tag trifft. Diese Eigenschaft findet daher häufig, wenn auch aus unerfindlichen Gründen, fast keinerlei Beachtung.*

Empowerment-Programme haben Hochkonjunktur. Das läßt sich unter anderem an den Ergebnissen einer Umfrage ablesen, die 1994 von der Consulting-Firma CSC Index durchgeführt wurde: Von den 497 amerikanischen und 124 europäischen Unternehmen, die in dieser Erhebung befragt wurden, gaben 84 bzw. 70 Prozent an, sie hätten in irgendeiner Form ein Programm gestartet, das »Mitarbeiter ermutige, eigene Entscheidungen zu treffen«. Viele dieser Programme werden, so läßt sich prognostizieren, weit hinter den Erwartungen ihrer Initiatoren zurückbleiben, weil eine Voraussetzung für das mündige Handeln der Mitarbeiter nicht genügend Beachtung findet: Das Urteilsvermögen der Bevollmächtigten muß den ihnen anvertrauten Entscheidungen entsprechen. Weshalb? Betrachten wir hierzu das Gleichnis von den Talenten aus dem Evangelium des Matthäus.

Dieses Gleichnis (Matthäus 25: 14–30) erzählt von einem Herren, der vor einer Reise seinen drei Knechten seine Habe anvertraute. Sie bestand aus acht »Talenten«, die jeweils mehr als fünfzehn

Jahreslöhnen eines durchschnittlichen Knechts entsprachen. Der Herr gab dem ersten Knecht fünf Talente, dem zweiten zwei und dem dritten eines, »einem jeden nach seiner Tüchtigkeit«.

Als der Herr von seiner Reise zurückkehrte, mußten die drei Knechte Rechenschaft ablegen. Der erste hatte seine fünf Talente investiert und konnte nun zehn zurückgeben; der zweite hatte es ebenso gemacht und hatte nun vier Talente. Zu jedem sagte der Herr: »Ei, du frommer und getreuer Knecht, du bist über wenigem getreu gewesen, ich will dich über viel setzen.« Dem dritten Knecht erging es jedoch nicht so gut. Er gab dem Herr das *ursprüngliche* Talent zurück und erklärte: »Herr, ich wußte, daß du ein harter Mann bist: Du schneidest, wo du nicht gesät hast, und sammelst, wo du nicht ausgestreut hast; und ich fürchtete mich, ging hin und verbarg dein in der Erde. Siehe, da hast du das Deine.« Daraufhin erwiderte der Herr: »Wußtest du, daß ich schneide, wo ich nicht gesät habe, und sammle, wo ich nicht ausgestreut habe, so solltest du mein Geld zu den Wechslern getragen haben, und wenn ich gekommen wäre, hätte ich das Meine zu mir genommen mit Zinsen.« Und mit diesen Worten warf der Herr »den unnützen Knecht ... in die Finsternis hinaus; da wird sein Heulen und Zähneklappern«.

Im biblischen Kontext hat diese Parabel eine eindeutige Moral: Wer treu ist und seine Talente vorteilhaft einsetzt, wird dafür belohnt. Aber versuchen Sie einmal sich vorzustellen, diese Geschichte hätte sich in einem ganz gewöhnlichen Unternehmen irgendwo auf der Welt zugetragen. Und beantworten Sie dann die Frage: *Woher hätte der dritte Mann in diesem Unternehmen wissen sollen, daß er das Talent investieren mußte?*

In vielen Unternehmen fühlen sich Manager wie der Herr im Gleichnis von den Talenten: Nachdem sie mehr Entscheidungen delegiert haben, betrachten sie die Ergebnisse durch eine recht verschwommene Brille, nämlich ihre Erwartungen, was die Entscheidungsträger »hätten wissen sollen« oder »hätten tun müssen«. Dennoch hat der dritte Knecht nicht gegen die Anweisungen verstoßen, die er erhalten hatte: Er wachte über das ihm

> *In den späten 60er Jahren konstruierte das Labor für Künstliche Intelligenz des Massachusetts Institute of Technology seinen ersten Roboter. Er sollte einen Turm aus Bauklötzen bauen. Dazu war er aber nicht in der Lage, weil er immer wieder versuchte, den Turm von oben nach unten zu bauen. Obwohl die Wissenschaftler viele Stunden mit der Programmierung des Roboters zugebracht hatten, war niemand auf die Idee gekommen, ihn mit der Entscheidungsregel zu füttern, daß man Türme von unten nach oben baut.*

anvertraute Vermögen und gab es seinem Dienstherrn auf Verlangen wieder zurück. (Und hätte sich die Geschichte in den Vereinigten Staaten nach der Sparkassenkrise in den späten 80er Jahren zugetragen, wäre er im Vergleich zu den Leistungen seiner beiden Kollegen sogar als Held gefeiert worden.) Der Unterschied zwischen den drei Knechten, die alle die gleichen Anweisungen erhielten, bestand in ihrem Urteilsvermögen, mithin in ihrer Fähigkeit, die wahrscheinlichen Folgen ihrer Handlungen zu prognostizieren und dann zu entscheiden, wie die zu erwartenden Resultate sich mit einem übergeordneten Ziel vertrugen. Wenn Manager also murren, ein Entscheidungsträger »hätte das wissen müssen« oder »hätte jenes machen sollen«, zeugt dies ebenfalls von mangelndem Urteilsvermögen. Die Verantwortung für das Urteilsdefizit liegt aber nicht in erster Linie bei jenen, die an vorderster Front die Entscheidung getroffen haben. Die wahren Schuldigen sind vielmehr die Führungskräfte, die einfach angenommen haben, daß das Wissen der einzelnen Mitarbeiter über ihr Arbeitsumfeld eine ausreichende Grundlage für vernünftige Entscheidungen bildet. Diese im Management weitverbreitete Annahme verkennt eines: die Bedeutung des »Urteilsspeichers«, wie ich es nenne – ein Reservoir von Beurteilungskriterien, die von vielen im Unternehmen geteilt werden und dort tief verwurzelt sind. Auf sie stützen sich die Entscheidungen aller Mitarbeiter eines Unternehmens oder Geschäftsbereichs.

In jedem Unternehmen, das glaubt, es könnte von einer weitreichenderen Entscheidungsbefugnis seiner Beschäftigten profitieren, beginnt der Aufbau eines solchen Urteilsspeichers an der Spitze, mit den grundlegenden Überzeugungen des Unternehmens- und Spartenleiters. Sie stimmen häufig überhaupt nicht oder nur wenig mit den schriftlich fixierten, offiziellen unternehmenspolitischen Verlautbarungen oder Erklärungen überein. Statt dessen spiegeln sie wider, was der oder die Betreffende tief im Innern für maßgeblich für den Erfolg des Unternehmens hält, wie seine oder ihre Einschätzung der Wettbewerbskräfte oder der Kundenanforderungen aussieht und welche Einstellung er oder sie letztendlich zur Natur des Menschen und seinen eigentlichen Motivationsfaktoren hat. Diese Überzeugungen bestimmen direkt oder indirekt eine Vielzahl von Entscheidungen: wie die Prozesse und Kriterien für Einstellung und Schulung der Mitarbeiter, die Leistungsbeurteilung sowie das Feedback aussehen sollen, welche Motivationsmethoden und Vergütungssysteme gewählt werden, welche Informationen in welchem Umfang an andere weitergegeben werden sollen, woran gemessen wird, ob ein Mitarbeiter »seine Sache gut macht«. Die Handlungen, die sich aus diesen grundlegenden Überzeugungen ergeben, sind ihrerseits die wesentlichen Determinanten für den Umfang und die Tiefe des Urteilsspeichers im Unternehmen.

Restaurants eignen sich hervorragend zur Beobachtung der Funktionsweise eines solchen Urteilsspeichers. Hier sieht man ganz deutlich, welchen Beitrag er zur Stärkung der Wettbewerbsposition eines Unternehmens leisten bzw. wie er einen Wettbewerbsnachteil noch verschlimmern kann. Warum? Weil fast alle Restaurants behaupten, ihre Hauptaufgabe bestünde darin, die Kunden zu begeistern. Nahezu alle Lokale der gehobenen Kategorie legen zudem noch besonderen Wert auf ihre Gourmetküche, ihr ansprechendes Ambiente und natürlich ihren zuvorkommenden Service. Aber zuvorkommender Service ist nur möglich, wenn sich jedes Mitglied des Bedienungspersonals auf ein gutes Urteilsvermögen stützen kann. Diese Bedingung kann man jedoch mit einem seichten Urteilsspeicher schwerlich erfüllen. Nehmen wir als Beispiel die Erfahrungen, die mein Mann, ich selbst und zwei unserer Bekannten in einem französischen In-Lokal machen mußten, das ich *Chez Très Chic* nennen möchte – ein erfundener Name in einer wahren Geschichte.

Die Parabel von der Küchenschabe

Das *Chez Très Chic*, ein teures, für sein Essen berühmtes Restaurant, ist seit einigen Jahren eine Institution im Bostoner Raum. Wenn es ein Motto hätte (was natürlich nicht der Fall ist), so würde es wohl das Etikette »la plus nouvelle cuisine« wählen. Wir besuchten dieses Etablissement einige Monate, nachdem der Besitzer gewechselt hatte, und mußten feststellen, daß das Essen keineswegs die höchste Gaumenfreude war. Das Geflügelgericht war beinahe roh; die Soft shell crabs, jene weichschaligen Krebse, die für jemanden, der aus Maryland stammt, eine Art Nationalgericht darstellen, waren nicht richtig gesäubert worden, so daß wir anstelle des erwarteten saftigen Krebsfleisches nur eine harte, salzige, ungenießbare Substanz vorfanden. Der Tropfen, der das Faß zum Überlaufen brachte, war jedoch die tote Küchenschabe, die in meinem Wasserglas schwamm. Und damit begann unsere Lektion in der Bedeutung des Urteilsspeichers als geheime Zutat für wirksame Mitarbeiterbevollmächtigung.

Zuerst kam die Kellnerin, um unsere Teller abzuräumen. Nachdem wir ihr die Küchenschabe gezeigt hatten, entschuldigte sie sich und fragte, ob ich ein anderes Glas Wasser wolle. Das war alles. Sie ging nicht zur Restaurantleiterin, um zu fragen, was sie für uns tun könnte. Ebensowenig bot sie uns aus eigener Initiative eine Entschädigung an. Damit ließ das *Chez Très Chic* eine Chance ungenutzt vorübergehen, denn zu jenem Zeitpunkt wären wir mit einer relativ kleinen Geste zufrieden gewesen – zum Beispiel mit einer Flasche Mineralwasser, einem Digestif auf Kosten des Hauses oder einem geringfügigen Nachlaß auf der Rechnung. Dann hätten wir das Gefühl gehabt, trotz eines recht peinlichen Malheurs gut behandelt worden zu sein.

> *Colonel Hall: »Fräulein!«*
> *Polly: »Ja?«*
> *Colonel Hall: »In meiner Mousse ist ein HAAR.«*
> *Polly: »Psst, sprechen Sie nicht so laut, sonst wollen alle anderen Gäste auch eines.«*
>
> Dialog aus der britischen Fernsehserie *Fawlty Towers* mit John Cleese

Als wir nach Hause kamen, riefen wir bei der Restaurantleiterin an und erklärten ihr, was vorgefallen war. Diesmal bekamen wir keine Entschuldigung zu hören. Statt dessen erwiderte sie in scharfem, recht herablassendem Ton, daß sie unsere Rechnung storniert hätte, wenn wir sie im Lokal auf dieses Mißgeschick aufmerksam gemacht hätten. Da wir uns nun aber erst nach unserer Rückkehr nach Hause gemeldet hatten (wir wohnten nur wenige Minuten vom Restaurant entfernt), sei sie lediglich bereit, uns einen 50prozentigen Nachlaß zu gewähren. Wieder hatte das *Chez Très Chic* eine Chance zur Wiedergutmachung vertan, denn obwohl inzwischen schon mehr Anstrengung erforderlich gewesen wäre als im Restaurant, hätte eine ehrliche Entschuldigung in Verbindung mit einer angemessenen Gegenleistung uns immer noch besänftigen können, wenn die Restaurantleiterin uns keinen überflüssigen Vortrag darüber gehalten hätte, warum wir durch unser eigenes Verschulden »nur« eine bestimmte Summe verdient hätten.

Ich begann mich nun immer mehr über die Behandlung zu ärgern, die uns die Mitarbeiter des *Chez Très Chic* zuteil werden ließen. Daher rief ich am nächsten Tag den neuen Eigentümer an und erwähnte gemeinsame Freunde, die ebenfalls Gastronomen waren. Auch hier wartete ich vergebens auf eine Entschuldigung. In schönster Arroganz gab mir der Eigentümer zu verstehen, daß die »*meisten* Gäste das *Chez Très Chic* lieben« und daß er mich am nächsten Tag zurückrufen würde, da er im Augenblick sehr viel zu tun habe. Dieses Versprechen hielt er nicht. Wir erfuhren später, daß er doch tatsächlich bei unseren gemeinsamen Bekannten anrief, um nachzufragen, ob sie unsere Beschwerde für gerechtfertigt hielten. Vielleicht hegte er den Verdacht, wir gehörten zu jener Kategorie von Gästen, die verschiedene tote Insekten im Pillendöschen in Restaurants einschleppen. Aus welchem Grund auch immer erschien der an das *Chez Très Chic* zu zahlende Betrag niemals auf unserer Kreditkartenabrechnung. Entgegen dem Versprechen des Besitzers hörten wir auch nie wieder direkt etwas von diesem Restaurant – es kam kein Telefonanruf, kein Brief. Das war für das *Chez Très Chic* die »teuerste« Lösung schlechthin. Nicht nur hatte es nichts für die Speisen erhalten, die wir an jenem Abend dort verzehrten – es hatte uns auch als Stammgäste verloren. Obwohl wir früher regelmäßig dort gegessen hatten, haben wir seit jenem unglückseligen »entomologischen Intermezzo« und dem unbefriedigenden Nachspiel keinen Fuß mehr über die Schwelle dieses Restaurants gesetzt.

Ein Käfer im Wasserglas eines eleganten Restaurants oder eine schief eingezogene Schraube an einem Fertigungsband sind Probleme, bei denen die Bevollmächtigung derer, die sich direkt am Ort des Geschehens befinden, in nahezu allen Fällen zur besten und preiswertesten Lösung führt. Je größer nämlich der Abstand zwischen dem Vorfall und seiner schlußendlichen Lösung, desto teurer wird die ganze Angelegenheit – in bezug auf die laufenden Kosten (für Nacharbeiten, Reparaturen oder Rückerstattungen) und – was noch wichtiger ist – entgangenen zukünftigen Einnahmen (Verlust von Kunden und Ansehen). Die Einschätzung der Bedienung und der Restaurantleiterin wichen zwar von diesem Prinzip ab, daß ein Problem möglichst nahe an der Wurzel gelöst werden sollte, doch war sie innerhalb des im *Chez Très Chic* geltenden Kontexts durchaus logisch. Die Entscheidung beider Mitarbeiterinnen entsprach den grundlegenden Überzeugungen des Eigentümers. Im *Chez Très Chic* ging der *Mangel an Urteilsfähigkeit* bereits von der Spitze aus.

Die Frage »Wer soll der Chef sein?« geht im Grunde in die gleiche Richtung wie: »Wer soll der Tenor im Quartett sein?« Natürlich der Mann, der Tenor singen kann.

Henry Ford (1863–1947)

Die Parabel vom Stoff, aus dem die Helden sind

Im Gegensatz zu unseren Erfahrungen mit dem *Chez Très Chic* können andere Unternehmen wahre Wunder vollbringen, wenn ihr gemeinsamer Urteilsspeicher sowohl die Wünsche der Verbraucher als auch die Leistungsfähigkeit (und das stolze Engagement) ihrer Mitarbeiter würdigt. Zwei klassische Beispiele für eine solche Haltung liefern Federal Express und das Bostoner Beth Israel Hospital (von den Einheimischen auch nur kurz BI genannt).

Das erzählt man sich beispielsweise über zwei Helden von Federal Express:

- Als sein Lieferwagen streikte, forderte Mark Horton, ein Kurier aus Oklahoma City, per Funk einen Ersatz an. Als dann der zweite Lieferwagen nach dem Umladen nicht anspringen wollte, ging Horten zu Fuß zum Haus eines Kollegen, lieh sich vom Sohn seines Freundes Fahrrad und Rucksack und absolvierte seine neun Meilen lange Auslieferungstour auf dem Drahtesel, mit den Paketen auf dem Rücken. Alle Sendungen erreichten pünktlich ihren Bestimmungsort.
- Als Alonda Martinez, eine Kundendienstmitarbeiterin aus Los Angeles, einen Anruf von einem wütenden Kunden erhielt, dessen versiegelte Ausschreibungsunterlagen nicht angekommen waren, und keine Firma fand, die die Sendung im Eiltempo ausliefern konnte, setzte sie sich in ihr eigenes Auto, fuhr 115 Meilen zum Auslieferungslager und kam in allerletzter Minute gerade noch rechtzeitig zur Angebotseröffnung. Auf diese Weise half sie dem FedEx-Kunden, Kosten in Millionenhöhe zu sparen, da andernfalls sein Angebot verfallen wäre.

Zu den Helden der vordersten Front im Beth Israel, einer Harvard-Universitätsklinik, die zu Recht für ihre Ärzte berühmt ist, gehören *alle* Mitarbeiter, die Patienten und ihre Familien versorgen – nicht nur die Ärzte. Hier nur einige der vielen Patientenberichte über diese tapferen Menschen:

- Ein ambulanter Patient, der auf ein Problem im Wartezimmer hingewiesen hatte: »Ich wollte Ihnen sagen, wie sehr mich die Geschwindigkeit und die Sensibilität beeindruckt haben, mit der dieses Problem gelöst wurde ... Vor allem Michelle, die Assistentin von Dr. Klapholz, Kim, die Assistentin von Dr. Niloff und Dr. Niloff selbst kümmerten sich sehr fürsorglich und liebevoll sowohl um mich als auch um den direkt betroffenen Patienten. Am wichtigsten aber war, daß sie zu allem Erdenklichen bereit waren, um das Problem zum Wohle aller aus der Welt zu schaffen.«

- Die Tochter eines älteren Patienten, der auf der Intensivstation starb: »Alle Krankenschwestern und ganz besonders zwei von ihnen unternahmen alles in ihrer Macht Stehende, um meinem Vater seine letzten Stunden so weit wie nur möglich zu erleichtern und seine Würde zu wahren. Sie begegneten meiner Mutter mit einer unvorstellbaren Sensibilität. In der Nacht, die sie bei meinem Dad in der Intensivstation verbrachte, kümmerte man sich fürsorglich um ihr körperliches und geistiges Wohlbefinden. Ich kann Ihnen gar nicht sagen, was das für sie bedeutete ... daß die Krankenschwestern ihr in ihrer schlimmsten Stunde beistanden.«

- Ein neu aufgenommener Patient an den Direktor seines früheren Krankenhauses: »Der Kontrast zwischen [dem BI und Ihrem Haus], beides Großstadtkliniken, ist so groß, daß ich Ihnen dringend ans Herz legen möchte, doch einmal das Beth Israel zu besuchen und das Geheimnis seines erstaunlichen Erfolges zu ergründen ... Meine Erfahrungen in [Ihrem] Krankenhaus in den letzten zehn Jahren haben mir gezeigt, daß Ihr Personal nicht nur desinteressiert ist, sondern auch unfähig, Anweisungen zu erteilen, und darüber hinaus schlampig und gelegentlich auch unhöflich ist. Jedes Gefühl der Dringlichkeit und die Einhaltung von Terminen ist Ihren Mitarbeitern fremd.«

Das Wichtige an diesen Helden ist, daß sie *nicht* die Ausnahme, sondern die Regel sind – sowohl bei Federal Express als auch im

Beth Israel. Sie haben beiden Unternehmen zu einem Service-niveau verholfen, das die Konkurrenz vor Neid erblassen läßt. In beiden Fällen ist der Erfolg dieser selbstverantwortlich han-delnden Mitarbeiter nicht allein auf die Übereinstimmung ihrer Einschätzungen mit den grundlegenden Überzeugungen der Führungsspitze zurückzuführen, sondern auch auf umfangreiche Investitionen in das angebotene und erlernte Urteilsvermögen der Beschäftigten.

Angeborenes und erlerntes Urteilsvermögen

»Man hat es immer leichter, wenn man auf ein starkes Funda-ment aufbauen kann.« Diesen Satz könnte man für eine Binsen-weisheit halten, gäbe es nicht immer noch so viele Unternehmen, die von mündigen Mitarbeitern reden, ohne sich groß Gedanken über Investitionen in Prozesse und Kriterien für Einstellungsent-scheidungen, in die Stellengestaltung und die Entlohnungssy-steme, in Leistungsbeurteilung und Feedback oder Entscheidun-gen über Beförderungen und Versetzungen zu machen. Sowohl Federal Express als auch Beth Israel scheuen hier weder Kosten noch Mühen – was wiederum zu einem sich selbst verstärkenden Kreislauf geführt hat: Menschen mit ähnlichen Wertvorstellun-gen und Standards empfinden diese Organisationen als attraktiv und werden auch als geeignete Stellenkandidaten betrachtet. Um-gekehrt halten Menschen, deren Urteilsvermögen nicht den Wer-ten und Standards des betreffenden Unternehmens entspricht, einen solchen Arbeitgeber nicht für besonders verlockend – und werden dort auch nicht gerne eingestellt.

Stellen Sie sich vor, eine Dame, der die Zufriedenheit der Gäste besonders am Herzen liegt, bewirbt sich als Bedienung im *Chez Très Chic.* Aller Wahrscheinlichkeit nach würde die Geschäfts-führung sie nicht an die Spitze der Kandidatenliste setzen. Ebenso unwahrscheinlich ist es umgekehrt, daß für sie das *Chez Très Chic* bei einem Stellenwechsel die erste Wahl wäre.

Derartige Prozesse und Kriterien, die auf die maximale Ausschöpfung des angeborenen Urteilsvermögen abzielen, sind allerdings alleine nicht ausreichend, um einen umfassenden Urteilsspeicher im Unternehmen aufzubauen. Das erlernte Urteilsvermögen spielt ebenfalls eine Rolle. In manchen Firmen wird dieser Lernprozeß ungewollt von Führungskräften unterminiert, die Mitarbeiter bestrafen und der Lächerlichkeit preisgeben, wenn sie nicht die gleichen Entscheidungen fällen wie ihre Vorgesetzten es unter ähnlichen Umständen getan hätten (zumindest ihrer eigenen Meinung nach). Da sich das Urteilsvermögen eines Menschen verbessert, wenn er aus seinen Fehlern lernen darf, wird ein solcher Führungsstil die Beschäftigten in der Regel veranlassen, so vorsichtig wie möglich zu agieren und die Bandbreite der potentiellen Handlungsalternativen stark einzuschränken. Genau das erlebte zum Beispiel Scott Adams, der Schöpfer der Comic-Figur *Dilbert,* als er zu Beginn seiner beruflichen Laufbahn als Bankangestellter arbeitete: »Wir wurden pausenlos ermahnt: ›Sie müssen stets nach eigenem Gutdünken handeln.‹ Wenn wir dann aber einen ungedeckten Scheck entgegennahmen (was jeden Tag passierte), wurden wir angebrüllt. Aber es gab so viele Regeln… Hätte man sie alle befolgt, hätte die Schlange [der Kunden] buchstäblich zur Tür hinaus und einmal ums Haus herum gereicht… Was ich damit sagen will, ist folgendes: Hätte ich nicht Angst davor gehabt, daß mich mein Chef einen Dummkopf nennen würde, wenn ich einen Fehler machte, dann hätte ich mich mehr bemüht, meine Sache gut zu machen, und so auch effizienter gearbeitet.«

Erfahrung ist der Name, den die Menschen ihren Irrtümern geben.

Oscar Wilde (1854–1900)

Es geht auch anders: Unternehmen können das Urteilsvermögen ihrer Beschäftigten bewußt schärfen. Ein möglicher Ausgangspunkt sind hierbei gemeinsame Handlungsrahmen, die auf einer übereinstimmenden Sicht der Ziele und strategischen Ausrichtung des Unternehmens beruhen. Klar formulierte und verständlich vermittelte Zieldeklarationen sind ein mögliches Instrument für die Gestaltung eines solchen Rahmens. (Kapitel 2 geht genauer auf die Rätsel ein, die die Zieldeklarationen vieler Unternehmen aufgeben.) Ein weiteres sind unternehmensweite Maßnahmen und offizielle Schulungsprogramme, zumal wenn sie durch einen großzügigen Informationsaustausch unterstützt werden. Obwohl es in den meisten Unternehmen eine Fülle von Vorgaben, Dokumenten und Programmen gibt, die alle als Verhaltensrichtlinien dienen sollen, führen sie in ihrer Summe doch häufig zu einer Art »Kommunikationsstau«: eine Flut von Zahlen, Worten und Kursen, die dennoch wenig Fortschritte bringen. Sowohl Federal Express als auch Beth Israel haben diesen gordischen Knoten durchschlagen, wenn auch auf unterschiedliche Weise.

Fred Smith, der CEO von Federal Express, nahm sich vor, sich mit seinem Unternehmen von der Konkurrenz abzuheben, indem er die Garantie abgab, daß FedEx die Sendungen seiner Kunden »mit hundertprozentiger Sicherheit« pünktlich ausliefern werde. Das Unternehmen hat somit eine klare Absichtserklärung und bietet sehr wirkungsvolle Schulungsprogramme an. 1988 ging Federal Express sogar noch einen Schritt weiter: Es verstärkte und verdeutlichte sein Ziel mit Hilfe eines Instruments, das es »Servicequalitätsindikator« nannte (kurz »SQI«). FedEx errechnet seinen unternehmensweiten SQI aus der Summe der durchschnittlichen Fehlerpunkte pro Tag in den in der Tabelle aufgelisteten Kategorien.

Die Zusammensetzung dieses Indikators zeigt ganz deutlich, welche Probleme FedEx für besonders wichtig erachtet. Auf diese Weise wird eine Prioritätenrangliste aufgestellt, die allen Mitarbeitern im Unternehmen einleuchtet. (Die Wirksamkeit des SQI von Federal Express wird in Kapitel 14 noch näher beleuchtet.) Zusammen mit den strengen Einstellungskriterien, der klaren Kommunikation, dem überschwenglichen Lob von Unternehmenshelden und den rigorosen Schulungsprogrammen steckt der SQI einen Handlungsrahmen ab, der die Entscheidung von

Alonda Martinez rechtfertigte. Obwohl das Problem des wütenden Kunden am anderen Ende des Telefons auf der SQI-Skala nur mit einem Punkt bedacht wurde, standen für ihn Millionen auf dem Spiel – und daher lohnte sich ihr heroischer Einsatz.

Zu vermeidende Probleme	*Gewichtete Fehlerpunkte*
SQI Inland:	
Sendung verloren	10 Punkte
Sendung beschädigt	10 Punkte
Falscher Tag, verspätete Auslieferung	5 Punkte
Wiederholte Reklamation (keine Lösung)	3 Punkte
Sendung suchen	3 Punkte
Verspätete Abholung	3 Punkte
Rechnungsberichtigung erforderlich	1 Punkt
Auslieferungsquittungen fehlen	1 Punkt
Richtiger Tag, verspätete Auslieferung	1 Punkt
SQI international:	1 Punkt

Auch im Beth Israel Hospital haben CEO Mitchell Rabkin und sein Führungsteam niemals Zweifel daran gelassen, daß in ihrer Klinik die Patienten und ihre Familien stets oberste Priorität genießen. Strenge Einstellungskriterien waren seit jeher die Regel, und das BI scheut keine Mühen, um Menschen mit einem angebotenen Urteilsvermögen zu finden, die sich gut in ein Krankenhaus einfügen, in dem die Patienten im Mittelpunkt stehen. Im Beth Israel gibt es zwar weder einen SQI noch eine Kundenserviceschulung, doch sind seine Werte meiner Ansicht nach in seiner »Patientenrechtserklärung« verankert, die 1972, sechs Jahre nach Rabkins Amtsantritt, veröffentlicht wurde. Bei dieser Liste der »Grundrechte der Patienten« handelte es sich um einen völlig neuartigen Schritt, den manche Beobachter für radikal hielten. Es war die erste derartige Deklaration eines amerikanischen Krankenhauses. Hier ein Auszug aus dem Ursprungsdokument von 1972 (die Präambel, die ersten drei von insgesamt sieben Artikeln sowie der Anfang und der Schluß des vierten Artikels):

Das Beth Israel Hospital, seine Ärzte, seine Krankenschwestern und sein gesamtes Personal sehen es als ihre Pflicht an, Ihnen als unseren Patienten ausgezeichnete Pflege zu garantieren. Es ist stets unser Ansinnen gewesen, Ihre Persönlichkeit und Würde zu respektieren. Die vorliegende Erklärung wird veröffentlicht, damit Sie genau wissen, welche Rechte Ihnen als Patienten von Beth Israel schon seit vielen Jahren zustehen.

1. Sie haben ein Recht auf die beste, medizinisch angezeigte Pflege für Ihre Erkrankung, das heißt auf die geeignetste Behandlung ohne Rücksicht auf ethnische Abstammung, Hautfarbe, Nationalität oder die Quelle, aus der die für Sie erbrachten Leistungen bezahlt werden.
2. Sie haben das Recht, von anderen mit Respekt behandelt zu werden, mit Ihrem Eigennamen ohne ungebührliche Vertrautheit angesprochen zu werden und angehört zu werden, wenn Sie eine Frage haben. Sollten Sie den Wunsch nach mehr Informationen verspüren, haben Sie zudem selbstverständlich das Anrecht darauf, eine adäquate, hilfreiche Antwort zu erhalten.
3. Sie haben das Recht zu erwarten, daß Ihre Persönlichkeit respektiert wird und Unterschiede in Ihrer kulturellen Herkunft und Ihrem Bildungsstand berücksichtigt werden.
4. Sie haben ein Recht auf Privatsphäre ...

Wenn Sie den Eindruck haben, daß wir Sie nicht gerecht oder angemessen behandeln, steht Ihnen das Recht zu, dies mit Ihrem Arzt, Ihrer Krankenschwester, Ihrem Stationsleiter, anderen Mitgliedern des Pflegepersonals oder dem diensthabenden Mitarbeiter aus der Verwaltung zu besprechen. Sie können auch einen Brief an den Generaldirektor des Beth Israel Hospital, Boston 02215, schreiben. Ihre gesamte Korrespondenz wird von ihm sofort und persönlich gelesen.
Diese Erklärung spiegelt das Interesse und die Philosophie aller Mitarbeiter des Beth Israel Hospital wider.

Mitchell T. Rabkin, M.D.
Generaldirektor

Viele Krankenhäuser haben inzwischen ähnliche Erklärungen verfaßt, und viele davon werden in der Praxis eher systematisch gebrochen als eingehalten. Dem Beth Israel Hospital hingegen verlieh diese »Erklärung der Patientenrechte« zusätzliche Dynamik, da sie durch eine noch klarere Formulierung als zuvor den Handlungsrahmen *unterstützte,* an dem Rabkin und seine Kollegen *bereits arbeiteten:* beste Pflegeleistungen bei gleichzeitigem Respekt vor jedem einzelnen Patienten.

Die Erklärung wurde Teil des Urteilsspeichers der Klinik, indem sie veranschaulichte, was »beste Pflegeleistungen bei gleichzeitiger Wahrung der Patientenwürde« bedeuteten – und diese Erläuterungen dann den Leistungsempfängern direkt in die Hand gab. Daher unterscheiden sich die Erfahrungen der Patienten im BI tatsächlich von jenen, die man gemeinhin in Krankenhäusern macht: Probleme werden rasch von den direkten Kontaktpersonen gelöst; Ärzte und Krankenschwestern bemühen sich besonders, den Patienten und ihren Familien ihren Aufenthalt in der Klinik zu erleichtern; das Krankenhaus ist tatsächlich durchdrungen von einer Atmosphäre der Fürsorge und Hilfsbereitschaft.

Wann sollte der Begriff »Urteilsvermögen« neu definiert werden?

Unternehmen wie Federal Express und Beth Israel sind für uns inspirierende Vorbilder. Schließlich zeigen sie, warum der wirksamen Bevollmächtigung der Mitarbeiter der Aufbau und die Pflege eines gemeinsamen Urteilsspeichers vorausgehen müssen – und weshalb mündigere Mitarbeiter dem Unternehmen ihrerseits zu einem Wettbewerbsvorsprung verhelfen können, wenn ihr Handeln zu den Strategien ihrer Organisation paßt. Aber selbst die besten Unternehmen, die erstklassige Kommunikationspolitik betreiben, können ihren Urteilsspeicher nur dann erhalten, wenn sie ihn ständig erweitern, überprüfen und aktualisieren. Das Umfeld entwickelt sich nun einmal weiter, und manchmal finden solche Veränderungen mit erschreckender Geschwindigkeit statt. So sind etwa die Krankenhäuser durch die Neuerungen im US-Gesundheitswesen gezwungen, die Kosten erbarmungslos zu senken und neue Bündnisse einzugehen, die in der Vergangenheit niemals erforderlich waren. Eine Organisation wie das Beth Israel steht somit möglicherweise vor der größten Herausforderung in ihrer Geschichte: Sie muß ihren Handlungsrahmen überarbeiten, um dem neuen Umfeld gerecht zu werden, und dabei gleichzeitig ihren Patienten und deren Familien mit der für sie charakteristischen Achtung begegnen.

Auch wenn das Gesundheitswesen vielleicht ein Extrembeispiel darstellt, so ist es auch in einem stabilen Umfeld wichtig, niemals mit dem Lernen aufzuhören und auf der Grundlage der neuerworbenen Erkenntnisse den Handlungsrahmen weiterzuentwickeln. Dann verstehen alle im Unternehmen besser, welche Voraussetzungen sie erfüllen müssen, wenn sie wirklich »gute Arbeit leisten« wollen. Diese Erfahrung machte auch Jan Carlzon von der SAS, als er feststellte, daß die frisch bevollmächtigten Mitarbeiter der skandinavischen Fluggesellschaft zwar die Kunden in Begeisterung versetzten – nicht aber den Marktanteil der SAS in die Höhe trieben. Der Grund: Die SAS-Mitarbeiter definierten Kundenzufriedenheit als zusätzlichen Service; sie ließen Maschinen über das vorgeschriebene Mindestmaß hinaus auf Passagiere von Anschlußflügen, fehlendes Essen oder spät eintreffende Crews warten. Aber Geschäftsreisende wollen in erster Linie pünktlich am Zielort ankommen. Auf der Grundlage dieser Informationen definierte Carlzon seinen Handlungsrahmen für die SAS neu:

> Unsere erste Priorität ist die Sicherheit, unsere zweite die Pünktlichkeit. An dritter Stelle stehen andere Serviceleistungen. Wenn Sie also durch einen pünktlichen Start die Flugsicherheit in Gefahr bringen, überschreiten Sie Ihre Kompetenzen. Gleiches gilt, wenn Sie nicht pünktlich abheben, weil Sie noch auf zwei Fleischkisten warten. Das meine ich, wenn ich von einem Rahmen spreche. Man gibt seinen Mitarbeitern

einen Rahmen vor, und innerhalb dieses Rahmens läßt man ihnen freie Hand.

Der Aufbau und die Erhaltung eines Urteilsspeichers, der von vielen Mitarbeitern aus vollster Überzeugung getragen wird, sind die Geheimwaffen, mit denen sich viele Unternehmen in jedem Kundenkontakt einen Wettbewerbsvorteil zu verschaffen scheinen: Ihr Vorteil sind tatsächlich ihre Mitarbeiter. Um den Urteilsspeicher in Ihrem Unternehmen zu überprüfen, können Sie sich beispielsweise zunächst überlegen, was Ihre Mitarbeiter Ihrer tiefsten Überzeugung zufolge wissen »sollten«. Das können Sie dann mit ihren nachweislich vorhandenen Kenntnissen vergleichen. Jegliche Diskrepanz zwischen Ist- und Soll-Zustand ist dann als Warnlämpchen zu verstehen, das auf ein Wissensdefizit hindeutet. Dieses Defizit könnte viele Mitarbeiter dazu veranlassen, sich wie der dritte Knecht im eingangs zitierten Gleichnis von den Talenten zu verhalten und ihre Talente in der Erde zu verbergen auch wenn noch so viele Bevollmächtigungsprogramme initiiert worden sind.

TEIL IV

Durch eine dunkle Brille

Wie findet man heraus, was die Kunden wirklich wollen?

Sehr viele Menschen glauben,
sie würden denken,
während sie in Wahrheit nur ihre Vorurteile
neu ordnen.

WILLIAM JAMES (1842–1910)

Trotz all des Geredes über die Notwendigkeit, den Kunden zu begeistern, wird ein Aspekt häufig nicht genügend beachtet: Es ist unglaublich schwierig, durch den Schleier unserer eigenen Vorurteile hindurch zu erkennen, was die Kunden wirklich wollen, was ihnen gefallen könnte und wie sie angesichts der verfügbaren Alternativen ihre Entscheidungen treffen. Dies gilt gleichermaßen für alle Arten von Kunden, ob es sich nun um Mitarbeiter auf der anderen Seite des Gehaltsschecks oder Abnehmer auf der anderen Seite der Rechnung handelt. Diese Unsicherheit ist auf ein Kernproblem des menschlichen Wahrnehmungsvermögens zurückzuführen: Selbst wenn man sich noch so sehr für die verschiedenen Credos einsetzt, die den Dienst am Kunden preisen, und ungeheuer viel in die damit verbundene Forschung investiert, neigt man doch letztendlich dazu, das zu sehen, was man selbst erwartet und bevorzugt, anstatt die (jetzigen oder auch zukünftigen) Erwartungen und Präferenzen der *anderen Partei* zu erkennen.

In den drei folgenden Kapiteln wird dieses Dilemma genauer beleuchtet. Kapitel 9, *Es war einmal ein zufriedener Kunde. Drei Märchen über die Kundenorientierung,* zeigt Möglichkeiten auf, wie man verhindern kann, daß die Grundlagen der Kundentreue in den schönen Worten und Umfragen verloren gehen, die im Namen der Kundenzufriedenheit verkündet bzw. durchgeführt werden.

Kapitel 10 mit dem Titel *Die (unmelodische) Stimme des Kunden. Wo sind die lästigen Querulanten, die uns sagen, wo's langgeht?* beschäftigt sich mit der Frage, welche Anforderungen die Marktforschung erfüllen muß, wenn sie die tatsächlichen Kundenwünsche aufdecken soll, anstatt – wie meistens der Fall – das Bild, das ein Unternehmen vom Markt hat, noch mehr zu trüben. In Kapitel 11 schließlich, *»Kundenfokussierung« und andere fixe Ideen der Produktentwicklung. Liebe macht blind,* werden Möglichkeiten erforscht, wie man eine der größten Hürden auf dem Weg zur wahren Kundenorientierung überwinden kann, nämlich die übergroße Verliebtheit in die eigenen Produkte und Dienstleistungen, die verhindert, daß man sich auf die Wünsche des Kunden einstellen kann.

Unternehmen sind gewiß gut beraten, wenn sie versuchen, ihre Kunden zu begeistern – zumal in Marktsegmenten, wo ihre Abnehmer aus vielen Alternativen auswählen können und immer neue Optionen entwickelt werden. Aber sie fahren noch besser, wenn sie zu verhindern lernen, daß sie immer nur ihre eigenen Vorurteile neu ordnen, sondern statt dessen ihre Chancen verbessern, die heutigen und potentiellen Wünsche der Kunden *präziser zu erkennen.*

9. KAPITEL

Es war einmal
ein zufriedener Kunde

Drei Märchen über die Kundenorientierung

Kundenzufriedenheit. 1. Neuer Name für den ältesten Grundsatz in der Wirtschaft: Kunden, die mit Ihrem Produkt nicht zufriedener sind als mit der nächstbesten Alternative, werden Ihnen nicht lange erhalten bleiben. 2. Neuer Name für eine übliche Form der standardmäßigen Marktforschung, bei der vorgegebene Richtlinien oft sklavisch eingehalten werden, so daß nicht wirklich darüber nachgedacht wird, wie man den Kunden ein besseres Preis-Leistungspaket als die Konkurrenz bieten kann. 3. Neuartige Arbeitsbeschaffungsmaßnahme, die ganze Heerscharen neuer Spezialisten in Unternehmen und Beratungsfirmen hervorbringt.

Um das Konzept der »Kundenzufriedenheit« wird ein derartiger Wirbel gemacht, daß man meinen könnte, es handle sich hier um eine revolutionär neue Wirtschaftstheorie. Aber versteht es sich nicht eigentlich von selbst, daß diejenigen Unternehmen, die ihre Kunden zufrieden stellen, *ceteris paribus* besser abschneiden als jene, denen dies nicht gelingt? Wirklich *neu* ist nur die derzeitige Woge der Begeisterung für zufriedene Kunden und der blühende Markt für Instrumente zur Messung der Kundenzufriedenheit. Unternehmen, die diese Mahnung und die zugehörigen Werkzeuge geschickt einsetzen, können durchaus beachtliche Vorteile daraus ziehen. Wer hier jedoch unüberlegt handelt, kann sich keineswegs darauf verlassen, daß Investitionen in »Kundenzufriedenheit« zu treueren Kunden oder höheren Gewinnen führen.

Drei Fehleinschätzungen tragen zu diesem übereilten, aber wirkungslosen Streben nach mehr Kundenzufriedenheit bei. Ich nenne sie die »drei Märchen« über die Kundenorientierung:

Märchen Nr. 1: Unsere Organisation ist auf die Bequemlichkeit unserer Kunden abgestimmt.

(Tatsache: Trotz all der schönen Worte über zufriede Kunden legen Unternehmen in der Regel weitaus mehr Gewicht auf ihre eigene Bequemlichkeit als auf die der Abnehmer.)

Märchen Nr 2: Ein zufriedener Kunde ist ein treuer Kunde.
(Tatsache: Kunden können zufrieden und untreu sein – wofür es viele Beispiele gibt.)

Märchen Nr 3: Wenn wir Marktforschung betreiben, werden wir wissen, wie wir die Zufriedenheit unserer Kunden steigern können.

(Tatsache: Untersuchungen zur Kundenzufriedenheit enthalten oft erstaunlich wenig Informationen, die Firmen dabei helfen könnten, ihre gegenwärtigen Kunden zufriedener zu stimmen.)

Lassen Sie uns nun genauer untersuchen, wie der Glaube an diese drei Märchen jeweils verhindern kann, daß die Kunden wirklich so hofiert werden, wie sie es gerne hätten.

Sie stürmen hier herein und erwarten, daß man Sie hinten und vorne bedient, während ich versuche, ein Hotel zu führen. Haben Sie überhaupt eine Vorstellung davon, wieviel Arbeit das macht? Haben Sie sich das schon mal überlegt? Natürlich nicht – Sie sind doch alle viel zu sehr damit beschäftigt, Ihre Nase in jedes Eck zu stecken, um etwas zu finden, über das Sie sich beschweren können!

Der englische Hotelier Basil Fawlty
in der Fernsehserie *Fawlty Towers* zu seinen zahlenden Gästen

---

Märchen Nr. 1:
Unsere Organisation ist auf die Bequemlichkeit unserer Kunden abgestimmt

»Der Kunde ist König« heißt es heute allerorten. Trotz der schönen Worte rangieren jedoch in den meisten Unternehmen nach wie vor die internen Systeme und die eigene Bequemlichkeit an erster Stelle. Das beste Beispiel für diese Umkehr der Prioritäten, das ich je gehört habe, stammt von einem britischen Busunternehmen, dessen Manager auf die Beschwerde, die Fahrer würden einfach an Haltestellen vorbeibrausen, ohne überhaupt anzuhalten, folgende offizielle Erklärung abgaben: *Die Fahrer können unmöglich den Fahrplan einhalten, wenn sie anhalten, um Fahrgäste einsteigen zu lassen.*

Die wild an Haltestellen vorbeirasenden Busfahrer sind vielleicht ein Extrembeispiel, doch gibt es kundenunfreundliche Produkte und Dienstleistungen wie Sand am Meer. Was ist zum Beispiel von Anrufbeantwortungssystemen zu halten, die Kunden zunächst mit einer schier endlosen Litanei honigsüßer Schmeicheleien ködern wollen (nach dem Motto: »Ihr Anruf bedeutet uns sehr viel«), auf die dann aber verwirrende Anweisungen folgen, die ihrerseits in regelmäßigen Abständen von einer Computerstimme unterbrochen werden, die einen bittet, doch ja nicht aufzulegen?

Was soll man sich bei Aufnahmeprozeduren in Krankenhäusern denken, bei denen zwar die Informationsbedürfnisse der Versicherungen und der Klinikverwaltung erfüllt werden, die aber für Patienten und ihre Familien häufig zu nicht enden wollenden, beängstigenden Verzögerungen führen? Was haben Versandhäuser im Sinn, die von ihren Kunden zuerst die Kreditkartennummer verlangen, bevor sie sich bequemen nachzusehen, ob der gewünschte Artikel überhaupt auf Lager ist? Was denken sich Handelsunternehmen dabei, wenn sie ihre Produkte mit Barcode-Etiketten bekleben, die man fast nicht mehr herunterkratzen kann? Und was geht wohl in den Köpfen der Einzelhändler vor, die von ihren Kunden erwarten, daß sie schier übermenschliche Anstrengungen unternehmen, um die gewünschten Waren aufzuspüren – oder auch nur Verkäufer zu finden, die ihnen behilflich sein könnten (wie etwa jener Computerhändler in Manhattan, der das Risiko, daß potentielle Kunden Fragen stellen, anstatt sofort ihren Auftrag zu erteilen, zu mindern versuchte, indem er eine Karte mit folgender Aufschrift an seine verschlossene Ladentür heftete: »Liebe Kunden: Wenn Sie einen Computer *kaufen* möchten, wählen Sie bitte nachstehende Telefonnummer …«)?

Wenn Sie eine Spende an die bevorzugten wohltätigen Organisationen des Verstorbenen überweisen wollen, drücken Sie bitte 1. Wenn Sie genauere Informationen zur Testamentseröffnung wünschen, drücken Sie bitte 2. Wenn Sie die Ex-Frau des Verstorbenen sind, legen Sie bitte auf und versuchen Sie es später noch einmal.

Vorschlag für ein Voice-mail-System für Todesfälle von Harry Schwedock, einem Telekommunikationsexperten aus Kalifornien

---

Noch befremdlicher für den Kunden sind Unternehmen, die versuchen, eigennützige Veränderungen hinter der Diktion der Kundenorientierung zu verbergen. Diese Variante erlebten die Mitglieder eines der schickeren Fitneßclubs in Boston, als ihnen ein Schreiben ins Haus flatterte, in der »zur Steigerung des Kundenkomforts« folgende Änderung angekündigt wurde: Der Club verlangte ab sofort eine Einzugsermächtigung von allen Mitgliedern. Bargeld und Scheck wurden nicht mehr akzeptiert. (Wie eines der Clubmitglieder einem Reporter vom *Boston Globe* berichtete, waren andere Regelungen nicht weniger rigoros. Sie hatte den Clubbesitzer auf ein Problem aufmerksam gemacht: »Aber er hörte mir nicht einmal richtig zu. Reklamationen interessieren ihn nicht die Bohne.« Die Antwort des Clubbesitzers: »Ich nehme hier kein Blatt vor den Mund. Das Entgegenkommen hat auch seine Grenzen. Wir sind schließlich ein gewinnorientiertes Unternehmen.« Es nimmt nicht wunder, daß eine ganze Reihe von Kunden keine befriedigende Lösung für ihre Probleme angeboten bekamen und daher ihre Mitgliedschaft kündigten. Der Besitzer verkaufte daraufhin den Club.)

Solche pseudo-kundenorientierten Formulierungen sind besonders gefährlich, wenn sie das Management daran hindern, die wahren Auswirkungen ihrer Entscheidungen zu erkennen. Selbst wenn den Führungskräften im Unternehmen die Folgen ihres Tuns verborgen bleiben – die Kunden sehen sie allemal. Solche Lippenbekenntnisse zum »bedingungslosen Einsatz für den Kunden«, die in der Praxis mit völliger Vernachlässigung der Konsumenten einhergehen, leisten lediglich dcren Zynismus Vorschub. Das Resultat: Die Kunden sehen sich veranlaßt, sich verstärkt nach besseren (und befriedigenderen) Alternativen umzusehen.

Eine Möglichkeit, wie Führungskräfte den Vormarsch derlei egozentrischer Tendenzen im Unternehmen im Keim ersticken können, besteht darin, Produkte und Dienstleistungen selbst in der Kundenrolle zu nutzen. Leider macht sich in vielen Firmen die Chefetage kaum einen Begriff davon, wie benutzerunfreundlich die Erzeugnisse, Dienstleistungen und Verfahren, die sie anbieten, oft in Wirklichkeit sind. Ein extremes Beispiel hierfür ist General Motors, das über viele Jahre hinweg seinen Topmanagern alle paar Monate neue Autos zur Verfügung stellte, die noch dazu während der Bürozeiten von Firmenmitarbeitern vollgetankt, gewartet und repariert wurden. Daher mußten diese Führungskräfte niemals mit einem Autohändler verhandeln, sich zu keiner Zeit mit einer Reparaturwerkstatt herumstreiten oder die Folgen des Alterungsprozesses des Fahrzeugs (und die daraus resultierenden Schäden) miterleben. Einigen Unternehmen gelingt es tatsächlich, ihre selbstzentrierte Betrachtungsweise zu verändern, doch haben sie das meist nur einem glücklichen Zufall zu verdanken. Beispielsweise wollte der Direktor einer in North Carolina ansässigen Bank vom Flughafen aus sein Büro anrufen und verirrte sich dabei im Voice-mail-System seines Hauses. Man erzählt sich, daß das System kurz nach seiner Rückkehr ausgemustert worden sei.

Weitaus besser ist es natürlich, die Erfahrungen der Kunden bewußt sozusagen »am eigenen Leib« nachzuvollziehen. Dieses Ziel verfolgte Denny Sullivan, der Leiter der Industriegüter- und Automobilsparte der Parker Hannifin Corporation (Jahresumsatz: zwei Milliarden Dollar). Er bat seine Sekretärin Sue Novak, ein bestimmtes Parker-Produkt zu ordern, ohne dabei auf ihre internen Kontakte zurückzugreifen. Was geschah? Frau Novak rief bei der Auskunft an und fragte, ob es für Parker Hannifin eine gebührenfreie Telefonnummer gebe. Man nannte ihr gleich drei verschiedene Nummern. Die erste führte sie zu einem Werkzeughersteller, der *früher einmal* eine Tochtergesellschaft von Parker Hannifin gewesen war. Bei der zweiten wurde sie mit der Betriebskrankenschwester des Parker-Werks in Huntsville im US-Bundesstaat Alabama verbunden. Bei der dritten landete sie in einer Parker-Schlauchfabrik in Iowa, wo man ihr ausschließlich Fragen zu der in dieser Fabrik hergestellten Produktkategorie beantworten konnte. Frau Novaks Erfahrungen veranlaßten Sullivan und seinen Vice President Mike Marvin, eine zentrale Produktinformationsstelle mit eigener gebührenfreier Telefonnummer (1-800-C-PARKER) einzurichten und alle Mitarbeiter darin zu schulen, Kunden direkt an dieses Zentrum zu verweisen, wenn sie Fragen zu Produkten nicht sogleich beantworten konnten. Acht Jahre später riefen pro Monat 7000 Kunden bei 1-800-C-PARKER an – und nach den Daten des Unternehmens erteilten über 50 Prozent der Anrufer später auch Aufträge.

Insider, die inkognito in die Rolle eines Kunden schlüpfen, können enorm zur Steigerung der Kundenzufriedenheit beitragen. Wenn sie am eigenen Leib erfahren müssen, wie wenig Rücksicht auf die Bedürfnisse und die Zeit der Kunden genommen wird, ist das ein heilsamer Schock. Sind sie dann auch noch bereit, die entsprechenden Konsequenzen daraus zu ziehen, trägt das mehr zur Begeisterung ihrer Kunden bei als ein Dutzend aufwendiger Umfragen zur Kundenzufriedenheit.

Märchen Nr. 2:
Ein zufriedener Kunde ist ein treuer Kunde

So paradox es klingen mag, selbst die unzufriedensten Kunden bleiben einem Unternehmen unter Umständen treu, das heißt, sie werden sich jahrein jahraus immer wieder mit neuen Aufträgen an den gleichen Anbieter wenden, obwohl sie mit seinen Diensten alles andere als zufrieden sind. Umgekehrt können auch höchst zufriedene Abnehmer einer Firma untreu werden, also ihre Aufträge auf mehrere Lieferanten verteilen, obwohl sie an den Leistungen einer bestimmten Firma gar nichts auszusetzen haben.

Wie ist das möglich? Nehmen wir als Beispiel die Reinigung bei mir in der Nähe, mit der ich nicht gerade glücklich bin. Hier einige der Gründe für meine Unzufriedenheit: zerbrochene Knöpfe, Kostüme, die allem Anschein nach so gebügelt worden sind, daß sie dem Glöckner von Notre-Dame passen könnten, empfindliche Stoffe, die von Sicherheitsnadeln und Plastikansteckern durchbohrt werden, weil es »zu zeitaufwendig« sei, die Auftragsnummer an den Etiketten in den Kleidungsstücken zu befestigen. Und vor kurzem, als ich eine Mitarbeiterin bat, sie sollte doch bitte nicht versuchen, die Schulterpolster aus meinen Blusen herauszureißen, teilte man mir mit, daß die meisten Kunden der Reinigung ihnen dieses Problem von sich aus ersparten, indem sie die Polster *vor* Abgabe der Blusen heraustrennten und *nach* der Reinigung wieder annähten.

Ich bin also weiß Gott kein zufriedener Kunde, aber ich bin meiner Reinigung dennoch relativ treu. Wieso? Ganz einfach: Ich habe bislang noch keine Reinigung gefunden, die sehr viel besser arbeitet – und das liegt bestimmt nicht daran, daß ich nicht gründlich genug gesucht hätte. Da alle Mitbewerber ein gleichermaßen ausgeprägtes Desinteresse an den Belangen der Kunden an den Tag legen, wird diese Reinigung wohl mißmutige Kunden wie mich behalten, solange sie bequemer erreichbar ist als die Konkurrenz oder billiger (nach dem Motto: »Wir ruinieren Ihre Kleidung praktisch zum Nulltarif«) – oder bis ein Anbieter vielleicht irgendwann einmal auf die Idee kommt, wie er die unerfüllten Grundbedürfnisse von Kunden wie mir erfüllen kann. Auch das Gegenteil ist möglich: zufriedene, aber zugleich untreue Kunden. Ein Kunde kann »begeistert« von Restaurant A sein, aber trotzdem das nächste Mal ins Restaurant B gehen – selbst wenn beide Lokale ähnliche Speisen zu ähnlichen Preisen servieren. Wenn es viele zufriedenstellende Alternativen gibt, entscheiden sich Kunden oftmals für die Vielfalt.

Meine Reinigung und das Beispiel der verschiedenen Restaurants veranschaulichen eine weitere Lektion in puncto Kundenzufriedenheit: Es kommt stets auf die Zufriedenheit der Kunden im *Vergleich zu den Alternativen* an, die entweder heute verfügbar sind oder einem schlauen Konkurrenten morgen einfallen könnten. Wer von einem allgemeingültigen Standard für »Kundenzufriedenheit« ohne Berücksichtigung der anderen Wettbewerber spricht, kann bei seinen Kunden unrealistische Erwartungen wecken. Andererseits öffnet man zukünftigen Konkurrenten Tür und Tor, wenn man unerfüllte Kundenbedürfnisse ignoriert, nur weil sie bis jetzt ja auch kein anderer Anbieter auf dem Markt befriedigt. Am sinnvollsten ist cs, Kundenzufriedenheit im Licht der bereits getroffenen und potentiellen Maßnahmen der Konkurrenz zu sehen – genau wie dies auch die Kunden bei ihren Kaufentscheidungen tun – und dann seine Strategie entsprechend anzupassen. Dieser Ansatz in der Kundenzufriedenheit kann weitaus schwieriger sein, bietet aber einen wesentlichen Vorteil: Kundenzufriedenheit wird auf diese Weise zum integralen Bestandteil der Unternehmensstrategie und nicht etwa zu einem Anhängsel von nachrangiger Bedeutung.

Märchen Nr. 3:
Wenn wir Marktforschung betreiben, werden wir wissen, wie wir die Zufriedenheit unserer Kunden steigern können

Marktforschung ist ein wichtiges Instrument zum Verständnis von Märkten, heutigen und ehemaligen Kunden, der Klientel der

Konkurrenz und sogar von Menschen, die keine Produkte aus der betreffenden Kategorie kaufen (es aber möglicherweise tun würden, würden wir nur ihre latenten Bedürfnisse besser verstehen). Umfragen zur Kundenzufriedenheit sind eine Spielart der Marktforschung, die ein Marktsegment besonders wirksam beleuchten kann: Sie zeigen, wie die *derzeitigen* Benutzer unsere *heutigen* Produkte sehen. Allerdings ergibt sich nicht automatisch ein Nutzen aus dieser Form der Marktforschung; im Gegenteil: Viele Unternehmen investieren beträchtliche Summen in derlei Umfragen, nur um dann feststellen zu müssen, daß sie daraus überraschend wenig als Handlungsgrundlage geeignete Informationen ableiten können. Daher lautet die wohl wichtigste Frage vor der Durchführung einer Kundenbefragung: Was würden Sie anders machen, wenn Sie die Antworten auf jede der gestellten Fragen kennen. Wenn Sie gar nicht viel ändern *können* (oder wollen), ganz gleich, wie die Antworten auf eine spezifische Frage auch ausfallen mögen, dann lohnt es sich wahrscheinlich auch gar nicht, diese Frage überhaupt in den Fragebogen aufzunehmen.

Selbst wenn sich die Fragen auf Bereiche konzentrieren, in denen geeignete Schritte unternommen werden könnten, gefährden andere Probleme möglicherweise Sinn und Zweck der Untersuchung. Bevor Sie sich in eine Kundenzufriedenheitsumfrage stürzen, sollten Sie sich zunächst einmal Gedanken zu den folgenden fünf Fragen machen:

Ist die Umfrage leicht zu beantworten, und lohnt es sich für den Befragten, dafür Zeit zu erübrigen? Hierzu ein Beispiel: Kurz nach dem Kauf meines Autos erhielt ich einen achtseitigen Fragebogen, der meiner Zählung zufolge 190 Fragen in einer nur mit dem Mikroskop entzifferbaren Schrift enthielt. Gedruckt war er in fahlem Grün auf einem papiertaschentuchähnlichen Bogen. Die meisten Fragen waren mehrfach unterteilt; in einem Fall gab es nicht weniger als 25 Unterpunkte. Der Fragebogen wanderte direkt in den Mülleimer – ebenso wie alle anderen, die mir das Unternehmen im Laufe der Zeit noch zusandte.

Ich liebe mein Auto, aber wie viele andere Kunden auch – ob sie nun Konsum- oder Investitionsgüter kaufen – leide ich unter einer Krankheit namens FM: *Fragebogenmüdigkeit.* Daher beantworte ich nur noch Fragebögen, bei denen ich sehen kann, daß das Unternehmen gewisse Schwerpunkte gesetzt und auf meine wertvolle Zeit Rücksicht genommen hat. Andernfalls werfe ich die Umfrage sofort weg oder konzentriere mich nicht genügend bei meinen Antworten. In beiden Fällen hätten sich Investitionen in eine Straffung des mehr oder weniger willkürlichen Fragenkatalogs um ein Vielfaches amortisiert.

Zeigt die Umfrage, daß Sie die Grundbedürfnisse Ihrer Kunden verstehen? Denken Sie nur an das Macintosh PowerBook. Wenn Sie ein solches Gerät besitzen, und es geht kaputt, können Sie es zur Reparatur an die Firma Apple schicken und erhalten dann postwendend Ihren Rechner zurück – zusammen mit einer »Umfrage zur Zufriedenheit der Kunden mit dem Kundendienst für das Apple PowerBook«. In der ersten Hälfte dieses Fragebogens finden Sie allerhand nützliche Fragen, die Ihre Zufriedenheit mit dem geleisteten Service im allgemeinen und spezifischen Richtgrößen im besonderen eruieren sollen, darunter die Bearbeitungszeit, die Bequemlichkeit und die Reparaturkosten. Erst nach der Hälfte der Fragen müssen Sie aber angeben, ob die Reparatur erfolgreich war oder nicht.

Eine solche Formulierung eines Fragenkatalogs ist gefährlich, weil der Kunde dadurch den Eindruck gewinnt, das Unternehmen habe die für ihn wesentlichen Aspekte aus den Augen verloren. So zählt etwa im Falle von Apple einzig und allein, ob das Gerät nach der Reparatur funktioniert. Alles andere ist Nebensache. Daher würde das von Apple eingesetzte Umfrageinstrument einen größeren Beitrag zur Kundenzufriedenheit leisten, wenn es mit der Frage begänne, ob die Reparatur erfolgreich war oder nicht. Die übrigen Fragen könnten dann als *ergänzende* Variablen der Gleichung »Zufriedenheit mit dem Apple-Kundendienst« folgen.

Eine Frage, die ich gerne in einer von einer Telefongesell-
schaft durchgeführten Umfrage zur Kundenzufriedenheit
lesen würde, wäre:
»Bereitet es Ihnen Vergnügen, daß Sie bei der Wahl einer
nicht existierenden Nummer von drei äußerst unmelodi-
schen Tönen begrüßt werden, die mit mehr Dezibel
abgespielt werden, als ein Durchschnittsbürger aushalten
kann, wenn er sein Ohr gegen den Hörer preßt?«

Können Sie aus Ihrer Umfrage ablesen, anhand welcher Merk-
male die Kunden zwischen Produkten und Herstellern unter-
scheiden? In einigen Bereichen wie etwa bei chemischen Reini-
gungen oder Computerreparaturen werden zentrale Kundenbedürfnisse nicht erfüllt: Blusenknöpfe kommen zerbrochen
zurück; Computer funktionieren auch nach der Reparatur nicht.
In anderen hingegen werden einige wichtige Kundenbedürfnisse
regelmäßig von allen Anbietern erfüllt. Wir erwarten einfach, daß
der Motor eines Autos anspringt, wenn wir zum ersten Mal den
Schlüssel im Zündschloß herumdrehen – ebenso wie wir davon
ausgehen, daß in unserem Hotelzimmer ein Bett steht (obwohl
man mir einmal in einem Vier-Sterne-Hotel in Tulsa ein Zimmer
zuwies, in dem sich ein Konferenztisch und acht Stühle befanden – und sonst nichts).
In vielen Umfragen zur Kundenzufriedenheit werden die Pro-
banden gebeten, die relative Bedeutung der getesteten Variablen
aufzulisten. Typischerweise wird dazu eine Skala verwendet, die
von »absolut unerläßlich« bis »nicht sonderlich wichtig« reicht.
Das analytische Problem tritt auf, wenn es Aspekte gibt, die –
wie das Bett im Hotelzimmer – von den Kunden zwar als »absolut unerläßlich« gewertet, aber von den Anbietern nicht extra
aufgeführt werden, da sie ihre Leistung bei diesen Variablen als
»Selbstverständlichkeit« betrachten. Dieses Dilemma kann man
beispielsweise überwinden, indem man die Befragten einfach bittet, ihre Gesamtwertung für jedes dieser Merkmale anzugeben
und zudem zu beschreiben, anhand welcher Kriterien sie bei

ihren Kaufentscheidungen zwischen den einzelnen Anbietern unterscheiden. Dann werden Sie wissen, bei welchen Variablen Ihre Verbesserungsbemühungen den größten Nutzen bringen. (Eine genauere Erläuterung der von den Kunden verwendeten Unterscheidungsmerkmale enthält Kapitel 13.)

Können Sie mit Hilfe Ihrer Umfrage herausfinden, wie zufrieden die Kunden mit der Konkurrenz sind? In einigen Segmenten spielen andere Wettbewerber keine große Rolle: So wenden sich etwa Autokäufer während der Garantiezeit normalerweise immer an den Vertragshändler, wenn eine Reparatur anfällt. In den meisten anderen Märkten wählen die Abnehmer jedoch einen von vielen Anbietern und beziehen die gewünschten Produkte und Dienstleistungen häufig sogar aus mehreren Quellen. In einem solchen Umfeld müssen Sie neben Ihren heutigen Kunden auch unbedingt frühere Kunden und Kunden anderer Anbieter in den Kreis der Befragten aufnehmen. Außerdem muß den Umfrageteilnehmern die Möglichkeit gegeben werden, Ihre Produkte und Dienstleistungen mit denen der Konkurrenz zu vergleichen. Dennoch konzentrieren sich viele Umfragen zur Kundenzufriedenheit allein auf die derzeitigen Kunden und die eigenen Produkte. Das ist häufig selbst dann der Fall, wenn ein Unternehmen Marktanteile an die Konkurrenz verliert.

Eine Möglichkeit, wie man die Konkurrenz in die Umfrage mit einbeziehen kann und dennoch verhindert, daß die Teilnehmer der »Fragebogenmüdigkeit« anheimfallen, besteht darin, das Format eines Zeugnisses zu wählen – wie dies beispielsweise die mit dem Baldrige-Qualitätspreis ausgezeichnete Firma Granite Rock, ein in Kalifornien beheimateter Fertigbetonhersteller, tat. Auf diese Weise werden die Kunden zu Lehrern und dürfen – ganz wie in der Schule – an das Unternehmen und seine Konkurrenten Zensuren verteilen. In Deutschland wären das entweder Zahlen von 1 bis 6 oder verbale Wertungen wie »Sehr gut«, »Gut«, »Befriedigend«, »Ausreichend«, »Mangelhaft« und »Ungenügend«. Das »Zeugnis« gibt dann Aufschluß über die gegenwärtige Wettbewerbsbedrohung. So können Sie beispielsweise bei Merkmalen, die nach Aussage Ihre Kunden eine wichtige Rolle in der Kaufentscheidung spielen, mit einer »2« bewertet werden, Ihr Erzrivale hingegen mit einer »1«. Die Ergebnisse können Ihnen gleichzeitig auch Informationen über eventuelle zukünftige Bedrohungen im Wettbewerb liefern. Wenn Sie eine »3« bekommen und Ihre Konkurrenten bei den gleichen Merkmalen eine »4«, dann wissen Sie, daß Sie zwar heute im Vorteil sind, daß die wahren Chancen aber demjenigen Unternehmen offenstehen, das als erstes einen Weg findet, wie es eine »1« oder »2« bekommen kann.

Haben Sie sich überlegt, wie Ihre Umfrage von Insidern »gezinkt« oder auf andere Weise manipuliert werden kann? Im Mai 1994 erhielt der Besitzer eines Ford Taurus von seinem Händler folgendes Schreiben: »Sie werden in Kürze per Post von der Ford Motor Company einen Fragebogen erhalten. Auf der Grundlage dieses Fragebogens bewertet die Ford Motor Company seine Händler [das Orginalschreiben war hier falsch!] in bezug auf die Kundenzufriedenheit. Wir bitten Sie höflich … uns mit der vollen Punktzahl von 10 zu bewerten, für die wir in der Beziehung zu Ihnen so hart gearbeitet haben! … Ich freue mich darauf, Ihren ausgefüllten Fragebogen zu lesen, wenn ich ihn von der Ford Motor Company zurückerhalte!« Der Kunde, der seit anderthalb Jahren keinen Fuß mehr in die Niederlassung dieses Händlers gesetzt hatte (nicht seit jenem Tag, als ihm die dortige Kundendienstabteilung mitteilte, man hätte keine Ahnung, weshalb das Auto plötzlich so laute Geräusche von sich gebe und dann unvermittelt langsamer werde, sobald es eine Geschwindigkeit von 80 bis 100 Stundenkilometern erreicht hatte), schüttelte nur verwundert und ungläubig den Kopf und fühlte sich mehr denn je in seiner Entscheidung bestätigt, seine Wartungs- und Reparaturarbeiten in einer kleinen Werkstatt in der Nähe durchführen zu lassen. (Falls Sie, verehrte Leser, der Meinung sein sollten, daß eine solche Geschichte nicht wahr sein *kann*, so muß ich Ihnen leider mitteilen, daß ich diesen Brief mit eigenen Augen gesehen und hieraus wörtlich zitiert habe.)

Wenn Sie das nächste Mal eine Umfrage durchführen,
sollten Sie Ihre Händler vielleicht erst davon in Kenntnis
setzen, wenn die Fragebögen bereits ausgefüllt sind,
damit sie nicht versuchen, die Ergebnisse zu beeinflussen.

Letzter Satz aus dem Schreiben,
das der verärgerte Empfänger der »Umfrage zur Kundenzufriedenheit« an die Firma Ford sandte

Alle Instrumente zur Messung der Kundenzufriedenheit lassen
sich manipulieren. Zum Beispiel kann der Fragebogen so konzipiert werden, daß die wahren Sorgen der Kunden nicht ohne
weiteres ersichtlich werden. Oder man kann – wie in dem obigen
Beispiel – den Befragten schlicht und einfach sagen, welche Antwort man von ihnen hören möchte. Die Verlierer sind in beiden
Fällen die Unternehmen. Schließlich erhalten sie nicht die Informationen, die sie zur Mängelerkennung und -beseitigung benötigen. Alle Firmen, die Kundenzufriedenheitsumfragen zur Festlegung von Prämien und anderen Zusatzleistungen einsetzen,
sind daher gut beraten, einen Blick hinter die Kulissen zu werfen
und zu prüfen, ob diejenigen, für die die Resultate positive oder
negative Konsequenzen haben, die Antworten zu steuern versuchen. (Mehr zum Thema Manipulation interner Regeln können
Sie in Kapitel 5 nachlesen.)
Noch eine letzte Warnung: Umfragen zur Kundenzufriedenheit
sollen feststellen, wie die *heutigen* Kunden die *heute* von einem
Unternehmen gebotenen Leistungen einschätzen. Definitionsgemäß geben sie also nur selten Aufschluß über Möglichkeiten
zur Akquisition neuer Kunden sowie zur Aufdeckung latenter
Kundenbedürfnisse. Wie stets in der Marktforschung, erhalten
Sie auch in diesem Fall nur Antworten auf Fragen, die Sie
tatsächlich stellen. Umfragen zur Kundenzufriedenheit sind ein
sehr guter erster Schritt, wenn Sie fundiertere Kenntnisse über
Ihre Märkte zusammentragen wollen, aber sie ermöglichen Ihnen
keineswegs, alle Gedanken Ihrer Kunden zu lesen.

Wenn Sie von Kundenzufriedenheit sprechen und diese dann mit Hilfe entsprechender Umfragen zu messen versuchen, geben Sie Ihren Kunden implizit ein Versprechen: daß Sie nämlich *tatsächlich* Maßnahmen ergreifen werden, um sie besser zu bedienen. Sie dürfen daher nicht vergessen, daß weder das vollmundige Preisen der Kundenzufriedenheit noch fantasievolle Forschungswerkzeuge genügen, um dieses Versprechen zu erfüllen. Wirklichen Nutzen können Sie aus solchen Bemühungen nur dann ziehen, wenn Sie Ihre Geschäftsusancen in Frage stellen, in Ihrer Gleichung auch andere Wettbewerber berücksichtigen und (falls Sie sich für Umfragen entscheiden) sich genügend Zeit nehmen, um Fragebögen zu verfassen, die Ihnen nützliche Informationen liefern – *und dann daran arbeiten, dem Zielmarkt im Vergleich zur heutigen und zukünftigen Konkurrenz ein besseres Preis-Leistungspaket anzubieten.* Andernfalls können Sie ebensogut Ihr Geld sparen und sollten gar nicht erst damit anfangen, Ihren Kunden Versprechungen zu machen, die Sie sowieso nicht zu halten gedenken.

10. KAPITEL

Die (unmelodische) Stimme des Kunden

Wo sind die lästigen Querulanten, die uns sagen, wo's langgeht?

> *Stimme des Kunden. Die nervigen, unzusammenhängenden Klagen der ewigen Nörgler, die niemals zufrieden, aber trotzdem nicht sonderlich fantasievoll sind. Am besten begegnet man ihnen mit Marktforschung, die uns genau sagt, was wir sowieso erwarten, und somit bestätigt, was wir unserer Meinung nach bereits gehört haben.*

Man könnte glatt den Eindruck gewinnen, die »Stimme des Kunden« sei der neue Chorgesang, dem alle erfolgreichen Unternehmen von heute lauschen. Das wiedererwachte Interesse an der Botschaft des Marktes hat ein Gutes: Aussagen derzeitiger und potentieller Kunden sind so wichtig, daß man sie gar nicht oft genug wiederholen kann. Es gibt aber auch eine Schattenseite: Bei den heute so beliebten reflexiven Kundenhuldigungen werden häufig zwei wesentliche, immanente Gefahren nicht berücksichtigt. Erstens ist da der »Filterfaktor«, wie wir ihn nennen könnten: Da die Stimme der Kunden oft alles andere als wohlklingend ist, hört man sich zwar an, was sie zu sagen haben – nur um es dann als störende Tiraden oder blühenden Blödsinn abzutun. Zweitens geht eine gewisse Gefahr vom sogenannten »GIGO-Effekt« aus: Es ist erstaunlich einfach, Marktforschung in Übereinstimmung mit dem GIGO-Prinzip zu betreiben (»garbage in, garbage out« bzw. »Wer Müll sät, wird auch Müll ernten«). Auf diese Weise erhalten Unternehmen dann völlig verzerrte Untersuchungsergebnisse, die sie dennoch wie eine »Offenbarung Gottes« behandeln. Nur wer den vom Filterfaktor und vom GIGO-Effekt ausgehenden Gefahren wirksam begegnet, kann daher sein Interesse an der »Stimme des Kunden« von einer mechanisch angewandten Modeerscheinung in eine schlagkräftige Wettbewerbswaffe verwandeln.

Wie schaltet man den Filterfaktor aus? Oder: Denken Sie ja nicht, die Stimme des Kunden klinge wie die einer Turteltaube, sonst überhören Sie nämlich das eigentlich Wichtige – die Dissonanzen!

In dem Ausdruck »Stimme des Kunden« schwingt etwas Poetisches, Bezauberndes mit. Ich fühle mich dabei unwillkürlich an das Hohelied Salomos (2: 10–12) erinnert:

> *Mein Freund antwortet und spricht zu mir:*
> *»Steh auf, meine Freundin, meine Schöne, und komm her!*
> *Denn siehe, der Winter ist vergangen, der Regen ist vorbei und dahin.*
> *Die Blumen sind aufgegangen im Lande, der Lenz ist herbeigekommen,*
> *und die Stimme der Turteltaube läßt sich hören in unserm Land.«*

Leider klingt die Stimme des typischen Kunden keineswegs wie die einer Turteltaube. Ihr Gesang ist melodisch und wohltuend, während die Stimme des Kunden oft disharmonisch und geradezu nervtötend klingen kann. Unternehmen stehen daher vor der Herausforderung, diesem schrillen Organ zuzuhören und dabei die relevanten Marktinformationen zu extrahieren – ob sie nun vom externen (Kunden) oder vom internen (Mitarbeiter) Markt stammen.

Wie die Erfahrungen von Marks & Spencer (M&S) zeigen, schlagen Kunden selbst dann noch diese grellen Mißtöne an, wenn sie – wie in diesem Fall – von einem Branchenprimus bedient werden. M&S ist das profitabelste Einzelhandelsunternehmen in Großbritannien; 1992 erzielte es einen Umsatz von 737 Millionen Pfund. Nahezu ein Fünftel aller Bekleidungsausgaben der Briten entfällt auf M&S – ein durchschlagender Beweis für die außergewöhnlichen Leistungen des Unternehmens, das seine Kunden sehr genau kennt und auf sie einzugehen vermag. Die Forscher Jacques Horovitz und Michele Jurgens Panak beschreiben in ihrem Buch *Marktführer durch Service*, wie M&S in der Marktforschung auf den »Grundsatz der raschen Reaktion und der Flexibilität« setzt. Wenn die Kunden ein Produkt nicht haben wollen, wird es sofort aus dem Sortiment genommen. Wenn es reißenden Absatz findet, werden die Lagerbestände unverzüglich aufgestockt.

Marks & Spencer und die nicht gerade wohlklingende »Stimme des Kunden« trafen allerdings einmal recht kurios aufeinander, als der *Economist* in einem Artikel den Einzelhandelsgiganten in den höchsten Tönen lobte und mit folgenden Worten schloß: »Margaret Thatcher kaufte ihre Unterwäsche bei Marks & Spencer. Mr. Major sollte es ihr gleichtun.« Neben diesem Kommentar befand sich eine zweimarkstückgroße Zeichnung der Vorderansicht eines knappen Männerslips mit dem Etikett der Marks & Spencer-Hausmarke »St. Michael« an der Rückseite des Kleidungsstücks.

An eben dieser Zeichnung entzündeten sich in der Folge die Gemüter. Sir Graham Hill aus Laigh Threepwood, Ayrshire, etwa beklagte sich in einem Leserbrief an den *Economist:* »Sie sollten wissen (und das ist keine Bagatelle), daß sich das Etikett in Wahrheit an der rechten Seite der Hose befindet, und dort ein wenig störend für jemanden ist, der sein Unterhemd nicht in der Unterhose trägt, sondern darüber.« Herr Keith Appleyard aus Brighton erwiderte darauf, daß das eigentliche Problem nicht der

Anbringungsort sei, sondern vielmehr die Tatsache, daß »das Etikett inzwischen über 5 Zentimeter lang und an einem Ende festgenäht ist ... und dabei aus einem relativ unnachgiebigen Material besteht, das an und für sich schon kratzt«. Herr Donald King aus Swanley schaltete sich mit einer Drohung ein: »Die Hersteller sind offenbar der Ansicht, daß die Etiketten länger halten sollten als die Unterhosen selbst. Sie sollten diese Angelegenheit ernst nehmen, weil wir Männer ansonsten keine Unterhosen mehr tragen werden!« Das letzte Wort hatte Herr Bill Boyd aus Johannesburg, Südafrika. Er schlug folgende Lösung vor: »Tragen Sie Ihre Slips mit der Innenseite nach außen. Der einzige, wenn auch geringfügige Nachteil dabei ist, daß Sie dann mit beiden Händen gleich geschickt sein müssen.«

Marks & Spencers finanzielle Ergebnisse deuten darauf hin, daß es der Mehrzahl seiner Kunden so gut zuhört, daß es die Konkurrenz ausstechen kann. Wie jedoch die Diskussion über die Männerunterhosen zeigt, sind einige Kunden trotz alledem der Ansicht, daß ihre Meinung nicht genügend Gehör findet. Daher schlagen sie alles andere als wohlklingende Töne an. Ich weiß nicht, wie die PR-Abteilung von Marks & Spencer auf diese Briefe reagierte (obwohl Sir Grahams frühere Beschwerden offenbar auf taube Ohren gestoßen waren). Eines weiß ich jedoch sicher: Unternehmen können diese unangenehmen und unbequemen Kommentare nutzen, um sich neue Chancen zu eröffnen – selbst bei Männerunterhosen. Das tat beispielsweise die Firma Fruit of the Loom unlängst, als sie ein neu entworfenes Produkt aus schwererem Stoff mit bequemerem Bund herausbrachte und dann schnell noch weitere Verbesserungen einführte. Grundlage hierfür waren Beschwerden, die Fernfahrer wie der 110 Kilogramm schwere Ralph Hendrikson vorbrachten, die die Hosen eine Woche lang ausprobiert hatten.

Im Gegensatz zu Fruit of the Loom bemühen sich viele Firmen, Mißtöne nach Kräften zu ignorieren, und hören daher nur auf die Stimme jener Kunden, die tatsächlich wie die Turteltauben gurren. Ein Paradebeispiel hierfür ist das Auktionshaus Chri-

*Ich habe vergeblich versucht, M&S davon zu über-
zeugen, daß das lästige Etikett wieder an der ursprünglichen Stelle befestigt werden sollte ... Weder mein Schrift-
verkehr mit M&S noch ein persönliches Gespräch mit
dem Geschäftsführer konnte dieses stets so verbraucher-
freundliche Einzelhandelsunternehmen davon überzeugen, daß es diesen geringfügigen Fehler in seiner Produktpalette korrigieren muß.*

Schlußpassage aus Sir Graham Hills Schreiben

stie's. Zu Beginn des 20. Jahrhunderts regierte das Unternehmen
ohne nennenswerte Konkurrenz unangefochten in der Welt der
Auktionshäuser. Der Aufstieg von Sotheby's in die Spitzenliga
war unter anderem auf seine Bereitschaft zurückzuführen, lange
vor Christie's die Kubisten zu fördern. Während sich Sotheby's
immer mehr auf diesem wachstumsstarken Markt engagierte,
hielt sich Christie's diskret im Hintergrund. Der Grund: Trotz
der Zuwachsraten, die Sotheby's bei der Versteigerung kubisti-
scher Gemälde verzeichnete (gewiß das deutlichste Anzeichen
für die »Stimme des Kunden«), konnte sich Sir Alec Martin, der
von 1940 bis 1958 die Geschicke von Christie's lenkte, beim besten Willen nicht vorstellen, weshalb jemand, der auch nur ein
Fünkchen Geschmack mitbrachte, sich für solche Bilder interessieren sollte. Einer der Rechtsanwälte von Christie's, Anthony
Lousada, erinnerte sich später: »Ich weiß noch, wie ich eines
Tages zu Christie's kam und mit ihm [Sir Alec] durch die Räume
ging, als dort eine beträchtliche Anzahl wichtiger Werke von Pi-
casso, Braque und anderen hingen, und Alec sie im Vorübergehen als ›diesen Unrat‹, bezeichnete.«
Sowohl die »Große Debatte um die Männerslips« als auch das
»Große kubistische Debakel« veranschaulichen das Prinzip, das
dem Filterfaktor zugrundeliegt: Viele Firmen verstehen die
»Stimme des Kunden« als das Gezeter undankbarer, ewig unzu-
friedener Zeitgenossen oder als Meinungsäußerungen von Fle-

geln, die ohnehin keinerlei Geschmack haben. Dieses Schimpfen und Murren kann einem zu Ohren kommen, ob man nun Marktforschung betreibt oder nicht. Wenn Sie Glück haben, werden Sie diese unangenehmen Töne über einen von vielen Kanälen erreichen: Reklamationen über Ihre gebührenfreie Telefonnummer, Feedback von den Verkäufern Ihrer Produkte, Gespräche auf Fachmessen, Tendenzen in Ihren Garantiedaten, per Email übermittelte Nachrichten, Ergebnisse formaler Marktforschungsprogramme, beiläufige Bemerkungen Ihrer Nachbarn – und sogar Leserbriefe an den *Economist*.

Solche Dissonanzen sind leicht zu erkennen: Wenn Sie etwas hören oder lesen, das Sie ärgerlich, empörend oder unglaublich finden, müssen Sie unbedingt einen Augenblick innchalten und sich fragen, ob hinter dem Gejammer nicht tatsächlich ein triftiger Grund steckt und ob man dem Kunden nicht doch entgegenkommen könnte. Das erfordert Mut und Disziplin, da Ihnen alle Ihre Instinkte sagen werden, Sie sollten das soeben Gehörte doch tunlichst ignorieren. Aber wenn Unternehmen Informationen zusammentragen und ihre Manager diese als dummes Geschwätz abtun, werden sie niemals von der »Stimme des Kunden« profitieren, ganz gleich, wie ehrfürchtig sie dieses Ziel intern zum Evangelium erheben. Die Frage lautet also: Wenn Kunden ihre Sorgen äußern, hören Sie dann ein Nörgeln, von dem Sie glauben, es zu Recht ignorieren zu können, – oder betrachten Sie die Beschwerden eher als wertvolle Marktinformationen, mit deren Hilfe Sie Ihre Position gegenüber dem Kunden verbessern können?

Wie geht man mit dem GIGO-Effekt um? Oder: Hüten Sie sich vor Untersuchungen, die Ihre Erwartungen exakt bestätigen und Ihnen somit erlauben, das eigentlich Wichtige zu ignorieren

Als die Informatik noch in den Kinderschuhen steckte, wurde häufig behauptet, daß ein- und dieselben Daten glaubwürdiger wirkten, wenn sie auf Computerpapier ausgedruckt, anstatt handschriftlich oder per Schreibmaschine aufgezeichnet wurden. Diejenigen, die mit den Daten herumspielten, wußten jedoch, daß fehlerhafte Algorithmen zu fehlerhaften Ergebnissen führten. Für dieses Phänomen prägten sie das englische Akronym GIGO (»garbage in, garbage out«).

Auch in der Marktforschung führt unsinniger Input zu sinnlosem Output. Viele Kunden teilen ihren Lieferanten nicht mit, warum und wie sie einen Markt aus einer bestimmten Warte heraus sehen. Statt dessen lassen sie ihren Geldbeutel sprechen und wenden sich Konkurrenzangeboten zu, wenn sie diese als vorteilhafter empfinden. Die Marktforschung und all das damit verbundene Gerede über »die Stimme des Kunden« dient natürlich dem Zweck, ein solches Verhalten bereits von vornherein zu verhindern. Wenn sich jedoch der GIGO-Effekt bemerkbar macht, verdecken fehlerhafte Untersuchungskonzepte Informationen, die eigentlich wichtig wären. Drei besonders schädliche Varianten des GIGO-Effekts sind heute weit verbreitet. *Erstens:* Die Suche an den Orten, wo man die Daten zu finden hofft – nicht dort, wo sie tatsächlich sind. *Zweitens:* Diskussionen mit Kunden, von denen Sie nur hoffen, daß Sie Ihren Markt repräsentieren – was jedoch gar nicht stimmt. Schließlich *drittens:* Fragestellungen, die der Adressat nicht richtig beantworten kann oder will.

Suche nach Daten an den Stellen, wo man sie zu finden hofft

Eine Ursache für den GIGO-Effekt ist die Beschränkung der Forschungstätigkeit auf diejenigen Variablen, von denen man hofft, daß sie das Marktgeschehen erklären können – unter Ausschluß aller schwer quantifizierbaren und daher »unbequemen« Faktoren. So investieren beispielsweise viele Unternehmen schwerpunktmäßig in Untersuchungen, die ihnen sagen, welche demographische Aufteilung auf ihren anvisierten Märkten existiert (zum Beispiel nach dem Alter oder dem Einkommen) oder wie das kulturelle Profil der Zielgruppe aussieht (etwa was die potentiellen Kunden lesen oder sich im Fernsehen ansehen). Gleichzeitig lassen sie jedoch das psychische Profil des Marktes links liegen (beispielsweise was die Abnehmer glauben und welche Einstellung sie zu einer Produktgruppe haben), da diese Daten komplexer und schwerer in Marketingpläne zu übertragen sind.

Nehmen wir als Beispiel Autokäufe. Alfred P. Sloan, der von 1923 bis 1958 General Motors vorstand, kam zu einer großen Erkenntnis: Für ihn beeinflußte der sozioökonomische Status des Käufers seine Entscheidung für oder gegen eine bestimmte Marke. Dies erlaubte den Fahrzeugherstellern, den Markt auf der Basis demographischer Gegebenheiten zu segmentieren. Chevrolets waren für einkommensschwächere Gruppen gedacht, Cadillacs für die Wohlhabenderen. Wie Peter F. Drucker betont, verlagerte sich danach in dieser Branche das Hauptkriterium für die Segmentierung jedoch auf den »Lifestyle«, eine psychographische Variable, die ebenso schwer faßbar und qualitativ ist wie die sozioökonomische Segmentierung greifbar und streng quantitativ war. Druckers Schlußfolgerung: Die Wurzel allen Übels in der amerikanischen Autoindustrie ist nicht die »fette« Produktion oder das »kurzfristige Denken«, sondern ihr hartnäckiges Festhalten an der Demographie als Identifizierungswerkzeug für die Zielkunden der jeweiligen Automarken, und das noch lange Zeit, nachdem sie ihre Aufmerksamkeit auf die Psychographie des Marktes hätte verlagern müssen.

Viele andere Unternehmen erliegen dem gleichen Irrtum. Demographie und kulturelle Präferenzen sind »mathematische Größen«; wenn wir diese Daten für unseren anvisierten Markt erheben, können wir seine Größe einschätzen und uns überlegen, über welche Medien wir ihn am besten erreichen können. Wenn aber die Faktoren, durch die sich eine Kundengruppe von einer anderen unterscheidet, Überzeugungen, Erwartungen, Hoffnungen, Werte und dergleichen einschließen, ist es weitaus schwieriger, die potentielle Marktgröße und geeignete Kommunikationswege zu bestimmen. Das ist natürlich Pech, denn die Berücksichtigung solcher nebulöser Faktoren steht somit einem *effizienten*

Marketing im Wege. Sie spielen jedoch in zahlreichen Branchen eine zentrale Rolle, von Finanzdienstleistungen über Computer bis hin zu Herrenbekleidung. Im Interesse eines *effektiven* Marketings müssen sich daher Unternehmen, die auf die Stimme des Kunden hören wollen, genau überlegen, was sie herausfinden müssen – selbst wenn dies Forschung in Bereichen erfordert, die über ihre Wunschdefinition des Marktes und der Marktchancen hinausgehen.

Diskussionen mit Kunden, von denen Sie wünschen, daß Sie Ihren Markt repräsentieren

Der GIGO-Effekt kommt darüber hinaus auch zum Tragen, wenn Sie mit einer Personengruppe sprechen, die Sie für repräsentativ für Ihren Markt halten, während dies in Wahrheit gar nicht der Fall ist. So erging es beispielsweise Xerox bei Personal Computern. Xerox erfand den Alto – mit einem Großteil der Eigenschaften, die wir heute mit dem Macintosh assoziieren. Und das viele Jahre bevor die Firma Apple überhaupt gegründet wurde. Warum vermarktete Xerox diese wundervolle Erfindung nicht? Das lag unter anderem an den Stimmen, auf die das Unternehmen hörte. Sehr aufschlußreich ist in diesem Zusammenhang, was einer der Schöpfer des Alto den Chronisten der Xerox-Saga, Douglas Smith und Robert Alexander, über die Reaktion der Topmanager und ihrer Ehefrauen auf eine Präsentation des neuen Computers erzählte: »Auffällig war, daß die Männer sich fast ausnahmslos im Hintergrund hielten und sehr skeptisch und abweisend dreinblickten. Die Frauen, von denen viele früher als Sekretärinnen gearbeitet hatten, spielten dagegen begeistert mit der Maus herum, sahen sich die Grafiken auf dem Bildschirm an und produzierten farbige Ausdrucke. Den Männern fehlte damals noch der nötige Hintergrund, um die Tragweite dieser Erfindung wirklich zu verstehen.« Die Stimmen der Topmanager mögen im Unrecht gewesen sein, doch handelte es sich um altgewohnte, vertraute Töne – und auf sie hörte Xerox. Der Bereich Damenmoden liefert ein weiteres Beispiel für diese

Ausprägung des GIGO-Effekts. Bis vor kurzem gingen viele Hersteller von der impliziten Annahme aus, daß nur Frauen bis Kleidergröße 42 sich schicke Sachen kauften. Sicherheitshalber warfen sie nur noch einige wenige Modelle in Größe 44 und 46 auf den Zielmarkt. Woher bezogen die Anbieter bloß diese Erkenntnisse? Sechzig Prozent aller Amerikanerinnen tragen mindestens Größe 42, ganze 31 Prozent sogar mindestens Größe 46. Ebenso wichtig ist die Tatsache, daß viele Frauen, denen Größe 42 nicht mehr paßt, trotzdem gut sitzende, elegant aussehende Kleidung tragen wollen – und sie sind auch bereit, dafür entsprechend Geld hinzublättern. Diese latente Nachfrage bestätigen die Zahlen für Damenbekleidung in »Übergrößen«: Zwischen 1980 und 1990 kletterte der Umsatz in diesem Marktsegment in den Vereinigten Staaten von zwei auf zehn Milliarden Dollar. Und das gilt nicht nur für Damenmoden. Der gleiche Trend ist auch bei Herrenbekleidung zu beobachten, wie der Erfolg der Kette »Casual Male Big & Tall« belegt, die in 275 Geschäften Herrenfreizeitkleidung in Übergrößen vertreibt. Jerry M. Sokol, Mitglied der Geschäftsführung bei Big & Tall, meint dazu: »Gewichtigere Männer wollen so aussehen wie alle anderen auch. Das hat früher niemand erkannt. Alle glaubten, korpulente Leute würden keinen Wert auf ihre Kleidung legen.«

In nahezu allen Fällen, in denen mir diese zweite Form des GIGO-Effekts untergekommen ist, lag die Schuld bei Managern, die sich wünschten, daß ihre Zielgruppen entweder wie sie selbst aussahen oder wie Menschen, die sie bewunderten. Leider ist das auf einer ganzen Reihe von Märkten reines Wunschdenken. Wer auf die Stimme des Kunden hören möchte, darf sich nicht nur auf den Inhalt der Aussagen konzentrieren. Er muß sich vielmehr auch überlegen, wer hier eigentlich zu Wort kommen soll; ergo: an wen seine Produkt- bzw. Marktstrategie angepaßt werden soll.

In einer epidemiologischen Telefonumfrage waren
viele der Befragten bereit, detaillierte Fragen über ihre
sexuellen Praktiken zu beantworten. Die Mehrzahl
der Teilnehmer an der gleichen Umfrage reagierte jedoch
äußerst indigniert, als ihnen allgemeine Fragen nach
ihrem Einkommensniveau gestellt wurden.

Fragestellungen, die der Adressat nicht richtig beantworten kann oder will

Eine dritte Ursache für den GIGO-Effekt sind Fragen, die so formuliert sind, daß die Umfrageteilnehmer sie nicht richtig beantworten können – oder wollen. Lügen Konsumenten absichtlich? Ich weiß es nicht. Aber ich bin mir sicher, daß viele der von Marktforschungsinstituten gestellten Fragen geradezu zum Schwindeln einladen. Gibt es nicht etliche Menschen, die – um intellektueller zu wirken – in einer Gruppendiskussion behaupten, sie würden nur Theaterstücke und dergleichen oder Sender wie Arte einschalten, während sie in Wirklichkeit regelmäßige Konsumenten von Serien wie *Roseanne* sind? (Ich für meinen Teil ziehe *Roseanne* vor.) Können Sie sich vorstellen, daß irgend jemand in einem Fragebogen zugibt, daß er Ihre Preise *nicht* für zu hoch hält? (Selbst wenn die Kunden durchaus bereit sind, Ihre derzeitigen Preise zu zahlen, werden sie die Frage als Möglichkeit begreifen, Preissenkungen zu fordern.) In beiden Fällen weckt die Fragestellung zumindest bei einem Teil der Adressaten den Wunsch, nicht ganz bei der Wahrheit zu bleiben.

Noch häufiger als Fragestellungen, die nicht ganz korrekte Antworten provozieren, sind solche, die von den Verbrauchern einfach nicht richtig beantwortet werden können. Hierzu ein ganz simples Beispiel: Auch bei Produkten, die die Konsumenten gut kennen, ist es selbst den Befragten, die dem Unternehmen wirklich helfen wollen, oft nicht möglich, präzise Informationen über die wesentlichen Kriterien in ihrer Kaufentscheidung zu liefern.

Der Grund dafür ist einfach: Sie sind sich häufig nicht bewußt, was da alles in ihre Überlegungen mit einfließt. Legen sie beispielsweise beim Kleiderkauf mehr Wert auf den Stil oder die Farbe? Spielt bei Eiscreme die stoffliche Beschaffenheit oder die Geschmacksintensität eine größere Rolle? Ist ihnen die Stereoanlage im Auto wichtiger als seine Sicherheit? Bei jeder Kaufentscheidung gehen wir als Verbraucher unbewußt bestimmte Kompromisse ein, doch wägen wir die einzelnen Faktoren nicht explizit ab. Daher wird eine einfache Checkliste auf einem Fragebogen den wahren Überlegungen nicht gerecht, die die Konsumenten beim Kauf anstellen.

Je mehr sich die Testprodukte und Dienstleistungen von den heute verfügbaren unterscheiden, desto schwieriger ist es zudem für die Verbraucher, Fragen über ihre expliziten oder latenten Wünsche zu beantworten. Die meisten Menschen können sich einfach nicht vorstellen, was sie mit Produkten oder Dienstleistungen anfangen könnten, an die sie noch niemals gedacht und die sie schon gar nicht gesehen oder ausprobiert haben. Wer hätte vorhersehen können, daß bereits am Tag nach der Einführung der ersten Polaroid-Kamera, die 1948 in den USA zum Preis von 89,75 Dollar vorgestellt wurde (mehr als *dreißig Mal* soviel wie eine Kodak Baby Brownie), die Käufer den Händlern fast die Türen einrennen würden? Wer hätte sich bei der Gründung von Federal Express durch Fred Smith vorstellen können, daß die Kunden 1973 willens sein würden, 22 Dollar bzw. fast 150 mal so viel wie für das entsprechende Porto zu bezahlen, damit ihre Briefe garantiert am nächsten Tag ausgeliefert würden? (Gewiß nicht Smiths Dozenten in Yale. Sie gaben ihm für die Seminararbeit, in der er seine Idee erstmals präsentierte, lediglich die Note »befriedigend«.)

Selbst bei weniger revolutionären Neuerungen fällt es den Verbrauchern schwer, sich potentielle Anwendungsmöglichkeiten vorzustellen. Glaubt man den Konsumentenumfragen, die seinerzeit durchgeführt wurden, hätten Anrufbeantworter wohl ein Flop werden müssen; sie wurden als unhöflich empfunden. Gleiches gilt für Styling-Gel, das auf den Testmärkten mit Pauken und Trompeten durchfiel: Es sei zu glibberig, hieß es.

Marktforscher können viele Methoden einsetzen, um den GIGO-Effekt zu bekämpfen und den Verbrauchern keine Fragen zu stellen, die sie nicht richtig beantworten können oder wollen. Zum Beispiel können sie die Umfrageteilnehmer bitten, Artikel aus bestimmten Produktgruppen auszuwählen, und dann die impliziten »Gewichtungen« herausrechnen, die den jeweiligen Vorzügen der einzelnen Produkte gegeben wurden. Fokusgruppen sind ebenfalls ein probates Mittel gegen den GIGO-Effekt, vorausgesetzt, der Moderator versteht es, die Konsumenten zum Träumen anzuregen. Und dann ist da stets noch das Verfahren, auf das Marks & Spencer und viele japanische Elektronikfirmen setzen: Sie bringen ihre Produkte einfach auf den Markt und warten dann ab, welche davon sich gut verkaufen lassen. Ganz gleich, für welche Vorgehensweise Sie sich jedoch entscheiden, Sie müssen immer gründlich überlegen, ob die Verbraucher die gestellten Fragen auch wirklich akkurat beantworten können oder wollen.

Möchten Sie, daß Sie jemand von AT&T anruft, um Ihr Problem mit Ihnen zu diskutieren?

Letzte Frage in einer Telefonumfrage an einen Spitzenmanager, der einen Anruf von einem von AT&T angeheuerten Marktforschungsinstitut erhielt, das einer Beschwerde nachgehen sollte, daß die AT&T-Telefonverkäufer zu häufig bei den Kunden anriefen, um für ihre Leistungen zu werben

---

Informationen über die derzeitigen und zukünftigen Wünsche der Kunden zu sammeln ist die Basis jeder guten Geschäftsstrategie. Allerdings bringt es nicht viel, sich die »Stimme des Kunden« anzuhören, wenn unbequeme Botschaften ausgeklammert oder als vernachlässigenswert betrachtet werden – mögen sie nun von externen oder internen Kunden, also den Käufern der Produkte und Dienstleistungen des Unternehmens oder seinen Mitarbeitern, stammen. Ebenso sind die Ergebnisse von Studien, die wichtige Daten über den Markt liefern sollen, praktisch wertlos, wenn Unternehmen sich nicht die Zeit nehmen zu überlegen, was festgestellt werden soll, wer über die gewünschten Informationen verfügt, welche Verfahren zur Datenerhebung sich im jeweiligen Fall am besten eignen und in welcher Weise sie von den neuen Erkenntnissen profitieren können. Um diese Anforderungen zu erfüllen, müssen Unternehmen wiederum mit unterschiedlichen Menschen sprechen, breitgefächerte Themen abdecken und auch einmal andere Verfahren einsetzen, als ihnen oder den von ihnen engagierten Marktforschungsinstituten gemeinhin behagt – anstatt ihre gesamte Energie darauf zu richten, die Ergebnisse der Vergangenheit zu replizieren oder den Abstand zu immer bedeutungloseren Stammdaten zu messen.

Zugegeben, die Stimme des Kunden ist häufig lästig, irreführend und nicht sonderlich fantasievoll. Was soll's? Es ist nicht seine Aufgabe, Ihnen zu sagen, was er aus welchen Gründen will. Ihre Aufgabe besteht jedoch darin, es dem Kunden *leicht* und *schmackhaft zu* machen, Ihnen die Informationen zu liefern, die Sie benötigen – und mag seine Botschaft auch noch so unmelodisch, »uninformiert« oder befremdlich sein.

11. KAPITEL

»Kundenfokussierung« und andere fixe Ideen der Produktentwicklung

Liebe macht blind

> *Kundenfokussierung. Was man zu sehen meint, wenn man dem Kunden seine Wünsche von den Augen abliest. Deckt sich in der Regel mit der eigenen Vorstellung vom idealen Produkt.*

»Kundenfokussierung«, so heißt es, sei der Schlüssel zur Entwicklung von Produkten und Dienstleistungen, die den Kunden »in Entzücken versetzen«. Daher wird vor der Entwicklung und Einführung neuer oder verbesserter Produkte und Dienstleistungen in der Regel der Input der Kunden systematisch erfaßt und in Produktspezifikationen übersetzt.

Nehmen wir als Beispiel den vielleicht strukturiertesten Ansatz, der »Kundenfokussierung« und effiziente Entwicklungs- und Einführungsverfahren kombiniert: »Quality Function Deployment« (QFD), ein Verfahren, das die japanische Firma Mitsubishi 1972 in ihrer Werft in Kobe konzipierte. Der QFD-Prozeß beginnt mit einer detaillierten Analyse der »Kundenwünsche«. Auf der Grundlage dieser Analyse führt der Weg dann über die Kundenbedürfnisse zur Produktplanung und weiter durch die verschiedenen Stufen der Produktion bis hin zur Produkteinführung. Jeder Schritt ist mit dem nächsten verknüpft; die ursprünglichen Erkenntnisse über die Kunden werden – so lautet zumindest die Theorie – so durch den Prozeß geleitet, daß die Kundenfokussierung vom ersten »Aufblitzen in den Augen des

Erfinders« bis zur Feinabstimmung der Werbung und Verpackung gewahrt bleibt.

Die Verfechter des QFD-Systems und anderer Verfahren zur Produktentwicklung verweisen auf die Möglichkeit erheblich kürzerer Entwicklungszyklen und drastisch verringerter Vor- und Anlaufkosten. Bei einem derart schnellen Vorgehen erweist es sich jedoch als schwierig sicherzustellen, daß die so rasch auf den Markt geworfenen Erzeugnisse tatsächlich Artikel sind, die die Kunden *kaufen wollen*. Jeder, der schon einmal mit einer einfachen Tabellenkalkulation gearbeitet hat, weiß, daß eine einzige falsche Grundannahme am Anfang sich durch alle Berechnungen ziehen und somit die Endergebnisse verzerren kann. Mit einem äußerst systematischen Ansatz wie QFD kann es passieren, daß man die Wünsche der Kunden zu Beginn nicht richtig interpretiert und dann das falsche Produkt auf den Markt bringt – aber eben schneller und kostengünstiger als jemals zuvor. Lawrence Sullivan, einer der ersten QFD-Experten in den Vereinigten Staaten, teilt diese Ansicht: »[Bei QFD] ist es schwieriger, nach Projektstart die Richtung zu ändern, da alle zusammenhängenden Elemente des Systems überarbeitet werden müssen.«

Wichtiger noch ist ein weiterer Aspekt: Ganz gleich, welcher Ansatz gewählt wird und welche Mechanismen eingebaut werden, um »die Stimme des Kunden zu hören« – Kundenwünsche werden häufig aus der grundlegendsten menschlichen Emotion heraus mißverstanden: aus *Liebe*. Genauer gesagt, viele Probleme sind darauf zurückzuführen, daß sich Unternehmen in ihre eigenen Produkte und Dienstleistungen oder die ihnen zugrundeliegenden Technologien verliebt haben.

Die Gestalt des Narziß aus der griechischen Mythologie illustriert dieses Dilemma der Moderne. Dieser junge Mann soll so schön gewesen sein, daß er, als er von einem Teich trinken wollte, sich in sein eigenes Spiegelbild verliebte. Er starb daraufhin an gebrochenem Herzen, weil er seinen Geliebten nicht umarmen konnte.

Wenn Mitarbeiter in den Unternehmen von heute sich in ihre eigenen Produkte und Dienstleistungen verlieben, kann das ebenfalls tödliche Folgen haben. Die Todesursache: Blindheit gegenüber allen Daten, die darauf hindeuten, daß ihre Ideen und Schöpfungen doch nicht so vollkommen sind, wie sie angenommen haben.

Der Geist des Narziß »verfolgt« viele moderne Unternehmen und kann jederzeit in der Entwicklung neuer oder verbesserter Produkte »zuschlagen«, von der ursprünglichen Konzeption bis hin zur letztendlichen Markteinführung. Wer diesen Geist bannen möchte, dem helfen Methoden und Mechanismen im Grunde nicht. Der Erfolg steht oder fällt vielmehr mit der persönlichen Bereitschaft zu erkennen, daß das, was man selbst liebt, nicht unbedingt auch für die Kunden sonderlich attraktiv ist – und umgekehrt. Aus diesem Grund ist die Suche nach Symptomen des Narzißmus im Unternehmen ein guter, wenn auch häufig vernachlässigter Ausgangspunkt für die Formulierung von Produktentwicklungsstrategien.

»Auto«-Erotik: Narziß auf der Überholspur

Kein Unternehmen ist gegen die Gefahr des Narzißmus gefeit. Er tritt nicht nur in Firmen mit mittelmäßigen Managern auf, sondern auch in Organisationen, in denen die Mitarbeiter fähig und engagiert sind, Informationen über die wichtigsten Projekte allen Beschäftigten zugänglich gemacht werden und der Prozeß der Neuproduktentwicklung und -einführung gut durchdacht und sinnvoll gegliedert ist. Dies zeigen beispielsweise die Erfahrungen, die Volvo gegen Ende 1992 machte, als es den 850er, seinen ersten PKW mit Frontantrieb, auf dem amerikanischen Markt einführen wollte.

Für Volvo stand der Erfolg dieses Vorhabens ganz oben auf der Prioritätenrangliste. Das Unternehmen ließ seine Serie 740 auslaufen, auf die in den USA 43 Prozent des Gesamtumsatzes entfiel. Das neue Modell, der 850er, war das Ergebnis von 14 Jahren Forschung, die zu einem neuen Grundmodell führen und Volvo eine gute Geschäftsbasis für das 21. Jahrhundert garantieren sollte. Die Arbeit an diesem Projekt hatte 1978 begonnen, als Volvo das »Projekt Galaxis« ins Leben rief, aus dem unter anderem das Grundkonzept für den 850er hervorgehen sollte. Die Entwicklung dieses neuen Modells war das größte Industrieprojekt in der schwedischen Geschichte. Es erforderte Investitionen in Höhe von 16 Milliarden Schwedischen Kronen. Die Präsentation des neuen Modells in der amerikanischen Öffentlichkeit war daher von zentraler Bedeutung für die Zukunft des Wagens – und damit zugleich des schwedischen Fahrzeugbauers insgesamt. Da Volvo also alles auf diese eine Karte setzen mußte, beschloß das Unternehmen, den ersten 850er (in der Variante ohne Turboantrieb) in verschiedenen Fernsehspots zur Hauptsendezeit als clevere Alternative zum Porsche zu positionieren.

Zum Porsche?!?

Zugegeben, in den Volvo-Spots wurden immer »feuerrote« Autos gezeigt, die mit atemberaubendem Tempo über den Bildschirm fegten. Auch waren sich alle Automobilexperten darin einig, daß der 850er ein fantastisches Fahrzeug war. Das neue Modell war auch etwas kleiner und runder gestylt als andere Volvos – und trotzdem sah er immer noch genauso aus wie … ein Volvo. Zwar war er dank der Fähigkeit, innerhalb von 8,5 Sekunden von null auf 90 Stundenkilometer zu beschleunigen, erheblich flotter als seine schwerfälligen, lastwagenähnlichen Vorgänger, doch gehörte er wohl kaum in die gleiche Liga wie der Porsche 911 (Beschleunigung von null auf 90 Stundenkilometer in fünf Sekunden) oder der Porsche 986 (sechs Sekunden). Ein Kritiker brachte es in der *New York Times* auf den Punkt: Der 850er ohne Turboantrieb, Baujahr 1993, sei das richtige Auto für Käufer, die auf der Suche nach »Safer Sex im Automobilbereich« waren – nicht gerade das Profil der statusbewußten Porsche-Besitzer.

Die Geschäftsführung von Volvo muß zu einer ähnlichen Schlußfolgerung gelangt sein. Wenige Monate nach der ersten Kampagne wurden die ursprünglichen Spots eingemottet und durch einen neuen ersetzt, in dem ein Mann und eine Frau in einem Panzer fuhren und betonten, daß der neue 850er ebenfalls ein typisches Produkt aus dem Hause Volvo sei, mit einer kleinen

Besonderheit: Es mache Spaß, ihn zu fahren. Erste Anzeichen deuteten darauf hin, daß diese Schwerpunktverlagerung in der Werbung ein Schritt in die richtige Richtung darstellte; 1993 entfielen ungefähr 30 Prozent von Volvos weltweitem Umsatz auf den 850er. Die Vergleichszahl für den nordamerikanischen Markt lag bei 44 Prozent und überstieg damit die Erwartungen des Unternehmens. Dank der Starthilfe durch den 850er kletterte ferner das weltweite Betriebsergebnis des Geschäftsbereichs Personenwagen auf 502 Millionen Schwedische Kronen und kehrte damit zum ersten Mal seit 1989 wieder in die Gewinnzone zurück.

Warum setzte das Management von Volvo die umfangreichen Investitionen in den 850er mit einer Werbekampagne aufs Spiel, die einen Nutzen versprach, den das Auto nicht bieten konnte, gleichzeitig aber die Vorzüge vernachlässigte, die sich die Zielgruppe wünschte, die am ehesten als Käufer in Frage kam? Ich glaube, daß sich die Volvo-Manager in ihre eigene Schöpfung verliebt hatten. Angesichts seiner Leistung und Straßenlage, die ja um so vieles besser war als bei den herkömmlichen Modellen aus dem Hause Volvo, erweckte der 850er wohl bei ihnen das *Gefühl*, sie würden in einem Porsche sitzen. Ihre logische Schlußfolgerung: Sie nahmen diejenigen Autokäufer ins Visier, deren Wunsch nach einem Porsche ihre Finanzkraft überstieg.

In Wahrheit hatte Volvo zwar das richtige Auto entwickelt, doch wurde zunächst die falsche Zielgruppe gewählt. Von finanziellen Überlegungen einmal abgesehen, spricht der 850er in erster Linie Käufer an, bei denen Sicherheit an erster, Leistung und Styling an zweiter Stelle rangiert. Porsche-Fahrer hingegen legen mehr Wert auf Leistung und Styling, während Sicherheitsgedanken bei ihnen nur eine untergeordnete Rolle spielen – wenn sie überhaupt auf ihrer Wunschliste erscheinen. Voraussetzung für den Übergang zur neuen Werbekampagne war, über die firmeninterne Betrachtung hinaus das Auto aus der Sicht der potentiellen Kunden zu sehen.

Es ist ein Beweis für die Klugheit der Volvo-Manager, daß sie die Werbekampagne so rasch umstellten. Aber sie hatten auch Glück: Der Anfall von Narzißmus in ihrem Unternehmen war kurzlebig und hinterließ kaum Spuren. Der Versuch, ein gutes

Produkt an die falsche Zielgruppe zu verkaufen, ist weitaus weniger gefährlich als der umgekehrte Fall: schlechtes Produkt, aber richtige Zielgruppe. Dieser Form des Unternehmensnarzißmus scheint General Motors mit dem Cadillac Allanté anheimgefallen zu sein, einem meiner Lieblingsbeispiele für ein Produkt, daß nur seine Schöpfer lieben konnten.

Der Allanté, ein Zweisitzer-Kabriolett der Luxusklasse, das 1987 zu einem Preis von 55 000 Dollar angeboten wurde, sollte General Motors' Antwort auf den Mercedes 560-SL und den Jaguar X-JS sein. Cadillac sah sein neues Modell als Klassiker und Luxuskarosse in europäischer Tradition: Es hatte eine »Karosserie von Pininfarina«, die in Italien konstruiert und produziert wurde und dann zur Endmontage den Sprung über den großen Teich in einer eigens umgebauten Boeing 747 machte. Aber diese italienische Romanze muß den GM-Managern den Blick für die offensichtlichen Fehler ihres neuen Gefährts verstellt haben. Die Kritiker verrissen den Allanté: Seine Motorleistung sei völlig unzureichend; er würde pausenlos quietschen und klappern; sein Innenraum sei mit Kunststoff vollgekleistert; der Mechanismus zum Öffnen und Schließen des Daches sei berüchtigt wegen seiner Kompliziertheit. Die Kunden beklagten sich darüber, daß sich die Automatikschlösser an den Türen häufig nicht mehr öffnen ließen, daß die Sitzverstellung klemme und daß an der für den Allanté eingerichteten »24-Stunden-Hotline« oftmals keiner antwortete. Die goldenen Zündschlüssel waren ein weiteres Ärgernis. Ein Kunde schrieb dazu: »Meiner Ansicht nach werden Sie wohl kaum das Image aufbauen können, das Sie anstreben … solange das Gold von den Schlüsseln abblättert.«

Selbst nach einigen Verbesserungen waren zu wenige Kunden der Meinung, der Allanté mit seiner von Pininfarina gestalteten Karosserie und der Auslieferung per Boeing 747 sei den geforderten Preis wert. Sieben Jahre nach seiner Einführung begannen auch die Manager von Cadillac, den Allanté endlich aus der Sicht ihres anvisierten Marktes zu sehen: Sie erkannten, daß sein Preis-Leistungsverhältnis einfach nicht stimmte und erklärten 1993 zum letzten Baujahr der Serie.

Hätte ein Verfahren wie QFD Volvo oder General Motors vor ihren jeweiligen Begegnungen mit der »Auto«-Erotik bewahren können? Gewiß – wenn sie die Vorgaben bis auf das I-Tüpfelchen genau eingehalten hätten. Aber genau das ist die Crux. Nur wenige neueingeführte Produkte können sich am Markt nicht durchsetzen, weil ihre Entwickler Projekte erzwungen haben, von denen sie ganz genau wußten, daß sie auf unscharfen Annahmen über die »Kundenwünsche« beruhten. Viele andere entpuppen sich jedoch als Flops oder müssen einer neuen Zielgruppe angeboten werden, weil die Liebe zu ihrer eigenen Kreation die Entwickler blind für etwaige Fehler gemacht hat.

Technozentrizität: Narziß im Labor

Die Technozentrizität ist eine ganz spezielle Unterform des Narzißmus im Unternehmen. Die Liebe, die in diesem Fall blind macht, ist der Glaube, daß neue Technologien *per definitionem* den alten überlegen sind und daher auch immer für die Kunden ein besseres Preis-Leistungspaket darstellen. Lassen Sie uns diese Variante des Unternehmensnarzißmus ein wenig genauer betrachten. Bitte beantworten Sie zur Einstimmung ein paar Fragen:

1. Alle Produkte in den beiden nachstehenden Listen wurden mit großem Spektakel angekündigt und galten als Hoffnungsträger für ihre Hersteller. Dennoch besteht ein grundlegender Unterschied zwischen den Produkten in Spalte A und in Spalte B. Welcher?

A	B
Stereoanlagen	Quadrophonie-Anlagen
Tiefkühlkost	Dehydrierte Trockenkost
Nylon (DuPonts Kunstseide)	Corfam (DuPonts Kunstleder)
Mikrowellenherde	Induktionsherde
Matsushitas Videorecorder für den Heimgebrauch	RCAs Bildplatten für den Heimgebrauch

2. Welche Beispiele beschreiben die Beziehung zwischen einer neuen und einer älteren Technologie am treffendsten? Die in »Option R« oder die in »Option S«?

Option R:
neue Technologie	alte Technologie
Faxgeräte	Telexgeräte
elektronische Taschenrechner	Rechenschieber
moderne Textverarbeitungssysteme	Schreibmaschine
Automobilbauteile	Einspännerpeitschen

Option S:
neue Technologie	alte Technologie
Radio	Zeitung
Fernsehen	Radio
Sofortbildkameras	Kleinbildkameras
Mikrowellenherde	herkömmliche Backöfen

3. Eine Reihe von Fachzeitschriften, Branchenblättern und populärwissenschaftlichen Publikationen veröffentlichen Artikel, in denen sie prognostizieren, welche Produkte auf der Grundlage neuer Technologien entstehen werden. Angenommen, Sie würden verläßliche Quellen der letzten 30 Jahre auf diese Voraussagen hin überprüfen. Wie groß wäre Ihrer Meinung nach in etwa der Anteil der eingetroffenen Vorhersagen?

Antwort auf Frage 1:
der Unterschied zwischen den Produkten
in Spalte A und B

Auch wenn es vielen auf den ersten Blick schwerfallen mag, den herausstechenden Unterschied zwischen den beiden Produktgruppen zu erkennen, scheint er dann doch auf der Hand zu liegen: Die Produkte in Spalte A waren *Verkaufsschlager;* die in Spalte B hingegen reine *Flops.* Genauer gesagt: Alle Produkte in

Spalte A boten den Kunden ein besseres Preis-Leistungspaket als die verfügbaren Alternativen, während die in Spalte B gegenüber den bereits existierenden Angeboten miserabel abschnitten. Sie sagen jetzt vielleicht »Wen wundert's«, aber dabei sollten Sie auch bedenken, daß die Produkte in Spalte B häufig im gleichen Umfang mit Investitionen und Publicity bedacht wurden wie die in Spalte A. Woran liegt das? Die wahrscheinliche Antwort hierauf lautet: Weil ein nicht unwesentlicher Bestandteil der Liebe, die ein Technozentriker zu einer neuen Technologie empfindet, sich aus dem »1. Lehrsatz der Technozentrizität« ableitet, der da lautet: »Eine neue Technologie führt immer zu einer besseren Mausefalle, und eine bessere Mausefalle führt immer zu höheren Umsätzen.« Oder, um einen berühmten Ausspruch aus dem Film *Feld der Träume* mit Kevin Costner zu paraphrasieren: »Wenn wir das Spielfeld bauen, werden sie schon kommen.«

Dieser zentrale Lehrsatz der Technozentrizität ist jedoch nicht richtig, denn eine neue Mausefalle wird sich nur dann verkaufen lassen, wenn die neue Technologie ein besseres Preis-Leistungspaket bietet als die verfügbaren Alternativen. Bisweilen können kontinuierliche Verbesserungen der zugrundeliegenden Technologie aus einem schlechten Preis-Leistungsverhältnis ein sagenhaftes Angebot machen. Als 1968 erstmals sogenannte »Fernkopierer« auf den Markt kamen, waren sie sehr teuer und konnten alle acht Stunden gerade mal eine Seite übertragen. Natürlich war das ihrer Akzeptanz alles andere als zuträglich. Die heutigen Faxgeräte sind weitaus billiger und schneller als ihre vor 25 Jahren vorgestellten Vorgängermodelle – und man findet sie praktisch überall. Trotz dieser dynamischen Entwicklung neuer Technologien wäre es ganz sinnvoll, wenn sich die Ingenieure fragten, warum und für wen ihre neuen Produkte ein besseres Preis-Leistungspaket bieten als die bestehenden Alternativen. Dann könnten sie nämlich einige »Verlierer« frühzeitig aussortieren, bevor noch weitere Investitionen in Produkte folgen, die kaum eine (oder überhaupt keine) Chance haben, sich jemals auf dem Markt zu behaupten.

(Für die Neugierigen unter Ihnen hier die detaillierte Antwort auf Frage 1: Quadrophonie-Anlagen scheiterten zum einen, weil es keine branchenweit gültigen Normen für sie gab, und zum anderen, weil die Konsumenten Platz schaffen mußten für zwei weitere Lautsprecherboxen. Beides zusammen erhöhte die Kosten, minderte die Kaufbequemlichkeit und schreckte daher viele Interessenten ab. Dehydrierte Lebensmittel waren zwar bequem, aber nicht sonderlich wohlschmeckend. Corfam kostet weniger als Leder, war aber auch weniger luftdurchlässig, was den Tragekomfort von Schuhen reduzierte, die aus diesem neuen Material hergestellt wurden. Zudem sah Corfam auch nicht wie echtes Leder aus. Für Induktionsherde benötigte man spezielle Töpfe; außerdem sind sie teurer als konventionelle Öfen. Die Bildplatte von RCA erlaubte den Benutzern nicht, Sendungen aufzuzeichnen, wenn der Fernseher nicht lief – im Gegensatz zu den gleichzeitig vorgestellten Videorecordern. Dennoch flossen beträchtliche Geldmittel in die Entwicklung aller fünf Produkte, und alle galten in der Branche als vielversprechende »neue und verbesserte« Mausefallen.)

Kevlar war die Lösung. Wir waren uns bloß nicht sicher, was eigentlich das Problem war.

Der zuständige Marketingleiter über das Produkt, das bis zum Jahr 1987 alles in allem zu Verlusten von schätzungsweise 200 Millionen Dollar geführt hatte

---

Antwort auf Frage 2:
Welche Beispiele beschreiben die Beziehungen zwischen der neueren und älteren Technologie am besten?
Die in »Option R« oder die in »Option S«?

Alle. Diejenigen in »Option R« werden häufiger in Diskussionen über neue Technologie zitiert, weil sie illustrieren, daß Neuerungen ihre Vorgänger obsolet machen und *ersetzen* können. Aber die Beispiele in »Option S« beschreiben die Beziehung zwischen Altem und Neuem ebenfalls treffend; viele erfolgreiche Techno-

logien *ergänzen* ältere, ersetzen sie aber nicht. Selbst wenn beide
Szenarien richtig sind, so leitet sich die Liebe eines Technozentri-
kers dennoch auch aus dem »2. Lehrsatz der Technozentrizität«
ab: »Das Neue kann immer nur ein Ersatz für das Alte sein.« Als
Begründung wird angeführt, daß die neue Technologie *stets* die
alte besiegen wird – ganz so, als würde das, was für den Übergang vom altmodischen Rechenschieber zum Taschenrechner
gilt, auch für alle anderen neuen Technologien gelten.

Auch dieser Lehrsatz ist nicht immer richtig. Die neue Technologie verdrängt nicht in allen Fällen tatsächlich die alte. Wendet
man dieses Paradigma des Technologieersatzes in den falschen
Fällen an, kann dies zu deplazierten Investitionen führen. Ein
Paradebeispiel sind hier die amerikanischen Hersteller von Mikrowellenherden, die mehrere Millionen Dollar in neue Merkmale wie Bräuner, programmierte Kochabläufe etc. steckten mit
dem Ziel, die Funktionen eines herkömmlichen Backofens
zu kopieren. Sie erwarteten, daß Mikrowellenherde mit diesen
Zusatzfunktionen die Backöfen konventioneller Bauart ersetzen
würden – eine klassische Strategie auf der Grundlage des zweiten
Technozentrizitätslehrsatzes. Sie zogen jedoch gegenüber den japanischen Herstellern den kürzeren, die kleinere, einfachere und
preiswertere Mikrowellenherde bauten – die »perfekte Ergänzung« zum normalen Backofen. Die japanische Strategie zahlte
sich aus, weil aufgrund der technischen Einschränkungen die Zu-
bereitung in der Mikrowelle nach wie vor ein schlechter Ersatz
für den herkömmlichen Backofen ist aber eine fabelhafte Ergänzung.

Ein Beispiel neueren Datums für diesen Lehrsatz ist die Presse.
Die Manager von Zeitungsverlagen gewöhnen sich allmählich
daran, daß ihnen immer wieder das Argument vom »Ersatz
durch neue Technologien« an den Kopf geworfen wird und man
ihnen vorhält, sie seien die Dinosaurier der heutigen Zeit und
würden sich in der Ära der Elektronik an das Papier klammern.
Häufig erzählt man ihnen, daß gedruckte Nachrichten bald der
Vergangenheit angehören werden. Die Verfechter dieser Theorie
behaupten unter anderem, daß Zeitungen durch die CD-ROM

ersetzt würden, die der stellvertretende technische Leiter einer führenden Tageszeitung bereits als ein »Medium der Zukunft« beschrieb. In einem Gespräch mit einer Gruppe von Zeitungsredakteuren und -herausgebern bat ich die Teilnehmer daher, mir zu sagen, welches Produkt bzw. welche Dienstleistungen das von der CD-ROM gebotene Preis-Leistungspaket wohl verdrängen würde. Es folgte eine nachdenkliche Pause, und dann meinten sie, am ehesten wohl die Bibliotheken und Zeitungsarchive, in denen die früheren Ausgaben ihrer Publikationen abgelegt wurden. Für die aktuelle Zeitung von heute, die am gleichen Tag gelesen werden sollte, sei die CD-ROM wohl nicht das richtige Medium. Es steht aber außer Zweifel, daß sich Zeitungen angesichts der neuen Technologien mit außerordentlichen Chancen und Risiken konfrontiert sehen. Um so mehr Grund für die in dieser Branche Tätigen, nicht blind an die Ersatztheorie zu glauben, sondern sich die schwierige Frage zu stellen, welches Preis-Leistungspaket jede der neuen Technologien aus der Sicht des Verbrauchers bietet und wer jeweils zu ihrer Zielgruppe gehört.

Einige der Kommentare, die sich die Führungskräfte aus dem Verlagswesen 1992 bei einer Branchenkonferenz anhören mußten:

Ihr seid bedeutungslos. Ihr seid ausgestorben.

Ein Marketingberater

Bereiten Sie sich auf eine Trennung vor, auf die Trennung vom Papier ... Manchmal könnte man Sie direkt für Maschinenstürmer halten. Ich rate Ihnen zu einer totalen Veränderung, zu einer Kehrtwende um 180°.

Wissenschaftler aus einem führenden technischen Institut

Es gibt da draußen viele Lösungen, die geradezu um eine Mission betteln.

Chef eines Zeitungsimperiums

Umgekehrt verhält es sich natürlich mit jenen Produkten, die gemeinhin für eine Ergänzung des bestehenden Angebots gehalten werden, es aber in Wirklichkeit ersetzen. Als die ersten Automobile gebaut wurden, glaubten manche Beobachter, sie würden einfach ein weiteres Transportmittel neben den Pferdewagen darstellen und diese keineswegs verdrängen. Das ist vielleicht der Grund, weshalb man sie anfangs auch als »selbstfahrende Kutschen« oder »Benzindroschken« bezeichnete. Ganz gleich, um welches Produkt es sich jeweils handelt, wir müssen unbedingt erkennen, auf welches Denkmuster wir uns berufen, wenn wir Analogien für einen Sachverhalt auswählen und diese dann sorgfältig abwägen. Beispiele sind wichtige rhetorische Stilmittel, mit denen man in einer Auseinandersetzung gewinnen kann. Wer aber auch am Markt Erfolge einheimsen will, muß wissen, ob die gewählten Beispiele auch die richtige Theorie für die jeweils betrachtete Technologie widerspiegeln und wenn ja, warum.

Antwort auf Frage 3:
Der Prozentsatz der mehr oder weniger richtigen
Prognosen über erfolgreiche, auf neuen
Technologien basierende Produkte

Professor Steven P. Schnaars, der die Voraussagen aus drei Jahrzehnten unter die Lupe nahm und seine Forschungsergebnisse 1989 in seinem Buch *Musterbeispiele für Markt-Fehlprognosen und wie man sie vermeiden kann* veröffentlichte, kam zu dem Schluß, daß nur 20 bis 25 Prozent aller Prognosen überhaupt in der Nähe der Wahrheit lagen.
Eine Untersuchung all dieser falschen Vorhersagen zeigt, daß ein Großteil davon vermeidbar gewesen wäre, hätten die Planer nur das Preis-Leistungsverhältnis rigoros überprüft und sich überlegt, ob die Verbraucher dieses Produkt für besser als die verfügbaren Alternativen halten würden. Erschwerend kommt zu den eigenen Prognosen hinzu, daß vielfach die Technologien so neuartig waren, daß niemand mit Sicherheit voraussagen konnte, ob die daraus resultierenden Produkte erfolgreich sein würden

oder nicht. Dieser Umstand führt uns zum »3. Lehrsatz der Technozentrizität«: »Wer wissen möchte, was eine radikal neue Technologie bieten kann, muß einfach an ihr Potential glauben und den Sprung ins Dunkle wagen, da bisherige Trends keine verläßlichen Annahmen über die zukünftigen Wünsche der Benutzer zulassen.« Der Lehrsatz verdeutlicht noch einmal, daß niemand wirklich im voraus wissen kann, wie die Technologie das Verhalten der Verbraucher und die von ihnen geschätzten Vorteile verändern wird.

Wie die ersten beiden Lehrsätze gilt auch dieser nicht in allen Fällen, aber durchaus in *einigen*. 1939 tat die *New York Times* das Fernsehen als belanglos ab, weil nur wenige Menschen die Zeit finden würden, sich hinzusetzen und auf den Bildschirm zu starren. Ebensowenig konnten sich die meisten Menschen 1979 vorstellen, daß Topmanager freiwillig tippen lernen würden, nur um einen Personal Computer benutzen zu können. Dieser Lehrsatz spiegelt das schwierigste Dilemma wider, das sich aus der Technozentrizität ergibt: Wie soll man wissen, auf welches Pferd es sich zu setzen lohnt, wo doch Technozentriker *nahezu alle* radikal neuen Technologien lieben und Novitäten nur selten mit einer Datensammlung einhergehen, die zur Prognostizierung der Marktakzeptanz ausreicht? Wer sich nicht allein auf sein Glück oder seinen Instinkt verlassen will, könnte sich beispielsweise gründlich überlegen, *wem* die neue Technologie *unter welchen Umständen welche* Vorteile bieten könnte – damit der Sprung ins Dunkle dann wenigstens auch mit *offenen Augen* erfolgt.

Technozentrizität ist eine besonders hartnäckige Form des Narzißmus im Unternehmen. Obwohl Verfahren wie QFD theoretisch technozentrische Präferenzen ausschalten, kann man sich wohl durchaus vorstellen, daß zumindest einige besonders fanatische Technologiefans die »Kundenwünsche« so definieren, daß sie ihre Entscheidung für die Entwicklung eines bestimmten Produkts rechtfertigen. Bei Technozentrikern ist eines also noch weitaus wichtiger als Matrix-Darstellungen und Methodologien: Man muß sie wieder und wieder fragen, *welche* Vorteile die neue

Technologie *welcher* spezifischen Kundengruppe bieten könnte und *wie* diese Vorteile in bezug auf Preis und Prioritäten gegenüber anderen wahrscheinlich verfügbaren Alternativen abschneiden würden.

Natürlich haben alle Kinder, die ich kenne, die »Encyclopaedia Britannica« bei der Hand, wenn sie MTV einschalten. Warum sollte sich etwas ändern, wenn man sie mit der Kongreßbibliothek verkabelt? Machen Sie sich doch nicht lächerlich!

Scott McNealy, CEO von Sun Microsystems

Die Phasen des Narzißmus im Unternehmen: Tod durch Liebe

Eine kleine Prise Narzißmus kann für ein Unternehmen sogar von Vorteil sein. Schließlich widmen sich Menschen, die leidenschaftlich an das Ergebnis ihrer Arbeit glauben, mit mehr Begeisterung der Entwicklung, Fertigung und Vermarktung ihrer Produkte und Dienstleistungen. Die Kunst dabei ist, eine gesunde Balance zu finden zwischen dieser Leidenschaft und einer objektiven Einschätzung, ob der Markt die Schönheit dieses Pflänzchens ebenfalls erkennt. Darum geht es im Grunde, wenn Unternehmen auf »die Stimme des Kunden« hören. Leider dringt das Feedback der Kunden in Unternehmen nicht weit vor, in denen der Narzißmus stark ausgeprägt ist – ungeachtet des zur Identifizierung der Kundenwünsche eingesetzten Verfahrens. Aus diesem Grund muß man unbedingt die Symptome des Narzißmus im Unternehmen erkennen, um ihm Einhalt bieten zu können, bevor er ein fortgeschrittenes Stadium erreicht. Diese Krankheit durchläuft gemeinhin verschiedene Stufen, in denen wachsendes Leugnen von Problemen mit einem immer höheren Investitionsniveau einhergeht. Der sukzessive Ablauf läßt sich wie folgt beobachten:

Ausgangsüberzeugung: Die Überlegenheit unseres Produktes ist offensichtlich. (Dieser Glaube wird häufig nolens volens von der Marktforschung unterstützt, wenn dort der GIGO-Effekt – »garbage in, garbage out« – zum Tragen kommt und den Managern bestätigt, was sie gerne hören möchten, anstatt wirklich Informationen zu liefern. Genaueres hierzu finden Sie in Kapitel 10.)

Stufe 1 der Verdrängung: Manche Mitarbeiter in unserem Unternehmen vertreten die Meinung, die Überlegenheit unseres Produkts sei nicht offensichtlich. Sie sagen, einige Untersuchungen würden auf Alarmsignale hindeuten, oder behaupten sogar, unsere Marktforschung sei nicht ordnungsgemäß durchgeführt worden. Das zeugt doch von einer unbeschreiblichen Dummheit! Vielleicht sind diese Leute nicht intelligent genug, um hier zu arbeiten. Laßt uns unverändert am ursprünglichen Entwicklungsplan festhalten.

Stufe 2 der Verdrängung: Wir brauchen dieses Produkt nur auf den Markt zu bringen – sobald die Kunden es sehen, werden sie es uns aus den Händen reißen. Volle Kraft voraus mit der Produkteinführung!

Stufe 3 der Verdrängung: Es ist schwer vorstellbar, warum die Kunden so dämlich sind. Sie wären doch ganz begeistert von diesem Produkt – wenn sie nur schlau genug wären, es zu kaufen. Laßt uns unseren Werbeetat erhöhen – wir müssen unsere Botschaft häufiger wiederholen.

Stufe 4 der Verdrängung: Die Konkurrenz, deren Marktanteil für ein deutlich unterlegenes Produkt wächst, kann bisher von Glück sagen, daß die Kunden so dumm sind. Wir werden die Gegenspieler ignorieren.

Stufe 5 der Verdrängung: Die Marktforschung, die ergeben hat, daß wir nur durch Veränderungen an unserem Produkt oder an unserem Marketing unsere Umsätze steigern können, wurde nicht korrekt durchgeführt. Der unfähige Kerl, der für diese Untersuchung verantwortlich war, gehört gefeuert. Wir müssen mehr Geld in Verkaufsförderungsmaßnahmen, Werbung und Vertrieb stecken.

Endstadium: Nachdem das Unternehmen seine Investitionen immer weiter in die Höhe getrieben hat, ohne daß Aussicht auf eine vernünftige Amortisation besteht, blutet es finanziell aus. In extremen Fällen führt die Krankheit zur Lähmung oder sogar zum Tod des Unternehmens.

Verfahren zur Systematisierung der Produktentwicklung und -einführung, die die Sammlung präziser Informationen über Kunden und Märkte beinhalten, haben selbstverständlich ihre Vorzüge. Die beteiligten Menschen und ihre Leidenschaften können sie allerdings nicht ausschalten. Immer wieder geschieht es, daß sich Mitarbeiter in ihre eigenen Produkte oder Dienstleistungen – oder auch in die zugrundeliegenden Technologien – verlieben. Ihre Leidenschaft verengt dann ihren Blick; sie sehen den Kunden nur noch durch einen verzerrten Filter. Daher hält sich der Narzißmus in vielen Unternehmen so hartnäckig. Und aus diesem Grund spielt die Betrachtung und kontinuierliche Überprüfung von Kundenbedürfnissen eine so maßgebliche Rolle in allen Verfahren zur Entwicklung und Einführung neuer oder verbesserter Produkte und Dienstleistungen. Wenn Ihnen derlei Bemühungen überzogen erscheinen, denken Sie bitte daran, daß zwar gewisse Investitionen nötig sind, um sich aus der Trance zu lösen, die die Bewunderung der eigenen Produkte oder Technologien hervorruft, daß aber Narziß an seiner Liebe zum eigenen Spiegelbild zugrundeging. So schmerzlich es auch sein mag, es lohnt sich immer, noch einmal zu überprüfen, ob Ihre Kunden Ihr neues Produkt oder Ihre neue Dienstleistung für ebenso faszinierend halten werden wie Sie selbst.

TEIL V

Fuzzy Logic

Der Sprung vom Kunden zur Strategie

»Ease your bosoms.«
(»Entladen Sie Ihre Brust.«)

Aufdruck auf der Packung der japanischen Kaffeemarke
City Oriental Coffee, mit der die Konsumenten
aufgefordert werden, sich zur Entspannung doch
ein Täßchen Kaffee zu gönnen.
Der eigentlich gesuchte englische Ausdruck:
»Take a load off your chest.«

Wenn man sich so umsieht, könnte man durchaus meinen, der Sprung von einem Markt zum anderen über Landesgrenzen hinweg sei *die* kulturübergreifende Herausforderung schlechthin. Die meisten Menschen, die im internationalen Marketing tätig waren oder sind, können mit einem eigenen Lieblingsbeispiel für einen sprachlichen Fehltritt oder ein besonders lustiges Mißverständnis aufwarten. In Wahrheit gibt es jedoch eine noch größere kulturelle Herausforderung: Umwandlung der in einer Organisation existierenden Hoffnungen, Träume und Daten in Strategien, deren Ergebnis von den Kunden als vorteilhaftes Preis-Leistungspaket betrachtet wird, ohne daß dabei der Gewinn des Unternehmens zu kurz kommt.

Vielleicht hat genau diese Schwierigkeit viele Firmen dazu verleitet, die Formulierung der Strategie als Speisekarte eines chinesischen Restaurants zu verstehen: Wählen Sie ein vorgefertigtes Denkmuster aus Spalte A, etliche vorkonzipierte Managementprogramme aus Spalte B, und ergänzen Sie dann die Details. Daher picken sich einige Unternehmen die Schablone »Kundennutzen« heraus, in der Annahme, daß die Kunden aufgrund von Verlagerungen auf der makroökonomischen Ebene erst vor kurzem entdeckt haben, daß sie an den für sie vorteilhaftesten Angeboten interessiert sind. Andere hingegen wählen »Kostenführerschaft« oder »Differenzierung« – ganz so, als seien diese beiden Variablen voneinander unabhängig.

In den nächsten beiden Kapiteln wird jedoch die These vertreten, daß diese scheinbar so einfache Wahl in vielen Fällen *nicht* zu einer siegreichen Strategie führt.

In Kapitel 12, *Die Geburt des Kundennutzens und der Tod der Markentreue. Die Rache der Kunden an kurzsichtigen Unternehmen,* wird die These vertreten, daß Kunden immer einen Nutzen aus ihren Käufen ziehen möchten – nur ändern sich die den Kundennutzen definierenden Elemente im Laufe der Zeit. Ferner wird ein Ansatz beschrieben, mit dessen Hilfe man mit den stetigen Veränderungen der Nutzen- oder Wertgleichung Schritt halten kann.

Kapitel 13, das den Titel *Strategische Prokrustesbetten. Warum die eigentliche Frage lautet »Wie differenziert und zu welchen Kosten?«* trägt, geht noch einen Schritt weiter und zeigt, weshalb Strategien, die auf einem »Entweder-oder-Denken« beruhen – »entweder« Kostenführer »oder« deutliche Differenzierung – gemeinhin zu Einsparungen am falschen Ende, unsinnigen Preiserhöhungen und/oder zur Einführung belanglosen Beiwerks führen, was wiederum die Wettbewerbsposition eines Unternehmens schwächt.

Wenn es doch nur für die Gestaltung einer Erfolgsstrategie genügen würde, die »richtige« vorgekaute Vorlage zu selektieren und dann einfach die Lücken auszufüllen! Dann könnten die Führungskräfte aller Unternehmen Sieger sein und die Zeit einer Mittagspause würde ausreichen, alle anspruchsvollen Aufgaben zu erledigen.

12. KAPITEL

Die Geburt des Kundennutzens und der Tod der Markentreue

Die Rache der Kunden an kurzsichtigen Unternehmen

Wertbewußtsein. Das völlig neuartige Ziel, das die Verbraucher in den frühen 90er Jahren des 20. Jahrhunderts entdeckten, als sie plötzlich begannen, in ihren Kaufentscheidungen einen Vergleich zwischen den Preisen und Leistungen der am Markt erhältlichen Produkte einerseits und dem ihnen zur Verfügung stehenden Geld andererseits zu ziehen. Führte unlängst zum völlig unerwarteten Tod der Markentreue.

Glaubt man der Managementliteratur, so befinden wir uns mitten in einer »Revolution«. Sie nahm offenbar irgendwann in den frühen 90er Jahren ihren Anfang, als die Kunden urplötzlich das Konzept des »Nutzens« oder »Wertes« entdeckten. Die Verfechter dieser Denkweise behaupten, daß daher auch die Bindung der Kunden an die Marken schwächer werde, denen sie bislang so standfest die Treue hielten. Oder, um dieses Argument in der Diktion der Schlagzeilen zu formulieren: Wir sind mitten im Übergang vom »Zeitalter der Markentreue« zur »Ära des Produktwertes«. Zwei Erzeugnisse werden häufig als Beispiele für diese Entwicklung herangezogen: Marlboro-Zigaretten und Kraft-Käse. Beide haben in den frühen 90er Jahren eine beträchtliche Portion ihres Marktanteils an markenlose Mitbewerber abgeben müssen.

Der Glaube an die »Nutzenrevolution« kann bei Unternehmen zu weitreichenden Veränderungen ihrer Geschäftsusancen und ihres Angebotes für den Kunden führen, da sie das neue Konzept des »Wertes« so verstehen, daß sie nur ihre nackten Produkte und Dienstleistungen mit weniger Aufwand und weniger Investitionen in Nebensächlichkeiten wie Markennamen offerieren dürfen. Bevor Sie jetzt aber davoneilen, um Ihre »nutzenorientierten« Produkte nach dieser Definition neu zu konzipieren, sollten Sie zunächst einmal darüber nachdenken, ob wir denn tatsächlich mit Fug und Recht von einer »Nutzenrevolution« oder vom »Zeitalter des Produktwertes« sprechen können und falls ja, was das für Ihr Unternehmen konkret bedeutet.

Ein guter Ausgangspunkt ist ein Blick ins Lexikon. Den Begriff des *Nutzens* erklärt *Vahlens Großes Wirtschaftslexikon* so: »Grad der Bedürfnisbefriedigung, den ein Wirtschaftssubjekt aus dem Konsum eines Gutes zieht ... Der Nutzen ist ... die Basis für den wirtschaftlichen Wert eines Gutes.« *Wahrigs Deutsches Wörterbuch* beschreibt Wert als »positive Bedeutung eines Subjekts oder Objekts im Verhältnis zu anderen«. Nach diesen Definitionen treffen Kunden ihre Kaufentscheidungen *immer* auf der Grundlage des subjektiven »Nutzens« oder »Wertes«, das heißt, sie versuchen *in jedem Fall*, das beste Verhältnis zu erreichen zwischen den Leistungen, die sie sich wünschen, den finanziellen Mitteln, die sie ausgeben können oder wollen, der Zeit, die sie mit der Suche nach den betreffenden Produkten oder Dienstleistungen verbringen müssen, und den Alternativen, die sie ausgekundschaftet haben. Was die Variablen in dieser Gleichung verändert ist nicht etwa die Frage, *ob* Kunden auf der Grundlage des Nutzens bzw. Werts kaufen oder nicht, sondern *wie* sie ihn jeweils definieren.

Das ist keineswegs semantische Haarspalterei. Eine Reihe von Faktoren können die Wertgleichung der Kunden beeinflussen. Einer davon ist die Konjunktur. Wenn das wirtschaftliche Klima kälter wird, verlagern viele Konsumenten ihre Kaufkriterien und verzichten zugunsten eines niedrigeren Preises auf bestimmte Produktmerkmale. Diese Beobachtung bestätigte eine Untersuchung, die Professor Stephen Hoch und Professor Sumeet Banerji von der University of Chicago 1993 durchführten. Sie ergab für den Zeitraum von 1972 bis 1991 eine umgekehrte Korrelation zwischen dem Anteil der Händlermarken am amerikanischen Gesamtlebensmittelmarkt und der Entwicklung der verfügbaren Einkommen der privaten Haushalte. So stieg etwa im relativ schwierigen konjunkturellen Umfeld des Jahres 1982 der Umsatzanteil der Händlermarken auf ungefähr 16,5 Prozent, fiel dann aber im vergleichsweise günstigen Wirtschaftsklima von 1986 wieder auf zirka 13 Prozent zurück. (Dabei muß man bedenken, daß bei einem Gesamtmarktvolumen von 368,5 Milliarden Dollar in dem am 30. Juni 1991 endenden Jahr eine Veränderung des Marktanteils von 3,5 Punkten im Zwölfmonatszeitraum einem Umsatzvolumen in der Größenordnung von 13 Milliarden Dollar entsprochen hätte.) Oder denken Sie nur daran, welche Konsequenzen die Eintrübung der Konjunktur für eine Gruppe von Produkten hatte, die mit Sicherheit in der oberen Preisklasse angesiedelt sind: Luxusautos. Nach dem Einbruch des Dowjones im Oktober 1987 sackte auch der Absatz dieser Autos in den USA ab. Einer der Leidtragenden waren hier BMW, die 1989 nur noch 65 000 PKW auf dem amerikanischen Markt verkaufen konnten. Drei Jahre zuvor waren es noch fast 100 000 gewesen.

Ein zweiter Einflußfaktor ist das Wettbewerbsumfeld. Wenn alte oder neue Konkurrenten die angebotenen Merkmale ein wenig einschränken, dafür aber die Preise erheblich senken und wenn den Kunden die Einschränkung des Angebotsumfangs nicht viel ausmacht, wird die neue Wertdefinition sogleich beträchtliche Preisreduzierungen erforderlich machen. Das mußten zum Beispiel die Fluggesellschaften schmerzlich erleben. Wenn Wettbewerber aggressiv neue oder verbesserte Produkte zu niedrigeren Preisen auf den Markt werfen und dabei den Leistungsumfang stetig erweitern, wird die neue Wertdefinition darauf hinauslaufen, daß die Anbieter entweder mehr Nutzen zum gleichen Preis oder den gleichen (oder gar einen höheren) Nutzen zu niedrigeren Preisen offerieren müssen. Das geschah beispielsweise in der Computerindustrie. Wenn schließlich die Nachfrage innerhalb einer Produktkategorie plötzlich die Branchenkapazität übersteigt, wird die neue Wertdefinition unter anderem wohl zu höheren Preisen führen. Jeder, der nach einem größeren Hurrikan einmal mit einem Bauunternehmer verhandelt hat, weiß davon ein Lied zu singen.

Veränderungen im Konjunktur- oder Wettbewerbsumfeld sind jedoch nicht die einzigen Faktoren, nach denen sich die Wertdefinition der Kunden richtet. Auch die von den Produkt- und Dienstleistungsanbietern selbst getroffenen Maßnahmen spielen eine wichtige Rolle. Dies führt uns wieder zurück zu Marlboro-Zigaretten und Kraft-Käse. Diese beiden Markenprodukte litten gewiß eine Zeitlang unter den Auswirkungen der Rezession, doch spielten auch die Maßnahmen der beiden Produkthersteller eine zentrale Rolle für die weitere Entwicklung. Die traurigen Geschichten dieser beiden Marken können uns eine Lehre sein: Beide zusammen zeigen uns, warum es so wichtig ist, die auf dem anvisierten Markt jeweils gültige Wertgleichung nicht aus den Augen zu verlieren und einschätzen zu können, wie sich Maßnahmen von seiten des Unternehmens selbst, Aktionen der Konkurrenz oder andere externe Faktoren vermutlich auf die Einschätzung der Verbraucher in bezug auf die verfügbaren Alternativen auswirken.

Der Anstoß zur Wertrevolution: Der Marlboro-Freitag und das große Käsemakkaroni-Debakel

Zigaretten werden als häufigstes Beispiel für den Übergang vom »Zeitalter der Markentreue« zur »Ära des Produktwertes« genannt. Teilweise ist dies darauf zurückzuführen, daß das wichtigste Ereignis in der Geschichte der Zigaretten so klar definiert werden kann: Am Freitag, den 2. April 1993 verkündete Philip Morris, daß es den Preis für Zigaretten der Marke Marlboro in den Vereinigten Staaten um 40 Cent pro Päckchen senken werde (was einer Preisreduktion von ungefähr 20 Prozent gleichkam).

Binnen kurzem wurde dieser Tag »der Marlboro-Freitag« genannt. Eine Folge dieser Entscheidung war ein deutlicher Rückgang im Betriebsergebnis der großen Tabakkonzerne. Philip Morris mußte einen Einbruch von 2,3 Milliarden Dollar hinnehmen, während RJR Nabisco Holdings (im folgenden nur RJR genannt), der Anbieter von Camel, einen Rückgang von 1,3 Milliarden Dollar verzeichnete, als es seinerseits mit einer Preisreduzierung nachzog. Eine weitere Konsequenz: Nach Berechnungen des Wirtschaftsmagazins *Fortune* sank der Börsenwert der 25 führenden Markenartikelhersteller im Konsumgüterbereich in den fünf Monaten nach Philip Morris' Preisänderung um 47,5 Milliarden Dollar. Trotz aller Unbillen hatte die Preissenkung genau die von Philip Morris beabsichtigte Wirkung: In den darauffolgenden fünfzehn Monaten kletterte der Marktanteil von Marlboro von knapp über 22 Prozent auf fast 30 Prozent – immerhin ein Absatzplus von über 36 Prozent.

Aber die eigentliche Geschichte hinter Marlboros Begegnung mit dem Tod der Markentreue begann lange vor jenem Marlboro-Freitag. Bis 1980 gab es überhaupt keine markenlosen Zigaretten. Dann führte Liggett & Myers angesichts der mageren Umsatzzahlen seiner Marken Lark und L&M eine Diskountmarke ein. Die neue Strategie beruhte auf der Verwendung billigeren Tabaks, tiefen Einschnitten im Werbeetat, niedrigeren Preisen und schmaleren Gewinnspannen, als sie die Branche jemals zuvor erlebt hatte. Ein Jahr später folgten dann die markenlosen Zigaretten mit noch niedrigeren Preisen und noch geringeren Margen. Schließlich stürzten sich alle Wettbewerber einschließlich Philip Morris und RJR in den Kampf und führten ihre eigenen Billigprodukte ein.

Und welche Maßnahmen ergriffen Spitzenmarken wie Marlboro und Camel? Während der 80er Jahre erhöhten sie die Preise zweimal im Jahr kräftig, was sich zu Steigerungsraten von 10 Prozent jährlich summierte. 1992 umfaßte die Produktpalette von RJR sowohl Diskountprodukte wie Highway (eine Händlermarke, die RJR eigens für das 800 Tankstellen umfassende Netz von British Petroleum produzierte) zu 69 Cent pro Schachtel als auch Camel mit einem Preis von zirka 2,10 Dollar – ein Unterschied von 300 Prozent. Das Absatzvolumen der Billigmarken entwickelte sich entsprechend und explodierte geradezu von 0 im Jahr 1981 auf 150 Milliarden Zigaretten bzw. 30 Prozent Marktanteil 1992, gefolgt von einer weiteren Steigerung auf über 40 Prozent im Jahr 1993.

Ähnliches gibt es auch über die Scharmützel auf dem US-Käsemarkt zu berichten, in denen sich die Marke Kraft besonders hervorgetan hat. Die Firma Kraft wurde 1988 von Philip Morris aufgekauft, doch blieb ihr Umsatz- und Gewinnwachstum deutlich hinter den Erwartungen der neuen Muttergesellschaft zurück. Offiziell erklärte der Konzern diese Situation mit dem Konjunktureinbruch und starken Preisschwankungen bei Rohstoffen. Eine Untersuchung der Managemententscheidungen weist jedoch noch in eine andere Richtung: Schuld an der Misere war auch die von Kraft verfolgte Preispolitik. 1989 und 1990 hob Kraft die Preise seiner US-Käsemarken – Kraft Singles (die in Deutschland als Scheibletten vertrieben werden) sowie für die Schmelzkäsezubereitung Kraft Velveeta und Kraft Macaroni & Cheese – wieder und wieder an. Dennoch sprangen die Verbraucher nicht ab. Dann begannen 1991 die Rohstoffpreise zu bröckeln und mit ihnen die Preise der verfügbaren Händlermarken. Der Preisaufschlag für die Kraft-Schmelzkäsescheiben betrug nun nicht mehr 30, sondern 60 Cent. In manchen Supermärkten kostete eine Packung Kraft Macaroni & Cheese 89 Cent – mehr als doppelt so viel wie das entsprechende No-name-Produkt. Die Folge: Kraft büßte 1991 beim Marktanteil drei bis vier Prozentpunkte ein, was sich in einem Umsatzausfall von mehr als 150 Millionen Dollar niederschlug. Das Unternehmen senkte daraufhin seine Preise um acht Prozent.

Zwischen der Geschichte von Marlboro-Zigaretten und Kraft-Käse gibt es einige interessante Parallelen. Es ist durchaus zutreffend, daß beide es schwieriger fanden, sich in einem rezessiven Wirtschaftsumfeld zu behaupten. Beide mußten Marktanteile an No-name-Alternativen abtreten. Und beide senkten letztendlich ihre Preise. Genauso wichtig ist jedoch auch die Tatsache, daß beide ihr eigenes Scherflein zu ihren Problemen beitrugen, indem sie das Preisgefälle zwischen ihren Produkten und den anderen Angeboten ausweiteten, ohne dabei einen größeren Nutzen zu bieten. Vielleicht waren diese Hersteller so sehr vor der Attraktivität ihrer Markennamen überzeugt, daß sie glaubten, allein schon ihr Name rechtfertige kontinuierliche Preisanhebungen. Eine solche Einstellung macht Unternehmen jedoch häufig zu Verlierern, wenn die Anbieter von Konkurrenzprodukten ihre Preise nicht im gleichen Tempo erhöhen (oder sogar senken und/oder bessere Leistungen anbieten) und die Abnehmer nicht an einen bestimmten Hersteller gebunden sind.

Das soll jedoch nicht heißen, daß sich Philip Morris und RJR nicht in einer schwierigen Lage befanden. Es fiel ihnen nicht leicht, die großzügigen Gewinnspannen ihrer Markenartikel aufzugeben (vor April 1993 war die Marge bei einer Schachtel Camel ungefähr zehnmal so hoch wie die eines markenlosen Produkts). Außerdem hatte die Kultur der Markenführerschaft zu einer so tödlichen Form der Selbstzufriedenheit geführt, daß bei einigen Konsumgüterherstellern das Wort »Preiskalkulation« zum Synonym von »Preiserhöhung« geworden war, nach dem Motto: »Die vom Konzern vorgegebenen Ziele können wir am besten über die Preiskalkulation erfüllen.« Schließlich war die Zeitspanne zwischen den Preiserhöhungen und der Kundenfluktuation in den meisten Fällen lang genug, um den leidenschaftlichen Wunsch der Unternehmen zu bestätigen, daß ihre Artikel tatsächlich nicht preissensitiv seien – das heißt, daß ihre Absatzmengen nicht (oder nur kaum) zurückgehen würden, wenn ihre Preise sich nach oben bewegten.

Obwohl es nicht von der Hand zu weisen ist, daß Philip Morris und RJR vor echten Problemen standen, waren diese doch gleichzeitig irrelevant. Das Hauptanliegen der Kunden besteht nämlich stets darin, sich das beste Preis-Leistungspaket unter Berücksichtigung ihrer Standards und Sachzwänge zu sichern. Über die Frage, wie die Firmen, von denen sie kaufen, kurzfristig ihre Gewinne maximieren können, denken sie wohl kaum nach. Unternehmen, die ihre Preise im Vergleich zu den verfügbaren

Alternativen immer weiter in die Höhe schrauben, ohne parallel dazu die Leistung anzuheben, sollten sich daher nicht wundern, wenn eine signifikante Anzahl von Verbrauchern ihnen durch Abwanderung demonstriert, daß die betreffenden Markennamen die kontinuierliche Eskalation der Preisspirale nicht wert sind.

Markentreue ähnelt einer Zwiebel. Sie hat Schichten und einen Kern. Der Kern sind die Kunden, die es bis zum Schluß mit einem aushalten.

Edwin Artzt, CEO von Procter & Gamble

Ein erfolgreicher Hersteller verkauft seinen Artikel zu einem Preis, der über den Fertigungskosten liegt. Die Differenz ist dann sein Gewinn. Aber der Kunde kauft den Artikel nur, weil er für ihn mehr wert ist, als er dafür zahlt. Die Differenz ist sein Gewinn. Niemand kann mit der Herstellung eines Produktes einen Gewinn erzielen, wenn nicht die Nutzung dieses Produktes für den Kunden ebenfalls gewinnbringend ist.

Samuel Barrett Pettengill (1886–1974), US-Kongreßabgeordneter

---

Die erste Verteidigungslinie: Behalten Sie die Alternativen im Auge

Die erste Verteidigungslinie gegen die Rache der Kunden, die Philip Morris, Kraft und andere Markenartikler zu spüren bekamen, besteht darin, die Alternativen im Auge zu behalten, aus denen der Abnehmer wählen kann. Da sich alle Angebote durch ihre Leistungen für die Konsumenten sowie ihren Preis charakterisieren lassen, können Sie sie in einem Raster darstellen, das die jeweiligen Preis-Leistungspakete zeigt, die um den Geldbeutel des Kunden konkurrieren. Ich nenne dieses Raster eine »Preis-Leistungskarte«.

Die x-Achse in dieser Darstellung zeigt die Leistungen der einzelnen Alternativen aus der Sicht des Kunden. Dabei nimmt die Leistungsqualität von links nach rechts stetig zu. An der y-Achse wird aufsteigend der Preis pro Stück oder pro Nutzung abgetragen, je nachdem, wie der Kunde den Preis kalkuliert. Die daraus resultierenden Punkte im Raster, die sich in einem mehr oder weniger breiten Band von unten links nach rechts oben bewegen, illustrieren, welchen Preisaufschlag Kunden akzeptieren, wenn sie dafür mehr Leistungen erhalten. Produkte, die weit über diesem »Wertband« liegen, werden ohne Preissenkung vermutlich nur schwer ihren Marktanteil behaupten können. Diejenigen aber, die deutlich unter diesem Bereich liegen, werden ihren Konkurrenten Marktanteile abjagen.

Nehmen wir als Beispiel die Preis-Leistungskarte Nummer 1. Sie könnte praktisch für jedes beliebige Produkt gelten – von Käse über Zigaretten bis hin zu Betonbausteinen oder

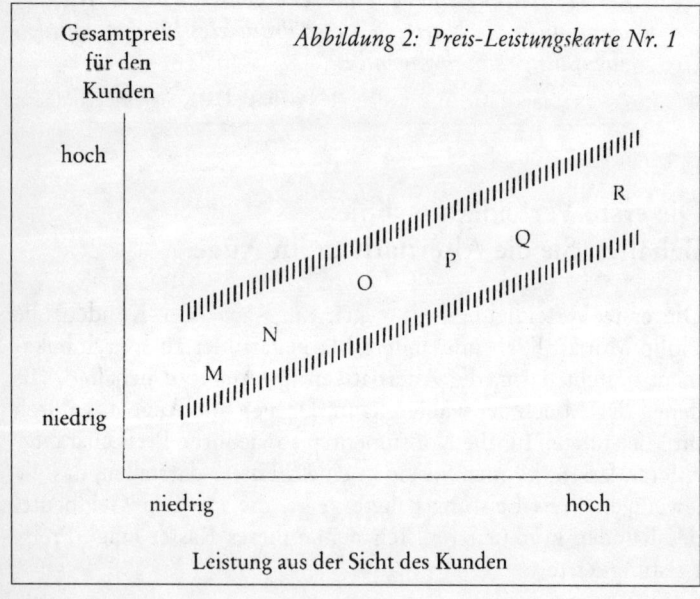

Abbildung 2: Preis-Leistungskarte Nr. 1

CAD/CAM-Systemen. Auf dieser Karte stecken die Punkte M, N, O, P, Q und R das Wertband ab. Jede der Positionen innerhalb dieses Bands repräsentiert für die jeweiligen Käufer einen bestimmten Wert bzw. ein vorteilhaftes »Preis-Leistungspaket«. Aus diesem Grund ist keine Position innerhalb des Wertbands von Haus aus den anderen überlegen. Die jeweils beste Position hängt vielmehr vom Gesamtkontext ab: von den mit den einzelnen Punkten verbundenen Stückzahlen und Gewinnspannen, von den Markttrends, die sich auf Umsatz und Margen auswirken, sowie von der Fähigkeit des Unternehmens, seine Wettbewerbsposition zu verteidigen. Die beste Position ist daher gekennzeichnet von einem überdurchschnittlich dynamischen Gewinnwachstum, unabhängig davon, welcher Punkt das vom Betrachter bevorzugte Produkt repräsentiert oder welche Position auf dieser Karte besonders »hoch« oder »niedrig« erscheint.

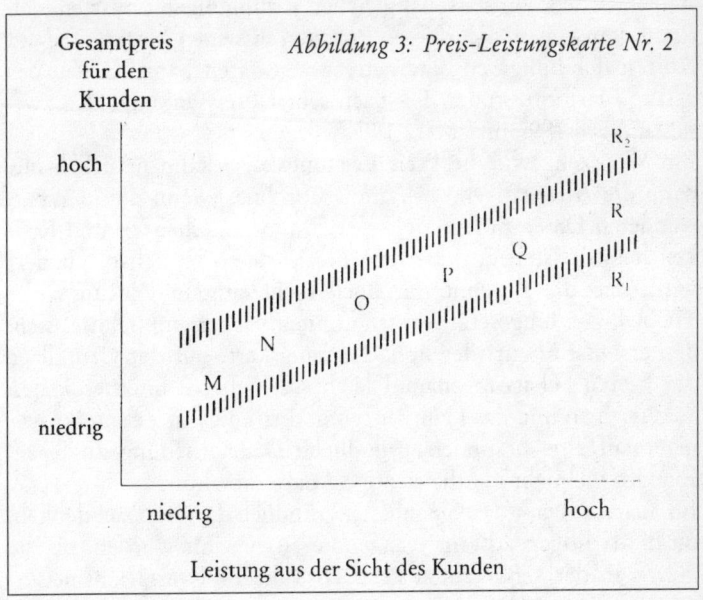

Abbildung 3: Preis-Leistungskarte Nr. 2

Ein Vorteil dieser Betrachtungsweise besteht darin, daß man mit Hilfe einer Preis-Leistungskarte vorhersagen kann, wie sich Marktbewegungen wahrscheinlich auf den Marktanteil und die Gesamtrentabilität eines bestimmten Produkts auswirken werden.

Betrachten wir nun das Unternehmen, das Produkt R in der Preis-Leistungskarte Nummer 2 herstellt. Es wird wahrscheinlich in Schwierigkeiten geraten, wenn es zu Position R2 überwechselt (also seinen Stückpreis anhebt, ohne sein Leistungsangebot zu erweitern), *wenn* gleichzeitig die Konkurrenzmarken an ihren alten Preis-Leistungspaketen (oder »Wertpositionen«) festhalten. In solchen Fällen weiß man im allgemeinen, was als nächstes passieren wird: je höher der Preisaufschlag für *R*, desto wahrscheinlicher wird es, daß sich einige Verbraucher für Alternativen mit niedrigerem Preis und geringerer Leistung entscheiden. Genau das geschah bei Marlboro-Zigaretten und Kraft-Käse. Wenn dagegen R_2 für den alten Preis und R_1 für den neuen steht, würden wir bei sonst gleichen Bedingungen erwarten, daß *R* auf dem neuen, niedrigeren Preisniveau seinen Marktanteil auf Kosten der billigeren Alternativen ausweiten kann. Genau das gelang Marlboro in der Zeit nach seiner Preissenkung, also zwischen April 1993 und März 1994.

Ein Werkzeug wie die Preis-Leistungskarte kann natürlich nur dann die Alternativen wirksam beobachten, wenn die hier verwendeten Daten präzise genug sind, um die Chancen und Risiken herauszustellen, und wenn die Karte so schnell produziert wird, daß die Erkenntnisse noch rechtzeitig in wirkungsvolle Maßnahmen umgesetzt werden können. Daher empfiehlt es sich, den ersten Entwurf der Preis-Leistungskarte auf der Grundlage der besten Schätzungen und leicht verfügbarer interner Daten anzufertigen und das Hauptaugenmerk zu diesem Zeitpunkt weniger auf eine besonders gründliche Datenerhebung zu legen, sondern vielmehr auf die richtige Analysestruktur.

Im Klartext heißt das: Sie müssen gründlich darüber nachdenken, ob die richtigen Alternativangebote ausgewählt wurden, ob die Werte an der senkrechten Preisachse die Preisvergleichsmethoden der Kunden akkurat widerspiegeln und ob die Werte an der waagerechten Achse – mithin die Leistungen – gleichfalls den von den Kunden angestellten Leistungsvergleichen entsprechen.

1. Schritt: Auswahl der richtigen Alternativen

Der *erste Schritt* auf dem Weg zu einer Preis-Leistungskarte ist die Analyse der wichtigsten historischen Entwicklungen in der Definition der Begriffe »Wert« und »Nutzen« durch die Kunden. Damit soll sichergestellt werden, daß die Karte alle Optionen skizziert, die Kunden in ihrer Kaufentscheidung in Betracht ziehen. Stellen Sie sich beispielsweise vor, wir würden eine Preis-Leistungskarte für Zigaretten für das Jahr 1991 zeichnen, in die wir Marlboro, Camel und andere Markenzigaretten, nicht aber Billigmarken und markenlose Zigaretten aufnehmen. Eine solche Karte hätte uns suggeriert, daß sich die Markenführer untereinander nicht sonderlich gefährlich werden können, hätte aber völlig außer Acht gelassen, welche Risiken sie für sich selbst durch ihre kontinuierlichen Preisanhebungen ohne entsprechende Leistungsverbesserungen heraufbeschworen.

Ein ähnliches Bild ergibt sich, wenn Sie sich eine Preis-Leistungskarte für Käsemakkaroni in den Vereinigten Staaten für das Jahr 1991 vorstellen, in der Produkte von Kraft und seinem US-Hauptkonkurrenten Borden aufgenommen werden, nicht aber die Händlermarken oder andere neuartige Alternativen (zu denen damals das »Teenage Mutant Ninja Turtles Cheese and Pasta Dinner« gehörte). Diese Karte hätte nicht gezeigt, was für einen wunderbaren Preisrahmen Kraft für die Anbieter von Händlermarken (zum Beispiel A&P) oder Produzenten neuartiger Varianten absteckte (zum Beispiel Primera Foods Inc., die das oben erwähnte Kindergericht in seiner leuchtend violetten Schachtel und den eingestanzten vier Turtles in ihrer ganzen grünen Pracht feilboten). Wenn nicht alle von den Kunden möglicherweise als relevant betrachteten Optionen dargestellt werden, kann ein Instrument wie die Preis-Leistungskarte die Wertdefinition der Kunden auch nicht sinnvoll abbilden.

2. Schritt: Kostenanalyse aus Kundensicht

Unternehmen, die eine Preis-Leistungskarte erarbeiten möchten, müssen sich *zweitens* überlegen, wie die Kunden beim Vergleich der ihnen zur Verfügung stehenden Alternativen *ihre Kosten* kalkulieren. In der Regel ist das schwieriger, als es auf den ersten Blick erscheinen mag, und zwar aus zwei Gründen. *Erstens* besteht in vielen Produktkategorien nur wenig Ähnlichkeit zwischen dem Preis, den die Kunden tatsächlich zahlen, und den Listenpreisen der Anbieter. Selbst grobe Schätzungen der Vergleichspreise können recht mühevoll sein, da die Auswirkungen von Preisnachlässen, Rabatten oder direkt vereinbarten Preisminderungen berücksichtigt werden müssen.

Zweitens wird die Kostenanalyse aus Kundensicht zusätzlich erschwert, da in die Preisvergleiche der Abnehmer implizit mehr einfließen kann als nur der ausgezeichnete Preis pro Packung, Artikel oder Serviceleistung. Manchmal sind die Überlegungen der Kunden ganz einfach nachzuvollziehen, zum Beispiel wenn zwar die Packungsgröße gleich ist, nicht aber die abgepackte Stückzahl oder das Produktgewicht. In anderen Fällen ist diese Berechnung nicht so leicht, zum Beispiel wenn ein Anbieter seine Abnehmer davon überzeugt, daß seine Produkte oder Dienstleistungen zwar in der Anschaffung mehr kosten, aber geringere Folge- und Nebenkosten nach sich ziehen oder den Kunden andere Kosten ersparen. Das gilt generell für Industriegüter, trifft aber bisweilen auch auf Konsumprodukte zu. So führen beispielsweise die Hersteller von Luxusautos häufig das Argument ins Feld, daß der höhere Preis ihrer Fahrzeuge vor dem Hintergrund eines höheren Wiederverkaufswerts und niedrigerer Wartungskosten gerechtfertigt sei. Mit einem ähnlichen Argument wirbt etwa die Firma Pine-Sol, die Markenreiniger produziert: Zwar sei bei ihrem Produkt der Preis pro Flasche höher als bei vergleichbaren markenlosen Reinigungsmitteln, doch würde dieser anfängliche Preisunterschied durch eine konzentriertere Lösung mehr als wettgemacht, da eine Flasche Pine-Sol weitaus ergiebiger sei als die Konkurrenzprodukte. Ob es sich nun um eine Limousine im Ausstellungsraum eines Autohändlers oder um eine Putzmittelflasche im Regal eines Supermarktes handelt – was zählt, ist der »angepaßte Preis«, den die Kunden tatsächlich bei Vergleich verschiedener Alternativen verwenden.

3. Schritt: Beschreibung der Vorteile

Der *dritte Schritt* in der Entwicklung einer Preis-Leistungskarte ist die Beschreibung des »generischen« Grundnutzens sowie des alles entscheidenden »differenzierten« Zusatznutzens eines Produkts oder einer Dienstleistung. Unter dem differenzierten Zusatznutzen verstehe ich die Vorteile, die ein Produkt auf der waagerechten Achse der Preis-Leistungskarte nach rechts wandern lassen. Er kann vielerlei Gestalt annehmen: mehr Leistungsfähigkeit (Barthaare entfernen kann man sich mit jeder Rasierklinge, aber Gillette-Klingen sind besonders sanft und gründlich), konsequent einheitliche Qualität (jeder Kiosk am Straßenrand ist in der Lage, einen Hamburger zu braten, aber McDonald's bietet zu jeder Zeit und an jedem Ort den gleichen Geschmack und Nährwert in der gleichen sauberen Umgebung), ein überlegenes Image (jedes Strickhemd bedeckt Ihren Oberkörper, aber das kleine Pony auf dem Poloshirt von Ralph Lauren zeigt darüber hinaus auch noch, wer Sie sind und wie Sie leben oder leben möchten). (Kapitel 13 geht noch genauer auf den Aufbau und die Steuerung des differenzierten Zusatznutzens ein.)

Marken signalisieren diesen differenzierten Zusatznutzen für die Verbraucher sozusagen in Kurzform. Marken verheißen sowohl bessere Produktleistungen als auch einheitliche Nutzenqualität bei jedem Kauf. Außerdem liefern Marken implizit Informationen – über die Käufer, ihren wirtschaftliche Status und ihre persönlichen Wertvorstellungen. Wenn die Konsumenten der Meinung sind, daß sie diese Versprechungen oder Informationen benötigen, wird sich der Produktnutzen auf der x-Achsen-Skala weiter nach rechts bewegen. Der Anbieter kann dann einen Preisaufschlag durchsetzen. So ergab beispielsweise die eingangs zitierte Untersuchung von Hoch und Banerji, daß bei sonst gleichen Bedingungen preisgünstigere Händlermarken Markenartikeln weniger Marktanteile abjagen konnten, wenn

1. die betreffenden Produkte technisch relativ komplex waren, so daß sie einen höheren Nutzen boten oder niedrigere Nebenkosten verursachten als ihre Konkurrenten (wie es etwa Gillette mit seinem patentierten Fertigungsverfahren für Rasierklingen gelang),
2. das Markenangebot eine relativ einheitliche Qualität in einer Kategorie aufwies, in der bei den anderen Alternativen größere Schwankungsbreiten zu verzeichnen waren (wie beispielsweise bei McDonald's weltweitem Restaurantnetz), und
3. der Markenname selbst bei einem Konjunkturrückgang mit hohem Aufwand beworben wird (wie Ralph Lauren es mit seinen Textilien macht).

Umgekehrt werden Marken mit Schwierigkeiten zu kämpfen haben, die von ihren Abnehmern im Vergleich zu markenlosen Konkurrenten einen saftigen Preisaufschlag verlangen, dabei aber keinen nennenswert höheren Nutzen für den Verbraucher (und dem Einzelhandel keine attraktiven Margen) bieten. Ein besonderes Problem ist dies oftmals für Marken, die nicht Marktführer in einer Produktkategorie sind, in der Einzelhandelsketten eigene glaubwürdige Eigenmarken entwickelt haben, wie zum Beispiel die J. Sainsbury PLC in Großbritannien mit ihrer Hausmarke »Sainsbury« oder Loblaw Companies aus Kanada mit der Marke »President's Choice« (die inzwischen auch in amerikanische Supermärkte exportiert wird). Die Problemursache: Im Vergleich zu den Händlermarken bieten die unter ferner liefen rangierenden Markenartikel kein attraktives Preis-Leistungspaket. Außerdem können Einzelhändler immer häufiger Qualitätsversprechen abgeben, die ebenso glaubwürdig erscheinen wie die der etablierten Markenführer, und somit wird sich die Macht der Markennamen zumindest teilweise von den Herstellern auf die Einzelhändler verlagern.
Es ist daher absurd, über ein *neues* »Zeitalter des Produktwertes« zu sprechen. Der »Wert« bzw. der »Nutzen« bestimmte schon immer die Kaufentscheidungen der Kunden. Was sich geändert

hat, ist allein ihre *Definition* dieser Begriffe sowie die verfügbaren Optionen. In Märkten und Produktkategorien, in denen die Konsumenten erleben, daß Händlermarken und markenlose Produkte nahezu gleichwertige Leistungen wie die Markenartikel zu gleichzeitig konsequent niedrigeren Preisen bieten, und in denen die Markenartikler ihre Werbeaufwendungen kürzen bzw. die Preisaufschläge der Markenangebote selbst bei massiver Werbung außer Kontrolle geraten, sollten sich Markenanbieter nicht über den Schwund ihrer Marktanteile wundern. Kurzum: Die Frage, die sich jedes Unternehmen stellen muß, lautet nicht, ob die Kunden plötzlich wertbewußt geworden sind oder nicht, sondern wie ein Unternehmen Veränderungen in der Wertdefinition der Kunden schneller und wirksamer als die Konkurrenz prognostizieren und besser darauf reagieren kann.

In der Saga von den Zigarretten- und Käseherstellern geht es weder um den Tod der Markentreue noch um die Geburt des Wertbewußtseins, sondern vielmehr um die Rache der Verbraucher an Unternehmen, die Ihre Loyalität als Selbstverständlichkeit betrachten. Ob Sie es nun »Wert«, »Nutzen« oder »den Kunden begeistern« nennen, der Preis-Leistungstest spielt heute – wie auch früher schon – in Kaufentscheidungen immer eine maßgebliche Rolle. Ein vorteilhaftes Preis-Leistungspaket bildet daher die unerläßliche Grundlage einer jeden Strategie, Qualitätskampagne und Reengineering-Initiative sowie aller Programme zur Verringerung der Kundenfluktuation. Unternehmen, die diese grundsätzliche Regel mißachten, werden letztlich dafür bezahlen müssen, wenn ehemals treue Kunden ihnen den Rücken kehren und zu anderen Anbietern, Marken oder gar markenlosen Produkten abwandern, die nach ihrer Einschätzung jetzt ein besseres Preis-Leistungsverhältnis bieten.

Eine Qualitätsmarke sollte tunlichst etwas Besonderes bieten – sonst wird sie keine Käufer finden.

Warren Buffett, Investor und Milliardär

13. Kapitel

Strategische Prokrustesbetten

Warum die eigentliche Frage lautet: »Wie differenziert *und* zu welchen Kosten?«

> *Strategische Prokrustesbetten. 1. Strategien, die sich allein auf Kosten- und Preisführerschaft konzentrieren und deshalb alle Gelegenheiten zum Angebot eines vom Kunden gewünschten differenzierten Zusatznutzens verpassen und somit auf mögliche Preis- und Volumensteigerungen verzichten. 2. Strategien, die allein auf Differenzierung und Produktführerschaft abzielen und dabei alle Gelegenheiten zum Abbau unnötiger Kosten verpassen und somit auf mögliche Margen- und Volumensteigerungen verzichten.*

1980 veröffentlichte Professor Michael Porter von der Harvard Business School sein bahnbrechendes Buch *Wettbewerbsstrategie*, in dem er drei »allgemeine« Strategietypen postulierte, die Unternehmen einsetzen sollten, »um andere Unternehmen in einer Branche zu übertreffen«: 1. *umfassende Kostenführerschaft* (»niedrigere Kosten im Verhältnis zu den Konkurrenten ... in seiner Branche«), 2. *Differenzierung* (»etwas ... schaffen, das in der ganzen Branche als einzigartig angesehen wird«) und 3. *Konzentration auf Schwerpunkte* (»Konzentration auf ... eine bestimmte Abnehmergruppe, einen bestimmten Teil des Produktprogramms oder einen geographisch abgegrenzten Markt«). Es sei, so Professor Porter, einem Unternehmen »nur selten« möglich, mehr als einen dieser Strategietypen gleichzeitig zu verfolgen.

Dreizehn Jahre später stellten zwei Unternehmensberater, Michael Treacy und Fred Wiersema, zunächst in einem Artikel in der *Harvard Business Review* und dann in ihrem Buch *Markt-führerschaft* drei »Nutzenstrategien« vor: 1. *Kostenführerschaft* (»eine Mischung aus Qualität, Preis und Kaufkomfort, die für andere Wettbewerber auf ihrem Markt unerreichbar bleibt«, »niedrigste Lebenszykluskosten«), 2. *Produktführerschaft* (»Produkt- oder Dienstleistungsangebote, die bestehende Leistungs-grenzen überschreiten«, »innovativstes Produkt«) und 3. *Kundenpartnerschaft* (Entwicklung einer »quasi nachbarschaftlichen Beziehung«, abgestimmt auf die »Anliegen eines spezifischen Kunden«, »beste Problemlösung«). »Wenige« Unternehmen, so Treacy und Wiersema, brächten es in mehr als einer dieser Nutzenstrategien zur Meisterschaft.

Alle drei Wirtschaftsvordenker ziehen eine *richtige Schlußfolge-rung:* Unternehmen müssen tatsächlich unterschiedliche strate-gische Ansätze wählen, je nachdem, welche Zielgruppe sie anvisieren, welche Merkmale ihre Produkte oder Dienstleistungen bieten sollen und welche Kostenstruktur das Unternehmen aufweisen muß. Ein McDonald's an der Champs-Élysées würde mit Sicherheit eine andere Strategie verfolgen als das ebenfalls dort ansässige Drei-Sterne-Restaurant Lucas-Carton. In ihrer prakti-schen Umsetzung haben diese Strategierahmen in vielen Unternehmen jedoch zu einer unglückseligen Modeerscheinung geführt: zu »strategischen Prokrustesbetten«.

Nach der griechischen Mythologie war Prokrustes ein noto-rischer Schurke, der auf der Straße nach Athen ein Gasthaus betrieb. Sein besonderes Merkmal: Es gab dort nur ein Zimmer mit einem einzigen Bett. Prokrustes war der Meinung, daß alle seine Gäste in dieses Bett zu passen hätten. Daher hackte er allen zu langen Menschen die Füße ab und zerrte allen zu kurzen die Beine lang. Leider endete diese Behandlung regelmäßig mit dem Tod der Gäste.

Mit »strategischen Prokrustesbetten« verhält es sich ganz ähn-lich. Manager, die ihren Unternehmen gewaltsam in das Schema der »Kostenführerschaft« pressen wollen, neigen dazu, ihre Pro-dukte und Dienstleistungen als »Massenartikel« zu betrachten, die sich von den Konkurrenzangeboten im Grunde nicht absetzen können. Daher sehen es diese Führungskräfte in der Regel als ihr nahezu ausschließliches strategisches Ziel an, nur die nötigsten Leistungen zu bieten und die Kosten dafür so gering wie möglich zu halten.

Manager, die Strategien wie »Differenzierung« oder »Produktführerschaft« als Prokrustesbetten für ihre Unternehmen wählen, vertreten dagegen die Ansicht, daß ihre Produkte oder Dienstleistungen eine Vielzahl von »differenzierten Leistungen« bieten müssen, mithin Merkmale und Vorteile, die über die allgemeinen Leistungsanforderungen in der betreffenden Güterkategorie hinausgehen. Aus diesem Grund versäumen es diese Führungskräfte in der Regel, die Kosten des »differenzierten Nutzens« bewußt in Zaum zu halten.

Hinter diesen strategischen Prokrustesbetten stehen Manager, die eine ähnliche Geisteshaltung pflegen wie der gewalttätige Gastwirt der Antike. Sie versuchen, ihrer Firma absolut gültige Standards aufzuzwingen: »*Entweder* wir ordnen uns in die Kategorie der Massenanbieter ein, *oder* wir verstehen uns als Hersteller differenzierter Produkte.« Ein solcher Ansatz vereinfacht das strategischen Denken übermäßig und führt daher in die Irre. Weitaus sinnvoller ist, sich zu überlegen, inwieweit ein Produkt oder eine Dienstleistung auf eine Art und Weise differenziert werden kann, die der anvisierten Zielgruppe am Herzen liegt, während gleichzeitig die Kosten so niedrig gehalten werden, daß die Preise für die Kunden erschwinglich bleiben.

Nur wenn die absolute Entweder-oder-Vorgabe einem relativen Standard (»Wie differenziert und zu welchen Kosten?«) weicht, können Unternehmen auch die Gewinnchancen wahrnehmen, die aus einer besseren Erfüllung der Kundenwünsche resultieren. Dieser Übergang wiederum kann erleichtert werden durch die großzügige Anwendung der *drei Anti-Prokrustes-Thesen:*

1. Nahezu alle Produkte und Dienstleistungen bieten schier unerschöpfliche Möglichkeiten zur Nutzung immaterieller Differenzierungsmerkmale. Ihre Aufgabe besteht darin, diese zu finden.

2. Nahezu alle Produkte und Dienstleistungen bieten schier unerschöpfliche Möglichkeiten zur Differenzierung durch Lei-
stungserweiterung..Ihre Aufgabe besteht darin, die dafür nötigen Voraussetzungen zu schaffen.
3. Welche Differenzierungsmerkmale Sie auch wählen, die Kosten spielen immer eine wichtige Rolle. Ihre Aufgabe besteht
darin, die Kosten im Vergleich zur gebotenen Leistung niedrig
zu halten.

Betrachten wir nun diese drei Thesen und ihre Konsequenzen
etwas genauer.

Anti-Prokrustes-These Nummer 1: Nahezu alle Produkte und Dienstleistungen bieten schier unerschöpfliche Möglichkeiten zur Nutzung immaterieller Differenzierungsmerkmale. Ihre Aufgabe besteht darin, diese zu finden.

Das in der nachstehenden Tabelle beschriebene Produkt »A« bietet im Vergleich zu Produkt »B« ein schlechteres Preis-Leistungsverhältnis. Dennoch haben Tausende von Menschen Produkt »A« gekauft, und noch weitaus mehr Menschen würden es
gerne besitzen.

Produktmerkmale:	Produkt »A«	Produkt »B«
Preis:	ab 2800 DM	150 DM
Übereinstimmung mit Leistungsvorgaben:	relativ gering	nahezu vollkommen
Ausfallsquote:	häufig	selten
Wartungsanforderungen:	hoch	gering

Von welchen Produkten sprechen wir hier? Nun, Produkt »A«
ist eine Rolex mit mechanischem Uhrwerk und Produkt »B« eine
Timex-Quarzuhr.

Rolex kann seine Preise, die bei einer ganzen Reihe von Modellen weit über 2800 Mark liegen, so hoch ansetzen, weil seine Uhren mehr sind als reine Zeitmesser. Sie bieten auch immaterielle Werte, die von einem bestimmten Segment der Uhrenkäufer sehr geschätzt werden. Zu diesen immateriellen Werten gehören unter anderem die Ästhetik der Uhren, der mit dem Markennamen Rolex verbundene Status und die Botschaft, die Rolex-Träger über sich selbst vermitteln. Und Zeitmeßgeräte sind beileibe nicht die einzigen Produkte, die sich auf der Grundlage solcher Merkmale differenzieren.

So hat etwa Professor Theodore Levitt von der Harvard Business School überzeugend argumentiert, daß nahezu alle Produkte immaterielle Merkmale in Hülle und Fülle besitzen, die zwar nicht sicht- oder meßbar zur Produktleistung beitragen, aber dennoch in der Kaufentscheidung der Konsumenten eine Rolle spielen. Nehmen wir zum Beispiel Wodka. In den USA darf sich ein Wodka laut Gesetzesbeschluß nur dann Wodka nennen, wenn er farblos ist und keinen unverwechselbaren Geschmack oder charakteristisches Aroma hat. Dennoch machen die Verbraucher *deutliche Unterschiede* zwischen den verschiedenen Wodkamarken. Wenn es nicht am Geschmack, an der Farbe oder am Aroma liegen kann, müssen immaterielle Faktoren wie zum Beispiel Markenname oder Image eine Rolle spielen.

Rolex verkauft keine Uhren. Wir verkaufen Luxus.

André Heiniger, Geschäftsführer von Rolex,
auf die Frage: »Wie läuft's denn so im Uhrengeschäft?«

Es schmeckt genau wie Pepsi Cola!

Eduard Schewardnadse, nachdem er bei der Eröffnung der neuen
Abfüllanlage in Thilisi, Georgien, eine Coca-Cola getrunken hatte

---

Ein ähnliche Entwicklung ist bei einem weiteren Getränk zu beobachten, bei dem es vor nicht allzu langer Zeit noch keine nennenswerten Unterschiede auf dem amerikanischen Markt gab:

Mineralwasser. Eine Preis-Leistungskarte nach dem im vorhergehenden Kapitel beschriebenen Muster würde für ein Glas Wasser zum Abendessen zu Hause etwa wie in Abbildung 4 aussehen.

Zu den immateriellen Merkmalen des Tafelwassers gehören die Marken mit ihrem »Stammbaum«, ihren Qualitätsversprechen und ihrer Verpackung. Die Anbieter des walisischen Mineralwassers Ty Nant zum Beispiel, von dem 1993 rund 8,5 Millionen Flaschen in die Vereinigten Staaten importiert wurden, führen ihren Umsatzzuwachs vor allem auf den walisischen Markennamen zurück – und auf die kobaltblauen Flaschen. Alfonso Guerrero, der Eigentümer von Ty Nant, meint dazu: »Diese Verpackung hat eine geradezu unvorstellbare Macht.«

Abbildung 4: Preis-Leistungskarte »Mineralwasser«

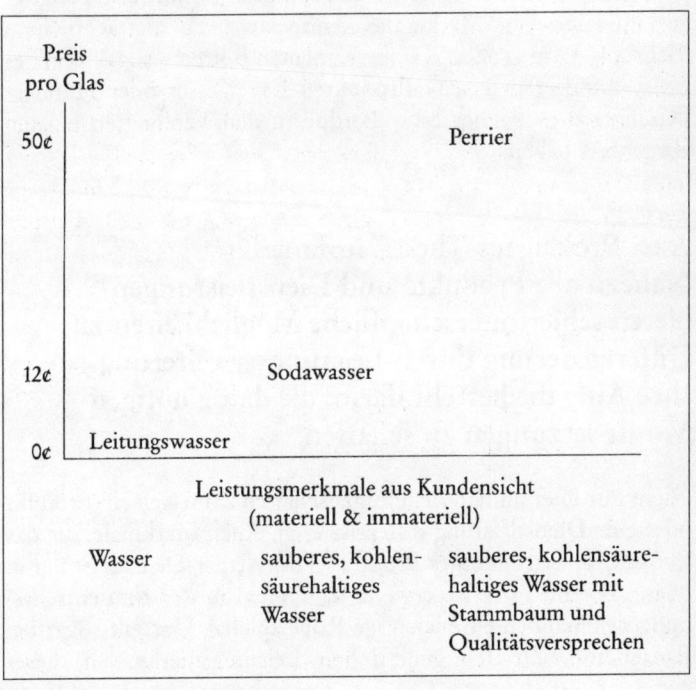

Marken sind sogar immaterielle Werte par excellence: Allein der Name und das Logo sind schon ein Versprechen – in bezug auf das betreffende Produkt oder die betreffende Dienstleistung – und vermitteln bestimmte Informationen – über die Käufer. (Kapitel 12 beschäftigt sich eingehender mit Marken und den Preisaufschlägen, die Anbieter von Markenartikeln verlangen können.)

In vielen Fällen wäre es somit ein Fehler, lediglich die generischen Leistungsanforderungen zu berücksichtigen, die an ein Produkt oder eine Dienstleistung gestellt werden. Bloß weil immaterielle Eigenschaften per definitionem für die Anbieter schwer erkennbar oder quantifizierbar sind, heißt das noch lange nicht, daß die Kunden sie nicht bei ihren Kaufentscheidungen in Erwägung ziehen. Die Identifizierung und Vermittlung geeigneter immaterieller Merkmale kann daher zu beträchtlichem Mehrumsatz in großen Käufersegmenten führen – sogar bei ehemals »undifferenzierten« Produkten wie Wasser oder Hühnerfleisch, wie es Perrier bzw. Perdue in den Vereinigten Staaten vorgeführt haben.

Anti-Prokrustes-These Nummer 2: Nahezu alle Produkte und Dienstleistungen bieten schier unerschöpfliche Möglichkeiten zur Differenzierung durch Leistungserweiterung. Ihre Aufgabe besteht darin, die dafür nötigen Voraussetzungen zu schaffen.

Nicht nur über immaterielle Eigenschaften kann sich ein Produkt oder eine Dienstleistung differenzieren. Auch Merkmale, die das Leistungsspektrum eines Produktes oder einer Dienstleistung in quantifizierbarer Weise erweitern, können in der Kaufentscheidung der Kunden eine wichtige Rolle spielen. Das gilt sogar bei Fertigbeton. Zu den generischen Leistungsmerkmalen dieses

Produkts gehören Verarbeitbarkeit, Pumpfähigkeit, Setzmaß, Abbindzeit und Druckfestigkeit. Der nordkalifornische Fertigbetonhersteller Granite Rock, der zu den Gewinnern des Baldrige-Qualitätspreises zählt, bewies jedoch, daß es ein Irrtum wäre, Beton für ein Massenprodukt zu halten, bei dem die Käufer sich nur überlegen, welches Produkt bei einer bestimmten Kombination dieser fünf grundlegenden Leistungsmerkmale am wenigsten kostet.

Homogene Massengüter gibt es nicht … An den Warenbörsen etwa werden Metalle, Getreide und Schweinehälften als völlig undifferenzierte, genetische Produkte gehandelt. Was die Börsenhändler wirklich »verkaufen« sind angebliche Serviceunterschiede: Effizienz der im Namen ihrer Kunden durchgeführten Transaktionen, die Reaktionsgeschwindigkeit bei Anfragen sowie die Klarheit und Schnelligkeit von Auftragsbestätigungen und ähnliches. Kurz gesagt: Das »angebotene« Produkt wird differenziert, wenngleich die zugrundeliegende generische, Ware identisch ist.

Professor Theodore Levitt von der Harvard Business School
in seinem berühmten Artikel »Marketingerfolg durch Differenzierung«,
der 1980 in der *Harvard Business Review* erschien

Durch seine Umfragen zur Kundenzufriedenheit fand Granite Rock heraus, welche potentiellen Leistungserweiterungen den Kunden in seinem Markt ganz besonders am Herzen lagen. Unter anderem hatten »hilfsbereite Disponenten«, »Verkäufer, die sich mit unseren Bedürfnissen auskennen« und »pünktliche Lieferung« bei den Abnehmern einen hohen Stellenwert. Entsprechend der Umfrageergebnisse verbesserte das Unternehmen dann seine Leistung bei den Merkmalen, die seiner Zielgruppe am wichtigsten waren. Daher konnte Granite Rock seine Preise heraufsetzen und seinen Absatz im Vergleich zu anderen Wettbewerbern steigern. Mit anderen Worten: Beton von Granite Rock ist ein *differenziertes Produkt*. Über eine Reihe von Zusatzleistungen ist es dem Unternehmen gelungen, sich von den Konkurrenzangeboten abzusetzen – und dadurch auch höhere Gewinne zu erwirtschaften.

Auch Browning-Ferris Industries (BFI), mit 570 000 gewerblichen Kunden das zweitgrößte Müllabfuhrunternehmen in den Vereinigten Staaten, hat Mittel und Wege gefunden, wie es die Definition seiner Leistung über das übliche Maß hinaus erweitern konnte. Unlängst führte die Firma eine umfassende Befragung durch, in der 30 000 Kunden gebeten wurden, die Gründe zu nennen, weshalb ihrer Meinung nach der Kundenstamm von Browning-Ferris Jahr für Jahr um 14 Prozent schrumpfte. Diese Umfrage ergab, daß die Kunden in ihrer Beurteilung der Müllabfuhrunternehmen neben Faktoren wie Abtransport des Mülls zu den vereinbarten Zeiten und Preisen auch eine Reihe von anderen Kriterien in Betracht zogen. Dazu gehörten unter anderem:

- Gute Instandhaltung der Mülltonnen, postwendende Reparatur bzw. rascher Ersatz von Tonnen, die Rost ansetzen, löcherig werden oder sich nicht mehr richtig schließen lassen (damit sich Erfahrungen wie die eines Tierarztes aus North Carolina nicht mehr wiederholen: Der gute Mann beklagte sich dreimal bei BFI über ein Loch in seiner Mülltonne, aus dem immer wieder Flüssigkeiten ausliefen. Schließlich kam ein BFI-Team zu ihm, doch reparierte es die Tonne keineswegs, sondern *strich* sie mitsamt dem Loch neu an.).
- Schlösser für die Mülltonnen, damit andere Leute ihren Abfall dort nicht abladen können (ein besonderer Vorteil für Kunden wie die Studentenverbindung in Georgia, die ihren Müll nicht mit dem der »Kommilitonen in den anderen Verbindungshäusern« vermengt wissen wollte).
- Fahrer, die pünktlich eintreffen, keinen unnötigen Lärm machen, keine gewagten Fahrmanöver veranstalten, die leeren Tonnen an den von den Kunden angegebenen Plätzen abstellen, nicht vergessen, das Schloß am Deckel wieder abzusper-

ren und keine Reste von bereits aufgesammelten Abfällen hinterlassen (letzteres veranlaßte den Inhaber eines Souvenirgeschäfts, der in der Tour nach einem Fischrestaurant folgte, sich bitter bei BFI über einen Fahrer zu beklagen, der »bei uns immerzu Garnelensaft verschüttet ... [der] so bestialisch stinkt, daß wir den Parkplatz jedesmal mit dem Schlauch abspritzen müssen«).

Die Maßnahmen, die BFI als Reaktion auf die Umfrageergebnisse ergriff, führten zu einer Reduzierung der Kundenfluktuation um zirka zwölf Prozent. Der Aufwand, mit dem vielleicht 10 000 Kunden bei der Stange gehalten werden konnten, lag deutlich unter den Kosten, die dem Unternehmen bei der Suche und Gewinnung einer gleichen Zahl von Neukunden entstanden wären.

Die Erfahrungen von Granite Rock und Browning-Ferris Industries zeigen, wie lukrativ es sein kann, wenn man die Definition der »Leistung« eines Unternehmens erweitert und auf diese Weise die Wünsche der Kunden besser erfüllt. Dahinter steht ein im Grunde ganz einfacher Ansatz:

1. *Schritt:* Stellen Sie fest, welche Merkmale neben den in der Standardleistungsdefinition der Branche enthaltenen für Ihre Zielgruppe besonders wichtig sind und wie Sie in dieser Hinsicht gegenüber der Konkurrenz abschneiden. Granite Rock und Browning-Ferris fanden dies mit Hilfe von Umfragen zur Kundenzufriedenheit heraus. Manchmal müssen die potentiellen Leistungserweiterungen allerdings mit Hilfe qualitativer Methoden wie Kundenfokusgruppen oder Einzelinterviews identifiziert werden, bevor man sich quantitativen Konkurrenzvergleichen zuwenden kann.

2. *Schritt:* Betrachten Sie die Eigenschaften, die in den Kaufentscheidungen der Kunden eine besonders wichtige Rolle spielen. Wenn Sie hier »vorne« liegen, müssen Sie die Quellen Ihres Erfolgs und die Maßnahmen identifizieren, die Sie ergreifen müssen, wenn Sie Ihren Vorsprung sichern und weiter

ausbauen wollen. Wenn Sie bei diesen Kriterien der Konkurrenz hinterherhinken, müssen Sie sich überlegen, auf welche Ursachen diese Kluft zurückzuführen ist, und Möglichkeiten erarbeiten, wie Sie die anderen Wettbewerber überrunden können. Bei den für die Kunden maßgeblichen Differenzierungsmerkmalen können solche taktischen Manöver zu beträchtlichen Ertragszuwächsen führen.

3. *Schritt:* Legen Sie die Größen fest, anhand derer Sie die Verbesserungen in den maßgeblichen Eigenschaften messen möchten, und überwachen Sie dann die Fortschritte. Je nach der spezifischen Situation und den Beteiligten können Sie eine oder mehrere Richtgrößen wählen, die einfach oder komplex sein können. Auf alle Fälle müssen diese Richtgrößen unbedingt nachvollziehbar sein, so daß alle Mitarbeiter, die sie beeinflussen können, wissen, wie sie berechnet werden und welcher Fortschritt erzielt wird. (Ein Beispiel ist der von Federal Express verwendete »Servicequalitätsindikator« oder SQI, der in Kapitel 8 beschrieben wird.)

Wer die von den Kunden geschätzten Zusatzleistungen erkennen möchte, muß oftmals über die herkömmlichen Leistungsindikatoren der Branche hinausgehen. Dabei kann es unter anderem hilfreich sein, sogenannte »Nutzungszeitlinien« für ein Produkt oder eine Dienstleistung aufzuzeichnen und sich dann zu überlegen, welche Bedürfnisse die Kunden haben, wenn sie nicht gerade das betreffende Produkt oder die betreffende Dienstleistung nutzen. Zu den Aspekten, die »vor der Nutzung« eine Rolle spielen, gehört die Zeit, die Kunden für die Suche nach dem richtigen Produkt, den eigentlichen Kaufvorgang, die Organisation und Entgegennahme der Lieferung sowie die Lagerung des Produktes vor der Nutzung aufwenden müssen.

»Während der Nutzung« sind neben den grundlegenden Leistungsmerkmalen Aspekte wie die für die Organisation von Reparaturen erforderliche Zeit sowie das Warten auf den Beginn und den Abschluß einer Reparatur von Bedeutung.

Die Aspekte »nach der Nutzung« umfassen unter anderem die

Zeit, die Kunden benötigen, um das Produkt so zu verstauen, daß es bei erneutem Bedarf sofort wieder einsatzbereit ist, die Reinigungsarbeiten nach dem Gebrauch, die Entsorgung sowie die Nachbestellung des Produktes oder einzelner Teile. BFI mit seinem Versprechen, »nötigenfalls Mülltonnen rasch zu reparieren oder zu ersetzen«, ist ein Beispiel für eine solche Zusatzleistung; sie spart dem Kunden in zweierlei Hinsicht Zeit: Er muß weder bei unerledigten Reparaturaufträgen nachfassen, noch den Boden um die defekte Mülltonne herum saubermachen, bis die Reparatur endlich erledigt wird.

Eine weitere Möglichkeit zur Identifizierung von Zusatzleistungen besteht darin, die Wünsche der Kunden in Bezug auf Nutzungsverhalten und Anwenderfreundlichkeit genau unter die Lupe zu nehmen. Um nur ein Beispiel zu nennen: »Verfügbare Software« ist eine klassische Meßgröße, anhand derer die Hersteller die Leistung eines Personal Computers messen. Als ich 1988 meinen ersten Apple Macintosh kaufte, wußte ich allerdings ganz genau, daß es für diesen Rechner weniger Anwendungsprogramme gab als für entsprechende MS-DOS-Geräte. Mir war auch bewußt, daß der Anschaffungspreis weitaus höher lag – aber ich wollte unbedingt einen Computer, der leicht und angenehm zu bedienen war, und ich bin der Firma Apple auch seither stets treu geblieben. (Im Gegensatz dazu verkannte IBM lange Zeit, daß »Benutzerfreundlichkeit« für eine beträchtliche Gruppe von Anwendern ein wichtiges Leistungsmerkmal darstellt. Seit der Einführung von Microsoft Windows wandelte sich dieses Kriterium allmählich vom deutlichen Differenzierungsmerkmal zum Bestandteil der branchenweit gültigen Leistungsstandards für PCs).

Anti-Prokrustes-These Nummer 3:
Welche Differenzierungsmerkmale Sie auch wählen, die Kosten spielen immer eine wichtige Rolle.
Ihre Aufgabe besteht darin, die Kosten im Vergleich zur gebotenen Leistung niedrig zu halten.

Die Suche nach den wichtigsten immateriellen und materiellen Unterscheidungsmerkmalen, die in die Kaufentscheidungen von Produkt- und Dienstleistungskunden einfließen, entbindet die Anbieter keineswegs von Kostenüberlegungen. Ganz im Gegenteil: Wer Strategien wie »Differenzierung« oder »Produktführerschaft« ohne große Berücksichtigung der Kosten umzusetzen versucht, lädt die Konkurrenz geradezu ein, kostengünstigere Alternativen zu entwickeln, die genau die wesentlichen Leistungsmerkmale bieten, aber auf die für die Kunden weniger wertvollen Aspekte verzichten.

Betrachten wir dazu das Dilemma, vor dem ein aufstrebendes Unternehmen stand, das ein völlig neuartiges Krankenhaushemd entworfen hatte. Zunächst: Wie unterschied es sich vom herkömmlichen »Engelshemd«? Nun, auf dem Rücken befanden sich zwei besonders weit überlappende Klappen mit Klettverschluß (anstatt der sonst üblichen Bänder); die Schulternähte ließen sich öffnen, so daß der Zugang zum Oberkörper des Patienten möglich war, ohne das Kleidungsstück ganz ausziehen zu müssen (eine besonders schwierige Prozedur, wenn der Kranke an einer Infusion oder einem anderen Apparat hängt); der Stoff war weicher und dicker als bei anderen Hemden; das Hemd hatte Taschen für Überwachungsgeräte oder persönliche Gegenstände sowie Schlaufen zur Befestigung von Drainagebeuteln. Jeder, der jemals im Krankenhaus lag, wird die Vorzüge dieses neuartigen Hemds der No Moon Company auf den ersten Blick erkennen.

Das Problem bei der Vermarktung des Textils waren daher auch nicht die Produktmerkmale, sondern der Preis. Das neue Hemd kostete zwei- bis dreimal mehr als die Standardware, und die

Kunden – also die Krankenhäuser – waren nicht bereit, soviel für
No Moons Verbesserungen hinzublättern, selbst wenn sie von
den Benutzern (sprich: den Patienten) begeistert aufgenommen
würden. Ein Produkt wie das Hemd von No Moon kann sich
nur dann zum Verkaufsschlager entwickeln, wenn das Unternehmen auch die Kosten in den Griff bekommt, indem es besonderes Gewicht auf die von den Kunden *am meisten* gewünschten
Vorteile legt und die anderen in den Hintergrund treten läßt.
Nach Aussage von Anita Chafee, der Miteigentümerin der Firma
No Moon, besteht der Hauptvorzug des Produktes darin, daß es
»den Patienten zu einem bißchen mehr Würde und Bequemlichkeit verhilft«. Ich persönlich glaube, daß die Patienten relativ gesehen vermutlich mehr Wert auf die Würde als auf die Bequemlichkeit legen. Wenn No Moon also die Klappen am Rücken und
die leicht zu öffnenden Schulternähte beibehält und dafür auf die
anderen Verbesserungen und die damit verbundenen Kosten ver-
zichtet, könnte sich das Hemd wohl besser auf dem Kranken-
hausmarkt behaupten.

No Moon ist hierbei keine Ausnahme. Viele Unternehmen neigen zu einer ähnlichen Denkweise wie Prokrustes und meinen,
ihre herrlichen, differenzierten Produkte oder Dienstleistungen
würden sie von der Pflicht eines rigorosen Kostenmanagements
entbinden. So gewann etwa die Hotelkette Ritz-Carlton 1992
den amerikanischen Qualitätspreis, den Malcolm Baldrige National Quality Award. 1994 berichtete *das Wall Street Journal,* daß
von den 30 Hotels dieser Kette »wahrscheinlich nur die Hälfte
schwarze Zahlen schreibt«. Die Herausforderung für Firmen wie
No Moon oder Ritz-Carlton besteht also nicht darin, von einer
Differenzierungsstrategie auf die der Kostenführerschaft umzu-
satteln. Vielmehr müssen sie mit ihren Einsparungen an den richtigen Stellen ansetzen und auf die weniger wichtigen Produktmerkmale verzichten. (Eine nicht zu unterschätzende Herausforderung! Siehe dazu auch weiter unter Kapitel 16.) Ganz gleich
durch welche Vorteile Sie sich aus der Masse herausheben – Kosten spielen immer eine große Rolle.

Kunden scheren sich keinen Deut um das, was in den Managementhandbüchern steht. Ihnen ist es völlig gleichgültig, ob ein Unternehmen auf »Kostenführerschaft«, »Produktführerschaft« oder »Kundenpartnerschaft« setzt. Für sie zählt nur eines: Sie wollen das beste Preis-Leistungspaket, mithin das jeweils beste Verhältnis zwischen den Leistungen (einschließlich des differenzierten Zusatznutzens) und dem Preis, bei ihren jeweiligen Präferenzen und im Vergleich zu den verfügbaren Alternativen. So verfahren wir alle, wenn wir auf der Käuferseite der Ladentheke stehen.

Strategische Prokrustesbetten sind eine gefährliche Sache. Denken Sie nur daran, wie es Prokrustes selbst erging: Sein letztes Stündlein schlug, als ihn Theseus, der Vetter des Herkules und Sohn des König Ägäus von Athen, mit den eigenen Waffen schlug. Theseus band Prokrustes an das Bett, in dem er so viele andere Menschen gequält hatte, hackte ihm Kopf und Füße ab, wickelte den Leichnam dann obendrein in eine Decke und versenkte ihn im Meer.

Die Unternehmen von heute können von Theseus lernen, wenn sie ihre eigenen Prokrustesbetten loswerden möchten. Ob sie sich nun auf Mini-Marktnischen konzentrieren oder branchenweit operieren, ob sie Stahl kochen oder Bier brauen, ob sie Müll einsammeln oder Hotels führen, ob sie Designer-Mode kreieren oder neue Krankenhemden entwerfen – für jedes von ihnen zahlt sich ein *relativer* Maßstab (»Wie differenziert *und* zu welchen Kosten?«) eher aus als ein *absoluter* (»entweder ›Kosten‹ oder ›Differenzierung‹«).

Das Ganze ist irgendwie abartig. Ich selbst habe eine ganze Kollektion unzähliger kleiner Shampoos aus den Tausenden von Hotels, in denen ich übernachtet habe. Und dabei hab ich eine Glatze.

> Jerry Della Femina, dessen Vermögen auf über 20 Millionen Dollar geschätzt wird und der sich wahrscheinlich sein eigenes Shampoo kaufen könnte, über die Bedeutung eines kleinen, aber wichtigen Unterscheidungsmerkmals im Hotelgewerbe

---

TEIL VI

Noch mehr Patentrezepte

Wie Sie garantiert immer im Trend liegen

Der Mensch läßt nichts unversucht,
um sich vor der wahren Arbeit,
nämlich dem Denken, zu drücken.

Sir Joshua Reynolds (1723–1792)

Als ich an der Harvard Business School (HBS) studierte, bestand für mich die herausforderndste und letztlich auch befriedigendste Aufgabe darin, daß wir am Ende jeder Fallstudiendiskussion selbst unsere Lehren aus dem Gelernten ziehen mußten. Man hat mir erzählt, daß dies heute nicht mehr zur Standardpraxis der HBS gehöre. Die Studenten verlangen jetzt, daß die Professoren in den letzten zwanzig Minuten jeder Fallbesprechung die »Musterlösung« der Universität vorstellen, vorzugsweise schon mit einem fertigen Diasatz. Da in die Beurteilung der Dozenten auch die Bewertungen der Studenten einfließen, erfüllen viele Professoren nun diese Bitte und ersparen ihrem Publikum die Mühe, Argumente für eine eigenständige Lösung zu finden.

Eine ähnliche Entwicklung vollzieht sich anscheinend auch außerhalb der Hörsäle. An vorgefertigten Patentlösungen herrscht mit Sicherheit kein Mangel. Wenn es eine unumstößliche Wahrheit im Trendsurfen gibt, dann diese: Es wird immer eine neue Welle kommen, ein neues Rezept, das zu gewissen Erfolgen in einem klar abgesteckten Bereich führt, wenn man es ganz genau befolgt. Manche dieser Wellen verebben nach kurzer Zeit, andere nehmen gigantische Ausmaße an. Ab und zu werden wir von riesigen Flutwellen überschwemmt, die hundertprozentige Erfolge in nahezu allen Bereichen eines jeden Unternehmens verheißen. Werden solche Ansätze mit Weitblick genutzt und auf die spezifischen Gegebenheiten eines Unternehmens abgestimmt, können sie zu bemerkenswerten Resultaten führen. Wer sich jedoch blind und gedankenlos wie ein Lemming in eine solche Patentlösung stürzt, kann sein Unternehmen ins Chaos führen.

In Kapitel 14, *Qualitätschaos total. Wenn die genaue Einhaltung von Vorgaben in den »Qualitätssumpf« führt,* wird die Frage erörtert, wie man verhindern kann, daß die grundlegenden Erkenntnisse und Instrumente der Total-Quality-Management-Bewegung zu einem »TPA« (Totaler Prozeßalptraum) werden. In

Kapitel 15, *Business Reengineering und die Arbeiten des Herkules. Viele Wege führen zu grandiosen Leistungsverbesserungen,* wird eine breite Palette geeigneter Möglichkeiten zur Initiierung fundamentaler Veränderungen im Unternehmen untersucht, darunter *auch* das Konzept des »Business Reengineering«. Kapitel 16 schließlich mit dem Titel *Die Kopfschmerzen der Kostenführer. Wie man sich mit Kostensenkungen schwerwiegende Probleme einhandeln kann* beschäftigt sich mit einem besonders langlebigen und gefährlichen Trend – dem Streben nach Kostenführerschaft – und verdeutlicht, wie rigorose Einsparungsmaßnahmen ohne sachgerechte Analyse des von den betreffenden Kosten getragenen Nutzens die Loyalität von Kunden und Mitarbeitern untergraben können.

Unternehmensführung ist zweifelsohne eine komplexe Aufgabe. Eine vorgekaute »Musterlösung« mag zwar Ängste abbauen und auch die Vorbereitung auf die Diplomprüfung erleichtern. Allerdings ist ein Patentrezept mit Sicherheit noch keine Erfolgsgarantie für die wichtigsten Prüfsteine überhaupt: die Rentabilität eines Unternehmens und sein Abschneiden am Markt.

14. KAPITEL

Qualitätschaos total

Wenn die genaue Einhaltung von Vorgaben in den »Qualitätssumpf« führt

Total Quality Management (TQM). 1. Eine Managementphilosophie, die auf dem Gedanken beruht, daß Qualität eine Voraussetzung für die Verbesserung der Wettbewerbsposition eines jeden Unternehmens ist und keine Kostenbürde, die sich nur einige Firmen leisten können. 2. Eine Reihe von Instrumenten, die es bereits vor Einführung des TQM-Etiketts gab und die, wenn sie im Rahmen eines TQM-Programms eingesetzt werden, das Management so sehr in den »Prozeß« verwickeln, daß dieser zum Selbstzweck wird. 3. Ein importiertes Verfahren, das manche Beobachter für eine wesentliche Taktik in der geheimen Strategie der Japan AG halten, die auf eine Vernichtung ihrer amerikanischen und europäischen Konkurrenten abzielt.

Edith Kelly, die bei Federal Express früher als Vice President für Qualität und Qualitätsaudits zuständig war und heute dem Einkauf und der Materialwirtschaft vorsteht, erzählt gelegentlich einen Witz über drei Führungskräfte, die zum Tode verurteilt und nach ihren letzten Wünschen gefragt werden. Die erste Managerin, Fiona aus der Finanzabteilung, sagt: »Lassen Sie mich nur diese Berechnungen abschließen, damit ich weiß, warum die Summe unserer Aktiva um zwei Pfennig von der Summe unserer Passiva abweicht.« Der zweite Manager, Tom aus dem TQM-Stab, antwortet: »Als Zeichen unseres rückhaltlosen Engagements für das Total Quality Management möchte ich gerne eine letzte Rede zum Thema Qualität halten.« Daraufhin ruft der dritte, der Produktgruppenmanager Peyton: »Es macht mir nichts aus, wenn ich warten muß, bis Fiona mit ihrer Zahlenakrobatik fertig ist, solange Sie mir meinen letzten Wunsch gewähren: Bitte richten Sie mich vor Tom hin ... damit ich mir sein Qualitätsgefasel nicht noch einmal anhören muß.«

Kellys Witz bringt ein zentrales Element der heutigen Debatte über Total Quality Management auf den Punkt: die Polarisierung von TQM-Anhängern wie Tom und TQM-Skeptikern wie Peyton. Bevor Sie sich jetzt aber vorschnell auf eine der beiden Seiten schlagen, lohnt es sich, die Tatsachen einmal genauer unter die Lupe zu nehmen.

Die TQM-Debatte hält sich an ein genau vorgegebenes Skript. Die Skeptiker verteufeln »Qualität total« als eine Manie, die mitten in der Hölle der Managementtheorie geboren wurde. Ihrer Meinung nach ist TQM im günstigsten Falle Zeit- und Geldverschwendung und schlimmstenfalls schädlich für das Unternehmen. Daher sehen sie Total Quality Management als eine Modeerscheinung unter vielen, der eine Herde »TQM-Eiferer« fanatisch und gedankenlos wie die Lemminge hinterhertrabt. Aber die Befürworter der Qualitätsbewegung stehen ihren Gegnern in nichts nach: Sie verteidigen TQM als Manna aus dem Himmel der Managementtheorie und betrachten es als unerläßliche Voraussetzung für die zukünftige Wettbewerbsfähigkeit einer jeden Organisation. Daher ignorieren sie jegliche Kritik, denn sie sehen darin den Versuch der »Qualitätsschelte«, die alle Grundsätze der Qualitätsbewegung in Mißkredit bringen will. Beide Sichtweisen lassen sich mit einer Fülle von Daten untermauern.

Ein Fanatiker ist ein Mensch, der seine Meinung nicht ändern kann und sich weigert, das Thema zu wechseln.

Sir Winston Churchill (1874–1965)

Ohne Fanatismus können wir überhaupt nichts erreichen.

Eva Peron (1919–1952)

Datenduell: Florida Power & Light gegen Federal Express (und ihre jeweiligen Sekundanten)

In einer Debatte, in der beide Seiten ihre Argumente wie einst Duellgegner ihre Waffen zu wählen pflegen, sind die Erfahrungen der Florida Power & Light Company (FPL Co.), die Japans berühmten *Deming Prize* gewann, und von Federal Express, das zu den Ausgezeichneten des nicht minder renommierten *Baldrige Award* gehört, zwei beliebte Ansätze.

Der Deming Prize ist der japanische Qualitätspreis. Auf seinen Grundsätzen fußt auch sein amerikanisches Gegenstück, der Malcolm Baldrige National Quality Award. Im November 1989 gewann die Florida Power & Light Company (Jahresumsatz: 4,6 Milliarden Dollar), eine Tochtergesellschaft der FPL Group Inc. (Jahresumsatz: 6,2 Milliarden Dollar), als erstes amerikanisches Unternehmen den prestigeträchtigen Deming Award. Noch vor der offiziellen Preisverleihung begannen sich jedoch Mitarbeiter der Florida Public Service Commission, die über die öffentlichen Versorgungsunternehmen in diesem US-Bundesstaat wacht, darüber zu beklagen, daß es unfair sei, den Tarifkunden die Rechnung für die Jagd nach dem Deming zu präsentieren. Am 11. Januar 1990 lehnte die Kommission daher den Antrag der FPL Co. auf eine Tariferhöhung ab. Angesichts der Kosten, die durch das Qualitätsprogramm bei FPL entstanden waren, überrascht es wohl nicht, daß kurz nach dem Verbot der gewünschten Tarifanhebung ein Wechsel an der Spitze des Unternehmens stattfand. Am 20. Februar vermeldete die *Palm Beach Post,* daß James L. Broadhead, der Chairman der Holding, »in aller Stille die Zügel [bei der FPL Co.] in die Hand genommen hat« und »ohne öffentliche Mitteilung« den Posten des bisherigen Chairman und CEO John Hudiburg übernommen habe, der sich an die Spitze der Qualitätsbewegung bei der FPL Co. gestellt hatte.

In Windeseile machte sich Broadhead daran, die Mitarbeiter der FPL Co. um ihre Meinung zu befragen. Im Laufe der nächsten Monate traf er sich mit über 500 Beschäftigten. Im Juni 1990, vier Monate nach seiner Amtsübernahme und nur sieben Monate nach der Verleihung des Deming, verkündete er die Ergebnisse seiner Analyse: eine erheblich vereinfachte Variante des Qualitätsverbesserungsprozesses, die im Unternehmen schlicht als *QVP* bezeichnet wurde. In einem offenen Brief an die gesamte Belegschaft von FPL, der später in der Zeitschrift *Training* abgedruckt wurde, gab Broadhead bekannt, daß er mit sofortiger Wirkung drei Abteilungen auflöse (die Qualitätsverbesserungsabteilung, die Qualitätsverbesserungsfördergruppe sowie die Qualitätsunterstützungsdienste) und auch viele QVP-Prozesse abschaffe (unter anderem die Anforderung, daß die »sieben Schritte des QVP-Prozesses« bei der Lösung aller Probleme durchlaufen werden müßten, das dreistufige QVP-Prüfverfahren sowie die Kontingente für QVP-verwandte Aktivitäten). Der Brief kündigte noch zahlreiche andere Veränderungen an, unter anderem eine drastische Verringerung der Zahl der zu prüfenden internen Indikatoren (mit dem Ziel, die vielen Meßgrößen über Bord zu werfen, die »nicht wesentlich« zu den Zielen des Unternehmens beitrugen) sowie eine gründliche Überarbeitung des FPL-Schulungsprogrammes (so daß nicht mehr wie bisher nahezu ausschließlich der Qualitätsverbesserungsprozeß im Vordergrund stand, sondern eine breite Palette von Fähigkeiten vermittelt wurde).

Florida Power & Light steht mit seinen zwiespältigen Erfahrungen nicht allein. Die Wallace Co., Inc., eine in Houston ansässige Vertriebsfirma für Rohre und Ventile, gewann 1990 den Baldrige Award. Im Februar 1992 meldete das Unternehmen Konkurs an. Die Qualitätsprogramme bei Wallace hatten sich zwar in der Leistung positiv niedergeschlagen. Der Anteil der pünktlichen Lieferungen war zwischen 1987 und 1990 von 75 auf 92 Prozent gestiegen; der Marktanteil des Unternehmens hatte sich im gleichen Zeitraum von knapp über zehn auf 18 Prozent beinahe verdoppelt. Allerdings gab es diese Verbesserungen nicht umsonst: Die Gemeinkosten waren bei einem Gesamtumsatz von 88 Millionen Dollar um ungefähr zwei Millionen Dollar gestiegen. Als das Unternehmen zur Deckung dieser höheren Kosten seine Preise anhob und die Branche in eine konjunkturelle Flaute rutschte, liefen ihm eine ganze Reihe von Kunden davon. Die Führungsriege trieb Wallace noch weiter in diesen Teufelskreis der höheren Kosten und sinkenden Umsätze hinein, da die Topmanager einen Großteil ihrer Zeit außer Haus verbrachten und quer durchs Land reisten, um Reden zum Baldrige Award zu halten. In einem Interview mit der Zeitschrift *Business Week* meinte der CEO John W. Wallace: »Wir waren so sehr mit unseren Präsentationen beschäftigt, daß wir uns nicht mehr genug um unsere Kunden und Umsätze kümmerten.«

Untersuchungen zur Wirksamkeit von TQM-Programmen spiegeln im Großen und Ganzen die Erfahrungen wider, die FPL Co. und Wallace gemacht haben. Zwei Drittel der 500 Unternehmen, die Arthur D. Little 1992 befragte, gaben an, daß ihre Qualitätsprogramme keinen »wesentlichen Einfluß« auf ihre Wettbewerbsfähigkeit gehabt hätten. Vier Fünftel der 100 britischen Firmen, die A. T. Kearney, Inc. 1992 um ihre Meinung bat, vertraten die Ansicht, daß ihre Qualitätsprogramme keine »greifbaren Ergebnisse« gezeitigt hätten. Und viele der ebenfalls 1992 von Ernst & Young befragten amerikanischen, kanadischen, deutschen und japanischen Firmen berichteten, daß ihre TQM-Investitionen nicht nur keinerlei Leistungssteigerungen zu Folge hatten, sondern sie in einigen Fällen sogar verhinderten.

Das ist das Schlimmste überhaupt. Niemand wird je ermessen können, welch negative Auswirkungen die Baldrige-Qualitätsrichtlinien auf amerikanische Unternehmen haben.

> Dr. W. Edward Deming in seinem letzten Interview, das er zwei Wochen vor seinem Tod der Zeitschrift *Industry Week* gab

Manche Analysten an der Wall Street... tätigen sogar Leerverkäufe mit den Aktien der Baldrige-Gewinner in der Erwartung, daß sie schlechte Ergebnisse vorlegen werden.

> Professor David Garvin von der Harvard Business School, ein ehemaliges Mitglied der Baldrige-Jury, in einem Artikel in der *Harvard Business Review*

Andererseits gibt es aber auch Unternehmen wie Federal Express, das 1990 als erstes Dienstleistungsunternehmen den Malcolm Baldrige National Quality Award entgegennahm. Die Kurierfirma erwies sich als besonders geschickt darin, mit Hilfe der Grundsätze und Instrumente der Qualitätsbewertung ihre bereits gesteckten Zielen schneller zu erreichen. Ein Beispiel: »100 Prozent Serviceleistung bei jeder Sendung« ist schon seit langem ein Ziel, das Federal Express ehrgeizig verfolgt. Früher maß das Unternehmen seine Leistung, indem es prüfte, welcher Anteil der insgesamt ausgelieferten Sendungen pünktlich beim Empfänger eingetroffen waren. Im Juni 1988 wurde dann jedoch ein neuer »Servicequalitätsindikator« (SQI) eingeführt, in dem Federal Express verschiedene Auslieferungsfehler definierte (unter anderem »Verpackung beschädigt« oder »richtiger Tag, aber verspätete Auslieferung«) und diese dann jeweils gewichtete (zum Beispiel zehn Punkte für »Verpackung beschädigt« oder ein Punkt für »richtiger Tag, aber verspätete Auslieferung«). Das Ziel des Unternehmens: Eine kontinuierliche Erhöhung der Zahl der ausgelieferten Sendungen bei gleichzeitiger Reduzierung der SQI-Gesamtpunktzahl. (Die genaue Zusammensetzung des SQI ist in Kapitel 8 abgebildet.)

1994, sechs Jahre nach der Einführung des SQI-Systems, war das Paketvolumen von FedEx um 82 Prozent auf 1,8 Millionen Sendungen pro Nacht angestiegen. Trotz dieser ungeheuren Menge war jedoch die absolute SQI-Punktezahl um vier Prozent zurückgegangen, was auf eine beträchtliche Verringerung der Fehler pro 1000 ausgelieferte Sendungen hindeutete. Parallel dazu gelang es Federal Express in einem ähnlichen Zeitraum, nämlich zwischen 1990 und 1994, seine Kosten pro Sendung um mehr als 20 Prozent zu drücken. Wie die stetigen Leistungssteigerungen bei gleichzeitiger Kostenreduzierung zeigen, haben die TQM-Investitionen der Servicegarantie von Federal Express, die ihm anvertrauten Sendungen »mit hundertprozentiger Sicherheit« pünktlich auszuliefern, noch mehr Glaubwürdigkeit verliehen – ohne daß dies negative Auswirkungen auf die Gewinne des Unternehmens gehabt hätte.

Noch eindrucksvoller sind die Erfahrungen der Ford Motor Company. Ford würde es heute wahrscheinlich nicht mehr als unabhängiges, rentables Unternehmen geben, hätte es sich in den späten 70er Jahren nicht den Grundsätzen der Qualitätsbewegung verschrieben. Ebenso wenig hätten Toyota oder Komatsu zum Schreckgespenst der amerikanischen Automobil- bzw. Erdbaugeräteindustrie werden können, hätten sie nicht etliche Jahre zuvor ihre Mitarbeiter auf dieselben Qualitätsprinzipien eingeschworen.

In ihrer Summe waren die Veränderungen, die weltweit von TQM-Initiativen hervorgerufen wurden – von Firmen wie Federal Express und der Ford Motor Company in den USA bis hin zu Komatsu und Toyota in Japan – so sensationell, daß man sich kaum noch vorstellen kann, wie Unternehmensführung in der Ära vor der Qualitätsrevolution überhaupt vonstatten ging. Aber vor noch gar nicht allzu langer Zeit waren die Praktiken, die heute als absurd gelten, in den meisten Unternehmen Standard: Die Einhaltung von Produktnormen wurde erst durch eine Inspektion am Ende der Fertigungsstraße in die Erzeugnisse »hineingeprüft«. Verbesserungen der Produktzuverlässigkeit galten als kostspieliges Extra, das auf den meisten Märkten völlig unnötig war. Die Mitwirkung der Linienmitarbeiter an Verbesserungsprozessen war eine Rarität, der man gemeinhin mit Mißtrauen begegnete. Kurz gesagt: Vieles von dem, was wir heute für gute Managementpraktiken halten, wurde vor dem TQM-Zeitalter als unwesentlich, extravagant oder gar gefährlich abgetan.

Die Schlußfolgerung der TQM-Fanatiker, daß Unternehmen die Grundsätze der Qualitätsbewegung buchstabengetreu ohne jede Veränderung befolgen müssen, ist vor dem Hintergrund dieser Daten ebenso grundverkehrt wie die Einstellung der extremen TQM-Skeptiker, die die Qualitätsbewegung als eine von vielen kurzlebigen Modeerscheinungen im Management schlechtweg ignorieren wollen. Die kognitive Psychologie würde diese Fehlschlüsse möglicherweise als Ergebnisse einer Denkweise diagnostizieren, bei der nur »alles oder nichts« gilt (im Fachjargon »dichotomes Denken« genannt). Bei diesem Ansatz werden

Daten so angeordnet und hingebogen, daß fehlerhafte Schlußfolgerungen daraus gezogen werden, die ihrerseits wieder zu
schlechte Entscheidungen führen. Meiner Ansicht nach ist es
sinnvoller, bei der Datenanalyse TQM als wirksamen, bahnbrechenden Managementansatz zu betrachten, der aber selbst durchaus weiter verbessert werden kann – wie es James Broadhead von
Florida Power & Light ja eindrucksvoll unter Beweis stellte.

Was dem einen recht ist …:
Finden Sie als erstes die Fehlerquellen

Ein Grundprinzip des Total Quality Management lautet, daß der
Weg zu Verbesserungen mit der Suche nach den Fehlerquellen
beginnt. Seltsamerweise wenden die Praktiker zahlreicher Unternehmen diesen Grundsatz auf alle möglichen geschäftlichen Situationen an – nur nicht auf das Qualltätsmanagement selbst.
Wer bereit ist einzugestehen, daß selbst TQM-Programme kontinuierlich verbessert werden müssen, sollte sich nachfolgende *drei
Fragen* einmal durch den Kopf gehen lassen:

1. Ist das Verfahren wichtiger geworden als die Zielsetzung?
Seit Jahrhunderten schon streiten sich die Theologen darüber, inwieweit der Weg zum Seelenheil von der Einhaltung der Regeln
oder der Absicht und dem Ergebnis persönlichen Handelns abhängt. Für die Religion weiß ich diese Frage nicht zu beantworten,
aber ich bin überzeugt, daß in der Wirtschaft ein mit einer bestimmten Intention eingesetztes Verfahren weitaus wirksamer ist
als eines, hinter dem der Glaube steht, daß »alles wie gewünscht
funktionieren wird, wenn wir uns nur an die Vorgaben halten«.
Einige Manager, die TQM in der Praxis einsetzen, teilen meine
Meinung jedoch nicht und argumentieren statt dessen, daß »sich
die angestrebten Ergebnisse schon von selbst einstellen werden,
wenn wir nur für das richtige Verfahren sorgen«. Ich halte das in
den meisten Situationen für einen gefährlichen Weg. James Q.
Wilson, Professor für Staatslehre an der Harvard University, ver-

tritt die Meinung, daß ein solcher Ansatz zu »verfahrensbesesse-nen Organisationen« führt, in denen »wichtiger ist, *wie* die Mit-arbeiter ihre Aufgaben erledigen, und nicht, ob ihre Arbeit auch zu den gewünschten Ergebnissen führt«. Es ist zwar richtig, daß solche Prozesse den Entscheidungsspielraum der Beschäftigten zunächst erweitern, da sie ihnen ermöglichen, sich neue Fähig-keiten und Einsichten anzueignen. Wenn sie jedoch blindlings befolgt werden, können sie zu einer Zwangsjacke für das Unter-nehmen werden und sowohl kritische Fragen als auch kreative Lösungen von vornherein verhindern.

Im Falle von TQM kann diese Einstellung im Laufe der Zeit sogar Problemlösungen verbieten, die nicht dem vorgeschriebe-nen Ansatz entsprechen, und somit jegliche Verbesserungen des TQM-Programms selbst unmöglich machen. Oder sie könnte – und das ist ebenso gefährlich – im Unternehmen so viele verfah-renstechnische Hürden errichten, daß Innovationen nur noch im Schneckentempo vor sich gehen und alle Mitarbeiter, bis viel-leicht auf die eingefleischtesten Bürokraten, demotiviert werden. Solche negativen Symptome waren anscheinend bei Florida Power & Light zu beobachten, bevor Broadhead seine Verände-rungen durchsetzte. Broadhead selbst erklärte seine Maßnahmen in seinem Schreiben vom Juni 1990 so: »In dem Bemühen, Qua-litätsverbesserungen an allen Fronten zu erreichen, haben wir den Schwerpunkt in erster Linie auf die Institutionalisierung ver-fahrenstechnischer Anforderungen und Prozesse gelegt … [was] ungeheuer viel Zeit in Anspruch nahm und bisweilen wirklichen Innovationen und kreativen Lösungen im Wege stand.«

Wir können ihnen nicht befehlen, schneller zu arbeiten. Bei uns zählt Qualität mehr als die Einhaltung zeitlicher Vorgaben.

Erklärung des Leiters der für den Baldrige Award zuständigen Kommission im US-Handelsministerium auf die Frage, weshalb ihre Stellungnahme zur Bewerbung eines Unternehmens vier Monate später als versprochen fertiggestellt wurde

---

Broadheads Ansatz zur ausgewogenen Vereinigung von Verfahren und Zielsetzung macht Sinn: Vertrauliche Gespräche sollen zeigen, wie das Verfahren tatsächlich in der Praxis funktioniert. Auch seine Problemlösung ist vorbildlich: Er stutzte zwar die schlimmsten Verfahrensauswüchse zurecht, hielt aber an den zentralen Prinzipien fest. Perfektes Einhalten der Verfahrensvorschriften mag zwar die »Regelpolizei« im Unternehmen erfreuen, doch wenn dabei flexible, rechtzeitige und kreative Problemlösungen auf der Strecke bleiben, ist das ganz gewiß nicht förderlich für die zukünftige Entwicklung des Unternehmens.

2. Wird das Verfahren von den Hohepriestern der Qualitätsbewegung wie ein Schatz gehütet?
Total Quality Management kann ein Unternehmen grundlegend verändern. Ob dies jedoch gelingt, hängt von den Menschen ab, die an der Spitze dieser Initiative stehen. Schließlich sind sie für die Zielvorgaben verantwortlich und müssen sicherstellen, daß dieses Verfahren dem Unternehmen dienlich ist und nicht umgekehrt. In manchen Firmen wird diese Aufgabe jedoch den TQM-Spezialisten überantwortet. Sie ernennen sich dann häufig selbst zu den Hohepriestern der Qualitätsrevolution, da sie sich als Gralshüter eines heiligen Schatzes betrachten, dessen Wert ihrer Meinung nach nur durch strikte Einhaltung der von den Kommandohöhen vorgegebenen Verfahrensvorschriften bewahrt werden kann. Dieses Problem ist noch gravierender, wenn die Experten betriebswirtschaftlichen Überlegungen keine große Affinität entgegenbringen (oder sie – wie ich es in einigen Fällen selbst erlebt habe – sogar bewußt ablehnen) bzw. nicht gerade für ihr gutes Urteilsvermögen in wirtschaftlichen Fragen bekannt sind.
In den großen Religionen dieser Welt ist es Aufgabe der Priesterschaft, Rituale zu bewahren und die Fügsamkeit der Gläubigen sicherzustellen. In der Regel werden Menschen als Glaubenshüter auserkoren, die sich im Laufe vieler Jahre ein umfangreiches Wissen angeeignet haben. In Unternehmen kann es vorkommen, daß die Gralshüter eines Verfahrensansatzes (ob es sich nun um externe Berater oder interne Spezialisten handelt) vergessen, daß

ihre Aufgabe darin besteht, die Mitarbeiter zu überzeugen, zu überreden und dabei zu unterstützen, sich auf den Weg zu neuen und besseren Ufern zu machen. Statt dessen werden die Spezialisten selbst zu einem Hindernis für den Wandel.

3. Enthält die Zieldefinition Standards, an denen der Prozeß selbst gemessen werden kann, so daß gegebenenfalls Anpassungen möglich sind?
Versuchen Sie doch einmal folgendes Experiment: Fragen Sie die Verantwortlichen, worauf ihr TQM-Programm ihrer Meinung nach hinauslaufen soll (oder, falls es sich um Gurus der Qualitätsbewegung handelt, welche Ziele mit TQM-Initiativen im allgemeinen verfolgt werden sollen). Hätten Sie diese Frage in den späten 70er Jahren in den Vereinigten Staaten gestellt, hätten Sie als Antwort Schlagworte wie »null Fehler« oder »einwandfreie Leistung« zu hören bekommen. Heute können Sie eher mit anderen Formulierungen rechnen, zum Beispiel »vollkommene Zufriedenheit interner und externer Kunden« oder »Kundenbedürfnisse und -erwartungen erfüllen und übertreffen und unsere Kunden hoffentlich auch begeistern«.

Wir garantieren, Dokumente von maximal zwei Seiten Länge innerhalb von sechs Stunden zu bearbeiten ... (gilt nicht für nachträgliche Änderungen des Kunden oder bei einem Ausfall von Bürogeräten). Wir garantieren, daß Sie und Ihre Besucher während der üblichen Geschäftszeiten stets am Empfang von einem Mitarbeiter begrüßt werden ... (diese Garantie erstreckt sich nicht auf kurze Pausen von weniger als fünf Minuten). Für jeden Tag, an dem vor Ort kein Manager [des Unternehmens] zu Ihrer Unterstützung bereitsteht, wird Ihnen die Miete erlassen (die üblichen Mittags- und Erholungspausen sind aus dieser Garantie ausgenommen).

Auszug aus der »Qualitätsstandardgarantie« eines Unternehmens, das Büroräume und -dienstleistungen anbietet

---

Alle diese Antworten sind jedoch nicht hundertprozentig richtig. Schlagworte wie »null Fehler« oder »makellose Leistungen« sind bedeutungslos, wenn sie nicht auf ein besseres Preis-Leistungs-paket für eine *spezifische* Kundengruppe hinauslaufen. Slogans wie »Kundenzufriedenheit« und »den Kunden begeistern« stellen zwar implizit eine Verbindung her zwischen der Qualität und der Fähigkeit eines Unternehmens, seinen Kunden ein besseres Preis-Leistungspaket zu bieten als die Konkurrenz, aber sie sind trotzdem noch nicht aussagefähig genug. Schließlich kann jedes Unternehmen seinen Kunden ein besseres Angebot unterbreiten, wenn es sich nicht überlegen muß, ob es damit auch für sich einen Gewinn erwirtschaftet oder nicht.

Aus diesem Grund schlage ich gerne eine Brücke zwischen Qualitätsmanagement und der langfristigen Unternehmensstrategie. Dazu verwende ich das Konzept der »adäquaten Qualität«, einer beweglichen Größe, die stets darauf abzielt, den Kunden ein Preis-Leistungspaket zu bieten, das sie im Vergleich zu den Konkurrenzangeboten als vorteilhaft empfinden, das aber gleichzeitig für das Unternehmen genug Gewinn abwirft und sich an die sich im Zeitverlauf verändernden Umstände anpassen muß. (Dieses Konzept wurde bereits detailliert in Kapitel 3 beschrieben.) In den Worten von Edith Kelly, die das Ziel des Qualitätsprozesses bei Federal Express zitiert, liest sich das so: »Qualität total ist ein personenorientiertes Managementsystem, das darauf abzielt, *die Zufriedenheit der Kunden kontinuierlich zu steigern und dabei die Kosten stetig zu senken.*«

Manche werden diese Verbindung zwischen TQM und einem »günstigen, aber gewinnbringenden Preis-Leistungspaket« bestimmt als unzulässige Verengung des Blickwinkels betrachten. So argumentierte beispielsweise Professor David Garvin von der Harvard Business School, der früher im Baldrige-Prüfgremium saß, in einem Artikel in *der Harvard Business Review:* »Der Baldrige Award und kurzfristige Finanzergebnisse sind wie Öl und Wasser: Sie passen überhaupt nicht zusammen – und das ist auch gar nicht beabsichtigt. Die Verleihung des Baldrige ist weder eine notwendige noch eine hinreichende Bedingung für den finanziellen Erfolg.«

Aber weder für gewinnorientierte noch für gemeinnützige Organisationen ist der finanzielle Erfolg eine Größe, auf die sie ohne weiteres verzichten können. Im Gegenteil: Ein *stabiler Cashflow* ist eine grundsätzliche, unabdingbare *Voraussetzung* für das langfristige Überleben und den Markterfolg. Der Cashflow bietet nicht nur den Aktionären die Aussicht auf höhere Erträge, sondern fließt auch auf dem Wege der Reinvestition in Ziegel und Mörtel, in Menschen und Systeme, in Ausrüstungsgüter und Technologien, in Forschung und Entwicklung – alles maßgebliche Bestimmungsfaktoren der zukünftigen Unternehmensleistung.

Ein Unternehmen muß zwar nicht unbedingt im nächsten Quartal eine Verbindung zwischen der Qualität und der Gewinnvariablen in meiner Gleichung herstellen, aber wenn es diese Brücke nicht bewußt und diszipliniert schlagen kann, steigt die Wahrscheinlichkeit, daß es Marktanteile an andere Wettbewerber abgeben muß, denen dieser Spagat gelingt. Dann können alle noch so schönen Reden zum Thema Qualität nicht darüber hinwegtäuschen, daß sich das Unternehmen Gelegenheiten hat entgehen lassen, die das Streben nach »adäquater Qualität« – und damit die langfristige finanzielle Stabilität – sichergestellt hätten.

Qualität ist eine Eigenschaft eines Produktes oder einer Dienstleistung, die jemandem hilft und für die es einen Markt gibt.

Dr. W. Edward Deming in seinem letzten Interview,
das er zwei Wochen vor seinem Tod der Zeitschrift
Industry Week gab

Der Begriff »langfristig« ist für die Zeitgeschichte sehr irreführend. »Langfristig« sind wir alle tot.

John Maynard Keynes (1883–1946)

Wirtschaftsunternehmen sind komplexe Organismen. Ihre Grundlage bilden die vielschichtigen – guten oder schlechten –

Wechselbeziehungen zwischen ganz unterschiedlichen Menschen und einer Vielzahl organisatorischer Mechanismen – Systeme, Verfahren, Maßnahmen, Belohnungen, Strukturen, Unternehmenspolitik, Überzeugungen, Wertvorstellungen und Strategien. Wer sich dem Total Quality Management verschreibt, ruft Veränderungen in all diesen Mechanismen hervor, die im positiven Falle die Wünsche der Kunden besser befriedigen und dabei dem Unternehmen einen höheren Gewinn bescheren können. Wenn Sie jedoch wie ich davon überzeugt sind, daß niemand im voraus genau wissen kann, wie ein Unternehmen auf diese Veränderungen reagiert, dann können Sie auch nicht ernsthaft darauf hoffen, daß Ihnen ein Patentrezept eine zufriedenstellende Antwort liefert. Daher empfiehlt es sich, Total Quality Management als einen Prozeß mit vielen Wiederholungsschleifen zu betrachten, in dem Sie aus den eigenen und den Erfahrungen anderer lernen, Veränderungen in Ihrem Unternehmen vornehmen, wieder und wieder auf neue Erkenntnisse stoßen, Ihren Kurs korrigieren und dann weitere Veränderungen einführen.

Gewiß, ein Motto der Qualitätsbewegung lautet »Machen Sie Ihre Sache auf Anhieb richtig«. Wie bei jeder Exkursion in unbekannte Gefilde kann aber auch bei der Konzeption eines TQM-Programms unmöglich alles beim ersten Versuch perfekt sein. Vielleicht sollten sich die Befürworter von »Qualität total« einen neuen Lehrsatz hinter den Spiegel stecken: »Beginnen Sie einfach einmal, und überlegen Sie sich dann, wie Sie es in Zukunft besser machen können«.

15. KAPITEL

Business Reengineering und die Arbeiten des Herkules

Viele Wege führen zu grandiosen Leistungsverbesserungen

Business Reengineering. 1. Ein Konzept, das den Arbeitsfluß eines Unternehmens gründlich unter die Lupe nimmt und »auf einem leeren Blatt Papier« die Geschäftsprozesse völlig neu gestaltet mit dem Ziel, grandiose Leistungsverbesserungen in den Bereichen Kosten, Zeit und Effizienz zu erreichen. Synonyme: »Business Process Reengineering«, »Redesign primärer Unternehmensprozesse«, »horizontale Organisation« und »Prozeßinnovation«. 2. Ein Allzweckbegriff, der häufig zur Beschreibung jeglicher Art von Kostensenkungsprogrammen und Umstrukturierungsmaßnahmen verwendet wird. 3. Vollbeschäftigungsgesetz für Unternehmensberater.

Herkules war möglicherweise der erste, der die Prinzipien des Business Reengineering in die Praxis umsetzte. Diese Ehre verdiente er sich mit der Reinigung der Augiasställe, der fünften seiner Zwölf Arbeiten, die er für König Eurystheus vollbringen mußte.

Die Reinigung der Ställe des Augias, einem Sohn des Sonnengottes Helios, war schwieriger, als man auf den ersten Blick annehmen würde. Augias hatte nämlich riesige Herden mit Tausenden von Rindern, und die betreffenden Stallungen waren jahrelang nicht ausgemistet worden. Und als ob dies nicht genügte, befahl Eurystheus dem Herkules, diese Arbeit auch noch innerhalb eines einzigen Tages zu vollenden. Nach Eurysteus' Rechnung konnte nicht einmal Herkules mit seiner übermenschlichen Kraft soviel Unrat in so kurzer Zeit wegschaffen.

Das war auch Herkules klar, und daher versuchte er gar nicht erst, den Mist auf die traditionelle Weise in Körben aus den Ställen zu tragen. Statt dessen gestaltete er – wie wir heute sagen würden – »durch radikales Redesign den Prozeß der Stallreinigung völlig neu, um grandiose Leistungsverbesserungen bei der Mistbeseitigung zu erzielen«. Sein Reengineering-Plan besticht durch seine Einfachheit: Erst schlug er Löcher in die Stallwände, dann grub er zwei tiefe Kanäle vom Stall zu den beiden nahegelegenen Flüssen. Und siehe da, das Flußwasser durchspülte die Ställe und trug den ganzen Mist mit sich fort.

Man muß den Stier stets bei den Zähnen packen.

Samuel Goldwyn, Filmmogul (1882–1974)

Wie zu erwarten, wurde Herkules nach einer Reengineering-Tat dieser Größenordnung von den Medien gefeiert. Die Griechen betrachteten ihn als ihren größten Helden. Noch nach mehreren Jahrtausenden gilt seine Arbeit als exemplarisch: 1976 entschied das US-Verfassungsgericht in der Rechtssache *Sakraida* gegen *Ag Pro Inc.,* daß Ag Pros Patent für ein Stallspülungssystem nichtig sei. Die Begründung: Herkules habe in den Augiasställen den »Stand der Technik« vorgegeben. Richter Brennan schrieb im Namen des Gerichts: »Systeme, die Wasser zur Entfernung tierischer Exkremente von Stallböden verwenden, gibt es in der Viehzucht bereits seit der Antike.« Er nannte hierbei ganz explizit die fünfte Arbeit des Herkules und zitierte eine Version der Sage aus dem Jahr 1893 in ihrem vollen Wortlaut.

Heute findet das Konzept des Business Reengineering in der Wirtschaftspresse ähnlichen Anklang. Alle einschlägigen Publikationen, angefangen vom *Wall Street Journal* bis hin zum Wirtschaftsmagazin *Fortune,* haben in längeren Artikeln die Vorzüge des Reengineering als bahnbrechende Neuerung in der Managementpraxis gepriesen. Michael Hammer und James Champy, die

Autoren des Bestsellers *Business Reengineering*, gehen noch einen Schritt weiter: Sie betrachten ihr Buch als das Grundsatzwerk für das »postindustrielle Zeitalter, an dessen Schwelle sich unsere Wirtschaft heute befindet« – ihrer Meinung nach ist es das erste Buch mit einer derartigen Tragweite, seit Adam Smith 1776 sein Meisterwerk *Der Wohlstand der Nationen* veröffentlichte. Business Reengineering, so Hammer und Champy, sei für viele Unternehmen die »einzige Hoffnung ..., ihre Wettbewerbsstärke wiederzubeleben« und »sich von den ineffektiven, antiquierten Geschäftsmethoden der Vergangenheit zu lösen, die andernfalls unweigerlich zu ihrem Untergang führen werden«.

Angesichts solcher Erwartungen müssen Sie unbedingt neben dem prophezeiten Nutzen des Business Reengineering auch seine potentiellen *Risiken* kennen. Sie müssen hinterfragen, ob Business Reengineering tatsächlich für viele Unternehmen »die einzige Hoffnung ist, ihre Wettbewerbsstärke wiederzubeleben«.

Herkulische Sprünge im Business Reengineering: Siegesbotschaften und Trauergesänge

Seit der Veröffentlichung des Buchs von Hammer und Champy werden sämtliche Kosteneinsparungsprogramme und alle »Feld-Wald-Wiesen-Reorganisationen« gerne mit dem Etikett »Business Reengineering« aufpoliert. Aber Hammer und Champy definieren »Reengineering« sehr viel genauer; für sie ist es die »radikale Neugestaltung der Arbeitsabläufe im Unternehmen mit dem Ziel, Leistungsverbesserungen um Größenordnungen in Leistungsgrößen wie Kosten, Zeit und Effektivität zu erzielen«. Reengineering, so die beiden Autoren, muß von der Unternehmensspitze ausgehen (»Grundsätzlich gilt, daß Business Reengineering nie und nimmer von unten nach oben erreicht werden kann.«), muß umfassend sein (»Wir sind überzeugt, daß Business Reengineering in kleinen, vorsichtigen Schritten nicht möglich ist. Bei diesem Ansatz ... geht es um alles oder nichts.«) und strebt ehrgeizige Ziele an (»Beim Business Reengineering geht es um die *völlige Neugestaltung* des Unternehmens – nicht um eine Verbesserung, Erweiterung oder Modifizierung der Geschäftsabläufe.«).

Die Firma Taco Bell liefert ein ausgezeichnetes Praxisbeispiel für die bahnbrechenden Leistungssteigerungen, die mit Hilfe des Business-Reengineering-Konzeptes möglich sind. Ausgangspunkt war hier ein grundlegendes wirtschaftliches Faktum in der Fast food-Branche: Nur ein Bruchteil der Kosten verursacht das Essen selbst. Wie John Martin, seit 1983 Chef von Taco Bell und Verfasser des Fallbeispiels über sein Unternehmen in Hammer und Champys Buch *Business Reengineering,* erläutert, fließen in einem durchschnittlichen Schnellrestaurant ungefähr 25 Prozent des Gesamterlöses in die Wareneinstandskosten, also Essen und Verpackung. Acht Prozent werden für Marketingmaßnahmen aufgewendet und die verbleibenden 67 Prozent entfallen dann auf indirekte Kosten und Gewinne. Gewinnsteigerungen werden in der Regel über Einsparungen bei den ersten 25 Prozent erzielt. Martin kam zu dem Schluß, daß Taco Bell exakt den entgegengesetzten Weg einschlagen sollte und alle Kosten, einschließlich der Werbeausgaben, kürzen würde, die *nicht* zu den ersten 25 Prozent gehörten.

Dieser Vorstoß wurzelte in dem revolutionären Gedanken, daß »unsere Restaurants Speisen *verkaufen,* nicht *herstellen* sollten«. Taco Bell nahm daraufhin radikale Veränderungen vor. Eine davon bestand darin, das Verhältnis zwischen Küche und Gästebereich durch eine weitgehende Verlagerung der Speisenvorbereitung und Kochvorgänge in eine Zentralküche von 70 zu 30 in 30 zu 70 zu verkehren. Eine zweite Änderung war 1990 die Einführung sogenannter »Value Menus« zu 59, 79 und 99 Cent. Das Resultat: Obwohl die Restaurants von Taco Bell 1992 im Durchschnitt genauso groß waren wie 1983, fanden dort doppelt so viele Gäste Platz, und die maximale Umsatzkapazität war von 400 auf 1500 Dollar pro Stunde gestiegen. Gleichzeitig waren die Preise im Mittel um zirka 25 Prozent gesunken. Außerdem expandierte das Unternehmen stetig und steigerte seinen Umsatz, der 1983 bei ungefähr 500 Millionen Dollar lag, innerhalb von neun Jahren um das Sechsfache. 1994, als die beiden anderen großen Restaurantketten der Pepsi-Gruppe, Pizza Hut und das auf Hähnchengerichte spezialisierte KFC (ehemals Kentucky Fried Chicken) unter deutlichen Umsatzeinbußen zu leiden hatten, wuchs Taco Bell noch immer: Sein Gewinn lag im ersten Quartal 1994 gut acht Prozent über dem Vergleichszeitraum des Vorjahres, während Pizza Hut und KFC Rückgänge von 18 bzw. 23 Prozent hinnehmen mußten.

Ohne jeden Zweifel ermöglichte seine Reengineering-Initiative Taco Bell diesen geradezu herkulischen Sprung. Wie jedoch andere Firmen erleben mußten, kann die allumfassende Attacke der hergebrachten Geschäftspraktiken, die Business Reengineering verlangt, auch mit erheblichen Risiken verbunden sein. Hören wir uns an, was ein Spitzenmanager eines anderen, als klassische Erfolgsstory gehandelten Unternehmens, über das Reengineering-Vorhaben in seinem Geschäftsbereich zu berichten hat, den wir als »Campanilla-Sparte« bezeichnen wollen:

Wir begannen mit dem Business Reengineering in einem Teil unseres Geschäftsbereichs, der antiquiert war und nicht mehr zum geschäftlichen Umfeld und den Bedürfnissen unserer Kunden paßte. Dort war die Zusammenarbeit mit den Reengineering-Beratern ein Erfolg auf der ganzen Linie und jeden Pfennig wert. Aber dann kamen die Berater zurück und unterbreiteten einen weitreichenden, radikalen Vorschlag. Die Veränderungen waren einfach zu umfassend – viel mehr, als wir jemals hätten verkraften können. Die meisten von uns [Führungskräften in der Geschäftsleitung] wußten das auch, aber die Berater verführten einfach unseren Spartenleiter. Wir mußten tatenlos zusehen: Sie wußten, was er hören wollte und erweckten den Eindruck, daß dieses Mega-Reengineering-Projekt all seine Probleme lösen würde und daß er dann ein Wirtschaftskapitän sein werde, »der die Geschicke seines Unternehmens nach den modernsten Managementgrundsätzen lenkt«. Er nahm ihnen alles ab.

Also liefen bei uns zwischen 20 und 35 Berater herum, von denen viele allem Anschein nach gerade einmal auf ein oder zwei Jahre Berufserfahrung zurückblicken konnten. Dann gab's vielleicht ein halbes Dutzend leitende Berater – Sie wissen schon, solche, die mit den Führungskräften meiner Ebene sprechen. Und wir stellten zwischen 75 und 100 unserer Mitarbeiter für dieses Projekt ab. Doch obwohl unsere Leute in der Überzahl waren, gaben die Berater den Ton an. Sie setzten dabei höchst interessante Methoden ein. Sie arbeiteten mit sogenannten »Schablonen«, von denen man keinesfalls abweichen durfte. Auf diese Weise sind eine ganze Reihe von Beratern schwer beschäftigt und behaupten dennoch, daß sie uns einfach nur »unterstützend unter die Arme greifen« würden.

Wir übten viel… aber jedesmal, wenn sich ein Team zu bilden begann, stand offenbar eine Neuorganisation an. Ich sollte später lernen, daß wir neuen Situationen gerne mit einer Umstrukturierung begegnen und daß dies eine fantastische Methode sein kann, um den Anschein des Fortschritts zu erwecken, während in Wahrheit Verwirrungen, Ineffizienz und Demoralisierung hervorgerufen werden.

Petronius der Schlichter, 66 n. Chr., zitiert in
Robert Townsends Buch *Up The Organization*

In unserem Unternehmen gab es also nur zwei oder drei Manager, die beschreiben konnten, was sich da eigentlich abspielte. Selbst die Insider in unserem Lenkungsausschuß verstanden nicht alle Einzelheiten und konnten gewiß nicht erklären, wie die einzelnen Teile zusammenpassen sollten. Zwei oder drei Ebenen darunter wußten die Manager, daß das Ganze außer Kontrolle geraten war, aber sie glaubten, daß es politischem Selbstmord gleichkäme, wenn sie es wagten, auf diesen Umstand hinzuweisen. Und damit hatten sie auch durchaus recht, denn wenn irgend jemand den Mund aufmachte, liefen die Berater gleich zum CEO und beklagten sich, daß Suzie »keinen Funken Teamgeist besitzt«, daß John »sich gegen den Wandel sträubt« oder daß es doch jammerschade sei, »daß der gute alte Bill nicht richtig mitmacht, sondern sich so sehr an die Vergangenheit klammert«. Dadurch verloren unsere Beschäftigten mehr und mehr das Vertrauen in das Management.

Und wissen Sie was: Die einzelnen Teile fügten sich niemals zu einem kohärenten Ganzen zusammen. Niemand brachte die Einzelheiten in einen übergeordneten Zusammenhang. Wir produzierten immer mehr und mehr Papier – also, auf den Papierverbrauch verstehen sich diese Berater wirklich – und wir gaben eine Million nach der anderen aus. Aber wir bekamen nicht viel für unser Geld zu sehen, weder in Form von Nettokosteneinsparungen noch auf dem Weg des Umsatzwachstums, und schließlich feuerte X [der Manager, dem der Spartenleiter unterstellt war] unseren Chef. Das Reengineering-Projekt war einer der Gründe, die zu seiner Entlassung führten; der Hauptgrund aber war das fehlende Umsatzwachstum. Abgesehen von dem ersten erfolgreichen Projekt landete also ein Großteil der Empfehlungen auf dem Müll. Das erste Projekt war durchaus sinnvoll gewesen, und hätten wir es dabei belassen, so würden wir heute großartig dastehen. Aber das Gesamtprojekt war schlicht und ergreifend zuviel für unser Unternehmen; dieser Bissen blieb uns im Hals stecken.

Von stolzen Summen und unbeabsichtigten Ergebnissen: die Risiken des Business Reengineering

Die Campanilla-Sparte ist kein Einzelfall. Selbst Hammer und Champy schätzen in ihrem Buch, daß bis zu 70 Prozent der Reengineering-Initiativen mißlingen. 1994 veröffentlichte CSC Index Inc., die Beratungsfirma, für die Michael Hammer gearbeitet hat und deren Chairman James Champy ist, detaillierte Daten. Von 99 amerikanischen und europäischen Unternehmen, die an einer »Umfrage zum Stand des Business Reengineering« teilnahmen und ein Reengineering-Projekt abgeschlossen hatten, vermeldeten 33 Prozent, die Initiative habe ihre »Erwartungen übertroffen« oder »alle Erwartungen erfüllt«. 42 Prozent dagegen meinten, sie hätte »einige oder wenige Erwartungen erfüllt«, während 25 »keine« positiven Resultate ausmachen konnten.

Der Bericht von CSC Index nennt eine Reihe von Gründen für diese Mißerfolge, darunter zu zaghafte Ambitionen, mangelnde Unterstützung durch das Topmanagement, mangelnde interne Kommunikation und vor allem unzureichende Fähigkeiten im Projektmanagement. Nicht erwähnt werden jedoch extreme Variablen wie die Erfahrungen der Campanilla-Sparte: enorme Beraterhonorare, die den erzielten Nutzen überschreiten, sowie eine Überbetonung der *theoretischen* Reengineering-Kenntnisse Außenstehender bei gleichzeitiger Vernachlässigung des *praktischen* Wissens der Mitarbeiter im Unternehmen über die *Substanz* ihres Geschäftes.

Daß die Kosten eines Reengineering-Systems derartige Ausmaße annehmen können, dürfte eigentlich niemanden wundern. Schon zur Zeit des Herkules ging es ja um stolze Summen. Nachdem der antike Held seine Zwölf Arbeiten erfolgreich gemeistert hatte, trat Eurystheus das Königreich Theben tatsächlich wieder an Herkules' Stiefvater Amphitryon ab. In den Unternehmen von heute werden ähnlich majestätische Summen erreicht: Nach Aussage von James Champy belaufen sich die Beratungskosten über eine Zeitspanne von zwei bis vier Jahren auf 100 000 bis 700 000 Dollar *monatlich.* Diese wahrhaft stolze Summe kann sich zwar als sinnvolle Investition erweisen, wenn sie zu entsprechenden Ergebnissen führt, doch nimmt der Ertrag zusehends ab, wenn der Projektumfang die Veränderungsfähigkeit des Unternehmens übersteigt – wie es zum Beispiel bei Campanilla der Fall war, wo die Mehrzahl der vorgeschlagenen Veränderungen letztlich auf Eis gelegt wurde.

Besorgniserregender ist jedoch die starke Betonung der prozessualen Aspekte des Business Reengineering. Solche Initiativen sind häufig sogar noch stärker formalisiert als das Total Quality Management. Eine Managerin, die an einem erfolgreichen Reengineering-Projekt mitwirkte, erklärte mir hinterher, daß es sie am meisten überrascht habe, daß sich die Berater, mit denen sie zusammenarbeitete, so extrem auf die Einhaltung der Prozeßvorgaben versteiften. »Unsere Branche ist faszinierend«, sagte sie. »Aber das interessierte die Berater kein bißchen. Sie dachten immer bloß an ihre Raster und Zeitpläne.«

Eine solche Akzentuierung des formalen Rahmens ist ein geringeres Problem in Unternehmen, die sich mit dem Management verfahrensorientierter Projekte auskennen. So betonte etwa die oben erwähnte Managerin, die früher einmal für eine Consulting-Firma gearbeitet hatte, ihre eigene Erfahrungen als Beraterin und behandelte die externen Berater ihres derzeitigen Arbeitgebers als reine Ergänzung ihres eigenen Teams. Deren Aufgabe beschränkte sich darauf, das Projekt schneller in Gang zu bringen. Binnen zweier Monate waren sie und ihr internes Team in der Lage, das Projekt ganz allein ohne externe Unterstützung fortzuführen. Ihrer Meinung nach ist der Erfolg ihres Projekts darauf zurückzuführen, daß sie die Verfahrenswerkzeuge der Reengineering-Berater mit den praktischen Unternehmens- und Branchenkenntnissen *kombinieren* konnte, über die sie und ihr Team verfügten.

Probleme sind jedoch in solchen Unternehmen unvermeidlich, deren Führungskräfte sich nicht so gut mit verfahrensorientierten Ansätzen auskennen, die in vielen Beratungsfirmen das tägliche Brot darstellen, aber den meisten anderen Unternehmen nicht gerade geläufig sind weshalb sie denn auch die Steuerung des Reengineering-Vorhabens meist den externen Fachleuten überlassen. Tiefgreifende Veränderungen sind riskant, und selbst wenn die griechische Mythologie uns keine Antwort auf die Frage geben kann, was denn mit dem Ökosystem Griechenlands geschah, nachdem Herkules die beiden Flüsse durch die Augiasställe geleitet hatte, kam es wohl mit Sicherheit zu einigen unbeabsichtigten *Nebenwirkungen.* In Unternehmen können solche Faktoren sich aber ganz subtil und unterschwellig einschleichen. Wenn die internen Mitarbeiter, die diese Anzeichen zwar instinktiv erkennen, den für das Projekt zuständigen externen Beratern nicht gut oder schnell genug Paroli bieten können (was häufig der Fall ist), wird das Risiko solcher negativer Nebeneffekte exponentiell ansteigen.

Unbeabsichtigte negative Konsequenzen können sich aus überraschenden Fallstricken in jedem beliebigen Teil eines neugestalteten Geschäftsprozesses ergeben: aus plötzlichen Veränderungen in den externen Rahmenbedingungen, aus der Zusammenführung der einzelnen Prozeßschritte zu einer nach den Grundsätzen des Business Reengineering neugeordneten Arbeitsorganisation, aus der (mangelnden) Fähigkeit oder Bereitschaft der im Unternehmen verbleibenden Mitarbeiter, die größere Verantwortungslast ihrer neu definierten Stelle zu tragen, aus der Überarbeitung der Personalpolitik sowie aus den Merkmalen der unterstützenden Hardware und Software. Ein Beispiel ist das überarbeitete Cockpit für den Airbus, das Donald Norman, der Leiter der Abteilung Kognitive Wissenschaften an der University of California in San Diego in seinem Buch *Things That Make Us Smart* beschreibt.

In der neuen Pilotenkanzel hat jeder Pilot einen eigenen separat betriebenen »Joystick«. Für den Kapitän auf dem linken Sitz wurde er an die linke Cockpitwand montiert; der für den rechts sitzenden Kopiloten befindet er sich an der rechten Wand. Früher gab es anstelle der neuen, platzsparenden Joysticks zwei große, altmodische elektromechanische Steuerräder frontal vor den beiden Piloten. Sie waren aber miteinander verbunden – im Gegensatz zu den neuen Joysticks – so daß sie sich stets gleichzeitig bewegten. Die neue Variante führt jedoch zu einem unvorhergesehenen Problem. Früher wußten Kapitän und Kopilot automatisch und ohne miteinander sprechen zu müssen, ob der andere gerade das Flugzeug steuerte – sie konnten es buchstäblich sehen. Nach der Einführung des neuen Systems kam es jedoch vor, daß beide Piloten irrtümlich von der Annahme ausgingen, daß der jeweils andere die Maschine steuerte, während dies in Wirklichkeit gar nicht der Fall war, oder daß beide versuchten, das Flugzeug zu steuern, ohne sich bewußt zu sein, daß ihr Kollege ebenfalls gerade zugange war. Durch die Neukonzeption des Cockpits ging somit die Möglichkeit der effizienten Sichtprüfung verloren.

Die unbeabsichtigte Nebenwirkung: Im Gegensatz zu früher war jetzt plötzlich eine verbale Bestätigung nötig.

Ein prosaischeres Beispiel liefert uns ein Unternehmen, von dem man sagen könnte, es sei im Bereich »Bodentransport« tätig. Als ich unlängst im Taxi einer Firma saß, deren Dienste ich gelegentlich in Anspruch nehme, bemerkte ich am Armaturenbrett einen kleinen Computerbildschirm. Auf meine Frage danach erwiderte der Fahrer, daß dies zu einem Pilottest für ein neues System gehöre, das ihn mit der Zentrale verbinde. Daraufhin meinte ich, der Fahrer sei doch bestimmt von dem neuen System begeistert, da er sich nicht mehr mit dem Rauschen und den dauernden Unterbrechungen des Funksystems herumplagen müsse. »Ganz und gar nicht«, rief der Fahrer. Mochte er etwa keine Computer? »Doch«, kam die Antwort, »ich hab selbst einen zu Hause und arbeite gerne damit.« Und obwohl er zunächst nicht so recht artikulieren konnte, was ihm an dem neuen System nicht behagte, kristallisierten sich im Laufe unseres Gesprächs zwei Gründe heraus. Erstens lieferten ihm zuvor die Gespräche der anderen Fahrer, die er über das Funksystem mitanhörte, wichtige Informationen über die aktuelle Verkehrslage, so daß er eventuelle Staus umfahren konnte. Zweitens blieb er über Funk permanent mit seinen Kollegen in Verbindung – ein nicht zu unterschätzender Vorteil in einem ansonsten recht einsamen Beruf.

Beide Gründe waren für ihn wichtig: Der erste verbesserte seine Arbeitsleistung, und der zweite machte seine Tätigkeit angenehmer. Als mich der Fahrer an meinem Bestimmungsort absetzte, dankte er mir, daß ich ihm geholfen hatte, sich über die Beweggründe seiner ablehnenden Haltung einigermaßen klar zu werden. Würde er mit seinen Vorgesetzten darüber sprechen? »Nein«, antwortete er, »damit würde ich mir bestimmt bloß Ärger einhandeln.«

Aus Beispielen wie diesen zog Professor Norman folgenden Schluß: »Die *menschliche* Seite der Arbeitsaktivitäten ist dafür verantwortlich, daß viele Organisationen reibungslos laufen und die ständigen Pannen und Fehler im System überbrücken. Leider werden diese unvermeidlichen Pannen und Fehler in der Regel nicht dokumentiert und im Stillen überwunden. Daher wird die Bedeutung der *informellen Kommunikation* zwischen Mitarbeitern entweder nicht erkannt oder gewürdigt oder wird sogar voller Verachtung als Zeitverschwendung abgetan.« Und, so könnten wir hinzufügen, dieses scheinbar ineffiziente System wird dann zu einem der ersten »Abschußkandidaten«, wenn Außenstehende Business Reengineering betreiben und mit einem alles durchdringenden Röntgenblick zwar die Knochen der Organisation sehen können, aber nicht immer die Muskeln, Sehnen und anderen essentiellen Gewebeteile. Wenn die daraus resultierenden Streichungen unwiderruflich sind (wie es bei radikalen Veränderungen häufig der Fall ist), kann sich dies zu einem ungeheuren Verlust für das Unternehmen auswachsen. Entwickelt sich dann auch noch das Umfeld nicht entsprechend den Erwartungen der Reengineering-Experten (wie so oft bei Zukunftsprognosen), sind unter Umständen noch größere Verluste nicht zu vermeiden.

Das Wesentliche ist für das Auge unsichtbar.

Antoine de Saint-Exupéry, französischer Flugpilot
und Schriftsteller (1900–1944), *Der kleine Prinz*

Viele Wege führen zu Gewinnsteigerungen: Management by Hürdensprünge (oder sogar by Quantensprünge)

Die mit dem Business Reengineering verbundenen Risiken müssen Organisationen jedoch nicht immer auf sich laden – nicht einmal Firmen, in denen ein tiefgreifender Wandel dringend erforderlich ist. Ein alternativer Ansatz, der die Leistung ebenfalls um ein Vielfaches steigern kann und besser zu den Bedürfnissen und Fähigkeiten vieler Unternehmen paßt, ist ein relativ altes Verfahren, das ich »Management by Hürdensprünge« nenne. Stellen Sie sich einmal eine Hürdenläuferin vor. Sie macht viele kleine, schnelle Schritte, um mit genug Schwung zum Sprung über eine weitere Hürde ansetzen zu können. Diesen Ansatz kann man auch wählen, um Durchbrüche bei der Leistung zu erzielen. Wie im Business Reengineering planen auch in diesem Fall die Führungskräfte an der Spitze des Unternehmens den Wandel – mit einem Unterschied: Die Veränderungen erfolgen schrittweise, und die Verbesserungen stellen sich dann ganz plötzlich ein. Viele geringfügige Verbesserungen führen zu einer weitreichenden Verlagerung, die ihrerseits die Basis für neuerliche schrittweise Verbesserungen bildet, die sich dann zu einem neuerlichen Durchbruch summieren.

Ein naheliegendes Beispiel für diesen Hürdenläuferansatz ist die japanische Philosophie des *Kaizen* – der kontinuierlichen, inkrementalen Verbesserungen. So berichtet Albert Seig in seinem Buch *The Toyko Chronicles* beispielsweise über Matsushita Kotobukis Videorecorderfabrik auf Shikoku, Japans fünfter Insel. Als Seig diesem Werk seinen ersten Besuch abstattete, wurde es von nur zwei Fließbandarbeitern in Betrieb gehalten, die ihrerseits jederzeit auf die Unterstützung eines Ingenieurteams bauen konnten. Seigs Gastgeber erklärte ihm, daß man noch fünf Jahre zuvor dort Hunderte von Mitarbeitern und manuelle Montage statt der automatisierten Stationen und Roboterarme angetroffen hätte. Diese Metamorphose war ausschließlich auf *Kaizen* zurückzuführen: Arbeiter bauten die Videorecorder zusammen, Ingenieure beobachteten sie, und beide Gruppen suchten dann gemeinsam nach besseren Montageverfahren, bis die kollektiven Verbesserungen eine ausreichend stabile Grundlage für die Automatisierung eines Teilbereichs bildeten. Dieser Prozeß wurde dann schrittweise im ganzen Werk in einer Reihe von Hürdensprüngen wiederholt. Seigs Gastgeber versicherte auch, daß er bei einem Besuch in fünf Jahren in diesem Werk weitere Verbesserungen in einer ähnlichen Größenordnung vorfinden würde. Das überzeugte Seig, der daraufhin die gleichen Grundsätze mit großem Erfolg in seinem eigenen Unternehmen anwendete.

Für den Fall, daß nun jemand glaubt, *Kaizen à la Fernost* sei der einzige Weg, durch viele kleine Verbesserungen einen großen

Durchbruch zu erzielen, möchte ich als Gegenbeispiel den Weg beschreiben, den Frank Stowe bei dem Zuckerproduzenten Amstar einschlug, noch bevor das Wort *Kaizen* überhaupt in den Wirtschaftsjargon Einzug hielt. 1982 ging Amstars Anteil am Zucker- und Süßstoffmarkt zurück, und zwar aus zwei Gründen. Zum einen gewannen Zuckersubstitute, einschließlich Maissirup mit hohem Fruktosegehalt, immer mehr Marktanteile hinzu; zum anderen hatten die Preise für importierten Rohzucker schwindelerregende Höhen erreicht, da die US-Regierung durch eine künstliche Hochpreispolitik die einheimischen Zuckeranbauer schützen wollte. Stowe, der die Zuckerraffinerie von Amstar in Baltimore leitete, erkannte, daß der beste Ausweg für das Unternehmen in einer Kostenreduzierung bestand, die allerdings nicht zu Qualitätsabstrichen führen durfte.

Der Berater Robert Schaffer berichtet in seinem Buch *The Breakthrough Strategy,* wie Stowe zunächst ein achtköpfiges Team zusammentrommelte. Sieben Teammitglieder waren nach Stunden bezahlte Arbeiter, und einer kam von der Managementseite. Das Team setzte es sich zum Ziel, konkret die Verluste zu verringern, die das Unternehmen dadurch erlitt, daß ein Fünfpfundbeutel riß oder durch übermäßiges Füllen der Zucker herausquoll. Innerhalb von drei Monaten hatten die Bemühungen des Teams zu einer 80prozentigen Verringerung der Zahl der gerissenen Säcke sowie zu einem 56prozentigen Rückgang der überfüllten Beutel geführt. Weitere Teams und immer neue bahnbrechende Ziele führten zu weiteren Hürdensprüngen, die in ihrer Summe die Kosten der Raffinerie deutlich senkten und dennoch zu Qualitätssteigerungen führten. Stowes Erfahrungen veranlaßten daraufhin ein Schwesterwerk in Chalmette im US-Bundesstaat Lousiana, einen ähnlichen Weg einzuschlagen. Auch in diesem Fall summierten sich viele kleine Verbesserungen zu epochalen Durchbrüchen – obgleich Amstar dabei im Gegensatz zu Matsushita in seiner Videorecorderfabrik kaum in neue Anlagen investieren mußte.

Ein weiteres Beispiel liefert uns der berühmte »Workout« von General Electric (GE). Er war die Idee von James Baughman, einem GE-Topmanager. In einem »Workout« kommen Mitarbeiter zusammen, um Beschwerden vorzubringen, Probleme zu analysieren und Lösungen zu erarbeiten. Führungskräfte müssen dabei sehr schnell Entscheidungen fällen: Als GE 1988 seine ersten Workouts abhielt, mußten die Manager auf der Stelle mit »ja« oder »nein« antworten, als ihnen die Teilnehmer Vorschläge unterbreiteten oder, in den wenigen Fällen, in denen genauere Untersuchungen tatsächlich unumgänglich waren, binnen eines Monats. Dies führte zu eindrucksvollen Ergebnissen, von einer 80prozentigen Verringerung der Zykluszeit in der Stahlherstellung im Turbinenwerk in Schenectady, New York, bis hin zu Einsparungen in Höhe von 200 Millionen Dollar bei den Lagerkosten in der wichtigsten Fertigungsstätte für Haushaltsgeräte in Louisville, Kentucky.

Noel Tichy und Stratford Sherman betonen in *Control Your Destiny or Someone Else Will,* ihrer Firmenbiographie über General Electric, daß der Workout eine wichtige Wende in der Einstellung von Konzernchef Welch gegenüber dem Wandel darstellte. Obwohl Jack Welch sich früher mit der Begründung, daß nur große Sprünge weit genug gingen, gegen schrittweise Veränderungen ausgesprochen habe, weckte das Ergebnis des Workout-Programms nach Aussage von Tichy und Sherman in ihm die Überzeugung, daß kleine Verbesserungen ebenso wichtig für den Veränderungsprozeß sein können.

So sehr sich die Hürdensprünge des *Kaizen* auch von den herkulischen Sprüngen des Business Reengineering unterscheiden mögen, gibt es dennoch einen gemeinsamen Nenner. Dazu gehören unter anderem das Vertrauen auf einen von der Unternehmensführung vorgegebenen Plan und der Einsatz relativ vorhersehbarer Change-Management-Verfahren. Manche Vordenker in der Managementtheorie behaupten jedoch, daß durchschlagende Leistungsverbesserungen auch mit weniger Steuerung von oben und weniger strikt vorgefertigten Verfahren erreicht werden können.

Diese These vertritt etwa die BWL-Professorin Meg Wheatley von der Brigham Young University in ihrem Buch *Management and the New Science.* Wheatley vergleicht den Weg der Veränderungen von der Basis aus mit Quantensprüngen. In der Quantenphysik wurde festgestellt, daß Elektronen und andere Atombestandteile plötzliche, unvorhersehbare Sprünge von einem Energiezustand zum anderen machen. Ähnliche lokale, unerwartete Sprünge finden nach Ansicht von Wheatley auch in Unternehmen statt: »Lokales Handeln ermöglicht uns, mit der Bewegung und dem Fluß gleichzeitig ablaufender Ereignisse zu arbeiten ... Diese Veränderungen im kleinen ziehen jedoch einen Wandel im großen nach sich – nicht, weil sie aufeinander aufbauen, sondern weil sie zu einer in sich geschlossenen Einheit gehören, die sie die ganze Zeit über miteinander verbunden hat.« Metaphern beschreiben Organisation natürlich niemals ganz zutreffend. Unternehmen sind keine Maschinen, keine Sportler, keine subatomaren Teilchen. Sie sind ein Verbund von Menschen, die sich zwar in ihren persönlichen Zielen und Fähigkeiten unterscheiden, aber dennoch unterschiedlich wirkungsvoll zusammenarbeiten, vereint durch ein in unterschiedlichem Maße ausgeprägtes Engagement für Ziele, die sich mehr oder weniger überschneiden.

Obwohl sich die Unternehmensrealität also nicht in einer Metapher einfangen läßt, können solche Bilder bei der Skizzierung möglicher Handlungsalternativen hilfreich sein. Manager, die sich dem Business Reengineering verschreiben, gehen davon aus, daß sie ein Unternehmen generalüberholen können – ganz so, als wäre es eine Maschine, die man auseinandernehmen und neu konstruieren kann, so daß sie hinterher wie geschmiert läuft. Führungskräfte, die sich als *Coach* sehen, glauben, sie könnten eine ganze Organisation anfeuern, immer höhere Hürden zu überspringen – wie Trainer es bei Sportlern tun. Manager, die in die Rolle der Quantenphysiker schlüpfen, nehmen an, daß die Sprünge sich ganz von selbst einstellen werden, wenn sie nur das richtige Umfeld schaffen – auch wenn sie dann größtenteils nicht vorhersehbar sind.

Letztlich müssen Führungskräfte selbst entscheiden, welche Metapher sie in einem bestimmten Kontext in ihrem jeweiligen Unternehmen für besonders geeignet halten. Dann müssen sie den gewählten Ansatz aktiv steuern, um sicherzustellen, daß das praktische Knowhow der internen Mitarbeiter nicht von der verfahrenstechnischen Expertise der möglicherweise an der Initiative mitwirkenden externen Spezialisten an den Rand gedrängt wird. Das ist zwar nicht unbedingt eine leichte Aufgabe, aber es ist gewiß besser, als hinterher die Scherben eines großangelegten Programmes zusammenzukehren, das mehr Kosten als Nutzen oder sogar, völlig überraschend, unliebsame Nebenwirkungen mit gravierenden Folgen hervorgerufen hat.

Business Reengineering ist also mit Sicherheit nicht »die einzige Hoffnung« für Unternehmen, die Leistungsverbesserungen um Größenordnungen anstreben. Es ist ein Weg unter mehreren, der sehr wirkungsvoll sein kann und bisweilen auch den optimalen Ansatz darstellt – zumal, wenn die Veränderungen nur von der Unternehmensführung koordiniert werden können.
Taco Bell befand sich in einer solchen Lage; Einzelheiten zur völligen Neugestaltung seiner Restaurants und der Speisenzubereitung konnten erst ausgearbeitet werden, nachdem das Topmanagement das Vorhaben grundsätzlich gutgeheißen hatte. Ebensowenig können Projekte, die auf radikale, abteilungsübergreifende Veränderungen abzielen, ohne den Segen und die Genehmigung der Führungsspitze durchgezogen werden. Stellen Sie sich nur vor, es hätte einen Verband der Flußgötter und eine Gilde der Stallarbeiter gegeben und jedes dieser Organe hätte uneingeschränkte Macht in ihrer jeweiligen Einflußsphäre besessen. Dann wäre es Herkules niemals gelungen, die Augiasställe erfolgreich zu säubern.
Aber Top-down-Veränderungen sind nicht für alle Unternehmen die *richtige* Medizin, und Business Reengineering ist nicht in allen Situationen die beste oder auch nur die bessere Vorgehensweise. Nicht alle Firmen können Reengineering-Projekte erfolgreich durchziehen; ohne starke interne Kapazitäten zur Leitung verfahrensbetonter Projekte steigt die Wahrscheinlichkeit katastrophaler Nebenwirkungen sprunghaft an. Und nicht für alle

Unternehmen bietet es sich an, im Streben nach enormen Leistungssteigerungen alles auf die Reengineering-Karte zu setzen oder diesen Ansatz überhaupt in Erwägung zu ziehen. In manchen Firmen oder Situationen sind Führungskräfte besser beraten, wenn sie weniger radikale und leichter »umkehrbare« Verfahren wählen – nur für den Fall, daß die Veränderungen nicht so verlaufen wie ursprünglich geplant.

Daher zeugt es zwar von großem Verkaufsgeschick, wenn man behauptet, eine bestimmte Vorgehensweise sei die *einzige, ultimative* Lösung für alle Probleme. Allerdings deutet es nicht gerade auf ein ausgeprägtes wirtschaftliches Gespür hin, wenn ein Unternehmen dieses Argument vorbehaltlos akzeptiert, ohne darüber nachzudenken, wie die betreffende Methode zu den Besonderheiten einer *bestimmten* Situation paßt. In der Wirtschaft empfiehlt sich in der Regel der gleiche Ansatz wie beim Bergsteigen: Machen Sie die Augen auf, bevor Sie springen.

Das ist eine scharfe Medizin, aber sie wird alle Krankheiten heilen.

Sir Walter Raleigh (1554–1618) am Tag seiner Hinrichtung
über die Axt, mit der er enthauptet werden sollte

16. KAPITEL

Die Kopfschmerzen
der Kostenführer

Wie man sich mit Kostensenkungen
schwerwiegende Probleme einhandeln kann

> *Kostenführerschaft. 1. Der Heilige Gral der Strategie.
> 2. Das angestrebte Endergebnis von Strategien, die auf
> der Illusion beruhen, daß eine nahezu ausschließliche
> Konzentration auf Kostenreduzierung das Kaufverhalten der Zielkundengruppen nicht beeinflussen wird. Von
> genau diesen Konsumenten nimmt man an, daß sie bei
> Kostensenkungen entweder keinen Unterschied bemerken
> und somit dem Produzenten erlauben, sich die zusätzlichen Gewinne in die eigene Tasche zu stecken, oder sich
> freudig auf ein billigeres Produkt stürzen werden, ganz
> gleich, wie sehr die Qualität oder die angebotenen Leistungen verringert werden. In späteren Stadien können
> Symptome wie Marktanteilsverlust auftreten, wenn die
> Kunden sich Produkten und Dienstleistungen zuwenden, die ein besseres Preis-Leistungspaket bieten. Ähnliche
> Wahnzustände können auch durch »Neugestaltung von
> Kernprozessen«, »Downsizing«, »Rightsizing«, »Abbau
> von Hierarchieebenen«, »Value Engineering« und »Business Reengineering« hervorgerufen werden.*

Das Streben nach Kostenführerschaft ist inzwischen zu einem
allseits beliebten Zeitvertreib geworden, dem sich in vielen Branchen kaum ein Unternehmen verschließen kann. Die *zugrundeliegende* Argumentation scheint unwiderlegbar: Kostenführer
können entweder ihre Preise konstant halten und ihre Gewinn-

spanne pro verkauftem Stück erhöhen oder aber ihre Preise senken und der Konkurrenz Marktanteile abjagen. In beiden Fällen können sie, so wird behauptet, einen Teil ihrer höheren Gewinne im Unternehmen reinvestieren mit dem Ziel, durch Investitionen in Vorhaben wie Werksautomatisierung, verstärkte Produktentwicklung oder geographische Expansion ihren Wettbewerbsvorsprung noch weiter auszubauen.

In der Praxis führen Versuche, die Position eines Kostenführers zu erreichen, jedoch häufig nicht zu den angestrebten Ergebnissen und erweisen sich bisweilen sogar als *kontraproduktiv*, so daß Unternehmen hinterher mit engeren Margen oder kleineren Marktanteilen vorlieb nehmen müssen als *vor* Beginn ihrer Radikalkur. Das Problem wurzelt nicht *per se* in dem Wunsch, die Kosten zu reduzieren; Kostensenkungen sind häufig genau die richtige Medizin für die langfristige Gesundheit des Unternehmens. Problematisch wird es vielmehr, wenn Unternehmen nach den Überlegungen, welche Kosten sie kürzen können, nicht auch die Leistungsverluste betrachten, die sich daraus für den Kunden ergeben.

Nehmen wir als Beispiel das Unternehmen, das die Socken meines Mannes herstellt. Als Ingenieur geht mein Mann die meisten Dinge systematisch an – unter anderem auch den Sockenkauf. Jeden Oktober kauft er sich zehn gleiche Paare, so daß sie im Winter am dicksten und im darauffolgenden Sommer am dünnsten – aber immer noch ohne Löcher – sind. An dieses System hat er sich zehn Jahre lang gehalten und blieb dabei stets der gleichen Sockenmarke und dem gleichen Textilwarengeschäft treu.

Sie können sich also vorstellen, wie überrascht ich war, als ich ihn im Januar des elften Jahres der »Sockensystemzeit« dabei ertappte, wie er ein blitzsauberes und beinahe neues Paar Socken wegwarf. Warum? Nachdem ich die verschmähten Socken aus dem Abfall gefischt hatte, entdeckte ich, daß sie an der Ferse völlig durchgescheuert waren. Innerhalb weniger Monate hatte die Hälfte der übrigen Socken ähnliche Löcher. Und das war kein Wunder: Ein Vergleich mit einer Socke vom vorigen Jahr ergab, daß diese an der Ferse dichter gestrickt war als das Nachfolgermodell.

Würde er sich bei seinem Sockenhersteller beschweren? »Natürlich nicht«, erwiderte er. Seiner Meinung nach stimmte das Preis-Leistungsverhältnis der Socken, wenn sie zwölf Monate lang hielten. Da sie nun nach der Hälfte der sonst üblichen Zeit nicht mehr zu gebrauchen waren, hätte logischerweise auch der Preis niedriger sein müssen, wenn das gleiche Verhältnis wie zuvor gewahrt bleiben sollte. Da jedoch die Firma lediglich ihre Kosten, nicht aber ihre Preise senkte, beschloß mein Mann, sich nach einer besseren Alternative umzusehen. Wie die meisten Konsumenten war er angesichts der vielen Auswahlmöglichkeiten eher bereit, zu einem anderen Hersteller überzulaufen, als sich mit dem ursprünglichen Anbieter auseinanderzusetzen.

Wann würde aber »Sockco«, der Hersteller, von dem mein Mann zehn Jahre lang seine Socken kaufte, feststellen, daß er ein Problem hat? Meine Berechnung sieht so aus: Wir wissen, daß das Modell mit der dünneren Ferse zwischen Oktober 1991 (dem Zeitpunkt, zu dem mein Mann seinen letzten einwandfreien Sockensatz kaufte) und Oktober 1992 eingeführt wurde. Nehmen wir einmal an, die Umstellung erfolgte im April 1992. Wenn andere Sockenkäufer sich ähnlich verhalten wie mein Mann, würde das Textilgeschäft den Nachfragerückgang nicht vor April 1993 bemerken. Erst danach würde es seine Bestellungen beim Hersteller entsprechend zurückschrauben, so daß Sockco frühestens 12 bis 24 Monate nach Beginn seiner Kostensenkungsinitiative die wahren Folgen seiner Maßnahmen zu spüren bekäme.

Was wird dann wahrscheinlich bei Sockco geschehen? Ein mögliches Szenario wäre, daß die Kostensenkungen in den ersten ein oder zwei Jahren großartig erscheinen: Der Umsatz bleibt stabil, während der Gewinn in die Höhe schnellt. Der für die Strategie verantwortliche Manager wird befördert, damit er das gleiche Kostensenkungswunder auch bei anderen Produktlinien bewirken kann. Wenn dann der Marktanteil zu sinken beginnt, ist natürlich sein Nachfolger derjenige, der sich mit diesem Problem auseinandersetzen muß oder gar auf dem Schwarzen Peter sitzenbleibt.

Die Vorgehensweise der Firma Sockco ist nur ein Beispiel für ein weit verbreitetes Problem: Kostensparprogramme, die genau das Gegenteil der anvisierten Ziele bewirken, da unzureichend oder falsch untersucht wurde, welche Auswirkungen sie auf das aus der Sicht des Kunden angebotene Preis-Leistungspaket haben werden. Unternehmen, die hier Abhilfe schaffen möchten, können unter anderem mit einer Unterscheidung zwischen »nichtproduktiven« und »produktiven« Kosten beginnen.

Nichtproduktive Kosten tragen nicht zum Gebrauchsnutzen bei, für den die Kunden zu zahlen bereit sind. Es spricht wohl kaum etwas dagegen, sich exakt dieser Kosten zu entledigen. Leider erweist sich gerade das oft auch als ganz besonders schwierig. Das offensichtlichste Beispiel für nichtproduktive Kosten, die aus der Sicht des Kunden keinen Beitrag zum Angebotsnutzen leisten, sind wohl Aufwendungen für ineffiziente, interne Bürokratien oder überzogene Gratifikationen für Führungskräfte. Eventuelle Einsparungen an dieser Stelle würden die Unternehmensinsider am Lebensnerv treffen: schlankere interne Prozesse verschieben die Grenzen angestammter Hausmachten im Unternehmen; dem Ruf nach weniger Managementprivilegien fallen viele der Annehmlichkeiten zum Opfer, an die Führungskräfte in Schlüsselpositionen sich schon lange Zeit gewöhnt haben. Daher werden solche Kosten oftmals nur dann beschnitten, wenn das Unternehmen in einer Krise steckt oder eine krisenähnliche Situation durch Anheuern externer Berater hervorgerufen wird, die in der Organisation den Grundsätzen des »Business Reengineering« Geltung verschaffen sollen (siehe hierzu auch Kapitel 15). Wenn Sockco vielen anderen Unternehmen ähnelt, die sich das Ziel der Kostenorientierung auf ihre Fahnen schreiben, dann blieben dort höchstwahrscheinlich viele der nichtproduktiven Kosten unangetastet, als die Firma ihre Socken nach »überflüssigen Fasern« durchkämmte.

Weniger leicht erkennbar sind nichtproduktive Kosten, die durch

Produkt- und Serviceleistungen entstehen, für die nur wenige Kunden freiwillig einen Preisaufschlag zahlen würden. Auch sie lassen sich nur schwer kürzen, zumal wenn sie zu den heiligen Kühen des Unternehmens gehören, weil sie entweder zur Finanzierung des Steckenpferdes eines Managers – oder einer Abteilung – dienen oder als »unumstößliche Unternehmenswahrheiten« gelten, die interne, nicht durch entsprechende Daten belegte Ansichten über die Kundenwünsche verkörpern. So steckte etwa der amerikanische Mikrowellenhersteller Litton während der gesamten 70er Jahre viel Geld in Produktmerkmale wie Bräuner, während die Kunden nach kleineren, einfacheren und billigeren Geräten suchten. In den 90er Jahren stand Mercedes-Benz vor einer ähnlichen Herausforderung, als immer weniger Kunden bereit waren, den ihrer Meinung nach übermäßigen technischen Aufwand – besonders im Vergleich zu Alternativen wie dem Lexus – zu finanzieren. Der Marktanteil des Stuttgarter Autobauers ging daraufhin nicht nur auf dem Heimatmarkt zurück (in Deutschland fiel er zwischen 1985 und 1992 von 11,6 auf gerade mal 6,4 Prozent), sondern auch auf wichtigen Exportmärkten (beispielsweise in den USA, wo 1986 noch 100 000 Pkw abgesetzt wurden, im Vergleich zu etwa 59 000 im Jahr 1991). In beiden Fällen handelte es sich bei diesen Kosten um heilige Kühe, die von Ingenieuren wie ihr Augapfel gehütet und voller Leidenschaft, aber irrtümlicherweise als Schlüssel zum »Herzen der Kunden« gepriesen wurden. Bei den Mikrowellenherden füllten letztlich General Electric und ausländische Hersteller die Lücke; bei den Luxuskarossen wurde Mercedes aus Schaden klug, strukturierte seine Kosten um und erlebte einen erneuten Absatzaufschwung in den USA.

Im Gegensatz zu den nichtproduktiven Kosten sind *die produktiven* sozusagen das »Muskelgewebe« eines Unternehmens. Sie können andere Prozeßkosten einsparen und auf diese Weise einer Firma den Weg zu niedrigen Preisen ebnen. Oder sie erhöhen zwar die Stückkosten um X Pfennige, doch sind die Kunden wegen des gebotenen Zusatznutzens auch gerne bereit, einen um X Pfennige höheren Preis zu bezahlen. Da diese Kosten leider in der Regel direkt in Verbindung mit den Produkten oder Dienstleistungen des Unternehmens stehen, werden sie in vielen Fällen zur offensichtlichen, wenn auch falschen Zielscheibe für Kostensenkungsprogramme.

Ein Beispiel für ein Unternehmen, das einen Teil seiner produktiven Kosten beschnitt und im Endeffekt dann mit einer weitaus höheren Gesamtkostenlast dastand, ist der Schuhhersteller, den einer der Väter der Qualitätsbewegung, W. Edward Deming, gerne in seinen Vorträgen beschrieb. Anscheinend konnten die Manager dieser Firmen geradezu dabei zusehen, wie ihre Produktivität plötzlich absackte, was einen sprunghaften Anstieg der Lohnstückkosten nach sich zog. Die Problemursache: Das Unternehmen hatte einen neuen Fadenhersteller aufgetan, der pro Spule einen Pfennig weniger verlangte als der frühere Lieferant. Aber der neue Faden riß immer wieder und mußte jedesmal neu in die Nähmaschine eingefädelt werden. Das Unternehmen hatte mit seinen Einsparungen bei den produktiven Kosten angesetzt, dabei aber nur die geringen Ausgaben für den Faden in Erwägung gezogen, nicht aber die erheblich höheren Lohnkosten, die daraus resultierten. Aufgrund dieser »Milchmädchenrechnung« hätte das Unternehmen ohne Kurskorrektur entweder seine Preise anheben oder aber mit den höheren Kosten leben müssen. Noch gefährlicher, weil häufig noch versteckter, ist das Problem, mit dem sich Sockco konfrontiert sah: Berechnung der Kosteneinsparungen (wiederum beim Faden) ohne Berücksichtigung der Leistungsminderung aus der Sicht des Kunden (kürzere Nutzungsdauer). Das Ergebnis solcher fehlerhafter Kalkulationen ist eine *Spirale des Niedergangs,* in der ein Unternehmen seine Stückkosten um X Pfennige reduziert, nur um dann festzustellen, daß es seine Preise um mehr als X Pfennige senken muß oder andernfalls ein geringeres Absatzvolumen in Kauf nehmen muß. Diese Spirale ist besonders fatal in Unternehmen wie Sockco, in denen zwischen der ursprünglichen Kostensenkung und der negativen Kundenreaktion mit anschließender Abwanderung zur Konkurrenz viel Zeit verstreichen kann.

Auch das Beispiel Badeanzüge liefert einen Einblick in diese Argumentationsweise, die zwar zunächst zu Kosteneinsparungen führt, deren Folgen später jedoch die Kunden vergraulen. Die Geschichte begann im Jahre 1989, als der Verband der Badebekleidungshersteller eine Untersuchung in Auftrag gab, die erklären sollte, weshalb der Absatz von Damenschwimmbekleidung stagnierte. Das Ergebnis überrascht wohl keinen, der sich Frauenfiguren schon einmal genauer aus der Nähe angesehen hat: 80 Prozent der potentiellen Käuferinnen probieren Badeanzüge an, haben aber nicht die passende Figur für die knapp geschnittenen Modelle, die in den Geschäften feilgeboten werden, und verlassen daher das Geschäft unverrichteter Dinge. (Mein Lieblingskommentar zu dieser Studie stammt von einem Faserhersteller: »Meiner Meinung nach würden die meisten Frauen eine Wurzelbehandlung ohne Betäubung dem Kauf eines Badeanzugs vorziehen.«)

Was taten nun einige Hersteller fünf Jahre später, damit ihre Badeanzüge an einer größeren Zahl von Frauen besser aussahen? Sie schafften die verstellbaren Schulterträger ab – »Damit sparen wir 15 Pfennig pro Anzug« – und votierten für »tiefe Rückenund hohe Beinausschnitte, da wir auf diese Weise Stoff sparen können«. Wenn sich die Figuren der Frauen in diesen fünf Jahren nicht grundlegend geändert haben, wird diese Strategie mit *einem* Schlag die Zahl der Kundinnen minimieren, denn, wie Sie sich denken, die neuen Anzüge sind alles andere als schmeichelhaft für die weibliche Figur.

Nicht nur Bekleidungsfirmen oder überhaupt Produkthersteller geraten in diese Falle der Kostensenkungen, die den Nutzwert der Produkte oder Dienstleistungen für den Kunden in wesentlichen Aspekten beschneiden. Ähnliches widerfuhr dem Reisebüro Carlson Travel Networks, einem der größten Reiseunternehmen in den Vereinigten Staaten. Wie das *Wall Street Journal* berichtete, baute Carlson 1990 gut 17 Prozent seines Personals ab und wies einigen der verbliebenen Mitarbeitern »ungewohnte Aufgaben« zu. Die Schlagzeile des auf der ersten Seite erscheinenden Artikels faßte die wesentlichen Aspekte der Geschichte zusammen: »Riskanter Sparkurs: Reisebüro lernt die Gefahren des

Arbeitsplatzabbaus kennen. Carlson streicht viele Stellen; ungewohnte Aufgaben überfordern Mitarbeiter.« Unter anderem führte das dazu, daß einige Kunden im Ausland ohne die für die Weiterreise erforderlichen Visa festsaßen, die gewünschten Hotel- oder Mietwagenreservierungen nicht vorgenommen wurden oder Flugtickets ohne die zugehörigen Bordkarten ausgegeben wurden.

Auch in diesem Falle verlor das Unternehmen einige Kunden. Wer ein Reisebüro aufsucht, tut dies ja unter anderem wegen der überlegenen Fachkenntnisse und Fähigkeiten der Mitarbeiter. Produktivitätssteigerungen in der von Carlson praktizierten Manier können zwar durchaus die Wettbewerbsposition eines Unternehmens verbessern, aber nur, wenn die Kosteneinsparungen nicht auf dem Rücken der Kunden ausgetragen werden.

Welche Bewandtnis hat es ferner mit der häufig vertretenen These, daß zusätzliche Kosten während einer Kostensenkungsrunde tabu sind, selbst wenn sie in den Augen der Kunden zu wirklichen Verbesserungen führen? Als beispielsweise Porsche 1992 sein Modell 968 einführte, war strikte Kostenkontrolle ein Muß: Die US-Absatzzahlen des Unternehmens waren von ihrem Höchststand im Jahr 1987 um 61 Prozent gefallen, da sich einige Zielgruppen preisgünstigeren Alternativen zugewandt hatten. Der 968er hatte dabei aber nicht nur einen zu hohen Preis, sondern man verzichtete auch noch auf die Getriebesperre, die verhindert, daß der Fahrer versehentlich in den Rückwärtsgang schaltet, wenn er den ersten Gang einlegen möchte. Beim Porsche 911 gab es so etwas auch nicht, und einige besonders puristische Fans (und möglicherweise auch ein paar Porsche-Konstrukteure) behaupteten, daß jemand, der mit der trickreichen Gangschaltung des Porsche nicht umgehen könne, auch gar keinen Porsche verdiene. Hätte sich das Unternehmen die zusätzlichen Kosten für die Sperre, die John R. White im *Boston Globe* auf ungefähr zwei Dollar pro Wagen schätzte, aufladen sollen? Meine Antwort: Natürlich! Und tatsächlich geschah dies auch postwendend, nachdem Pat Bedard vom US-Automagazin *Car & Driver* und andere Journalisten sich über dieses Versäumnis beklagt hatten. Bei langjährigen Porsche-Fahrern ist der daraus resultierende Nutzen zwar nicht der Rede wert. Für Neukunden hingegen bot diese kleine Kostensteigerung einen relativ großen zusätzlichen Vorteil.

Die Strategien von Unternehmen wie Sockco basieren auf der Annahme, daß der Wettbewerber mit den niedrigsten absoluten Kosten gewinnt. Aber ein kostenorientierter Ansatz macht nur dann Sinn, wenn die niedrigsten Kosten *im Vergleich zu den vom Zielmarkt gewünschten Leistungen* angestrebt werden, nicht etwa im Verhältnis zu all den anderen Konkurrenten in der jeweiligen Produktkategorie. Als Lexus auf die internationalen Märkte vorstieß, bestand sein Ziel nicht darin, die niedrigsten Kosten unter allen Fahrzeugbauern zu erreichen. Vielmehr wollte es ähnliche Leistungen wie Mercedes zu niedrigeren Preisen bieten – also wie derjenige Wettbewerber, auf dessen Kundschaft das Unternehmen ein Auge geworfen hatte. Und dabei gewann es auch eine ganze Reihe von ehemaligen Cadillac- oder Lincoln-Käufern für sich. Ob Sie nun einen niedrigeren oder höheren Preis anstreben, was zählt, ist stets Ihre *relative* Position.

Es besteht kein Zweifel darüber, daß vielen Unternehmen eine strenge Diät oder eine andere Form der Kostenneuordnung guttun würde. Aber mit dem Streben nach Kostenführerschaft – unter Einsatz eines der vielen verfügbaren Werkzeuge, darunter »Downsizing«, »Rightsizing«, »Umstrukturierung«, »Business Reengineering«, »Value Engineering« und »Neugestaltung von Kernprozessen« (um nur einige zu nennen) – wird genau das Gegenteil erreicht, wenn man sorgfältige Analysen und Praxistests vernachlässigt. Die Schlüsselfrage lautet: Inwieweit tragen die Kosten (und das Personal), die wir einsparen möchten, zum Gebrauchsnutzen bei, den sich die Kunden wünschen, und in welchem Bezug stehen sie zu den Preisen, die die Abnehmer zu zahlen gewillt sind? Ohne diese klare Unterscheidung kann es vorkommen, daß den Einschnitten statt Fett nur Muskelgewebe zum Opfer fällt. Dabei kann es sich um Leistungen handeln, die das von den externen Kunden geschätzte Preis-Leistungsverhältnis verbessern. Dann steht das Unternehmen vor dem Dilemma, daß es entweder die Preise auf dem früheren Stand halten kann, aber einen niedrigeren Marktanteil hinnehmen muß, oder aber seine Preise drücken muß, um seine Marktposition behaupten zu können. Das zerstörte Muskelgewebe kann auch die Vergütung oder die Arbeitsbedingungen betreffen, die eine Anstellung bei den betreffenden Unternehmen zu einem vorteilhaften Angebot für die Beschäftigten werden ließen, so daß sie stets ihr Bestes gaben. In beiden Fällen hat sich das Unternehmen mit seinen Kostensenkungen im Endeffekt noch größere Probleme eingehandelt, als es vorher hatte.

Das Ketchup-Rätsel:

Lebensmittelhersteller testen die Rezeptur ihrer Produkte unter anderem mit Hilfe von Paarvergleichen. Wenn man beispielsweise in einem Ketchup ein bißchen weniger Tomate verwendet und dann den Verbrauchern das alte und das neue Rezept (A und B) zum Vergleich vorsetzt, können nur wenige einen Unterschied herausschmecken. Gleiches gilt für einen Vergleich zwischen B und C, wenn im letzteren Fall wieder ein klein wenig mehr an den Tomaten gespart wurde. Und es gilt ebenso für einen Vergleich zwischen P und Q. Der Marktanteil des Ketchup-Herstellers wird aber nicht etwa schrumpfen, weil die Verbraucher den Unterschied zwischen den einzelnen Paaren nicht feststellen können, sondern weil sie sehr wohl den Unterschied zwischen A und Q schmecken – und sich daraufhin zumeist erfolgreich nach einer besseren Alternative umsehen.

Die Steuermannskunst

Ein zweiter Blick auf den Mut zur Unternehmensführung im Zeitalter der Patentrezepte

> *Wer also dies im voraus überschaut, der wird zu dem Urteil kommen, das ich eben ansprach, daß kein Sterblicher über irgend etwas Gesetzgeber ist, sondern daß alles Menschenwerk in der Hand des Schicksals liege. Und wenn man dies von der Schiffahrt und der Steuermannskunst und von der Heilkunst und Feldherrenkunst sagt, so trifft man damit, wie es scheint, das Richtige... [daß] auch menschliches Können hinzukommen müsse; denn daß bei Gelegenheit eines Sturmes die Steuermannskunst helfend eingreift oder nicht, das ist meines Erachtens je nachdem ein großer Gewinn. Oder etwa nicht?*
>
> Platon, *Nomoi*

In diesem Buch geht es um die Steuermannskunst. Es geht um den Mut zur Führung: den Mut, Situationen einzuschätzen, eine allgemeine Richtung vorzugeben, Optionen durchzuspielen, Pläne zu entwickeln, Maßnahmen zu ergreifen, zu lernen, Pläne zu ändern, noch mehr zu lernen und sich kontinuierlich weiterzuentwickeln. Das sind keineswegs neue Anforderungen; die Bereitschaft, sich auf diese Aufgaben einzulassen, und die Fähigkeit, kluge Entscheidungen zu fällen, waren schon immer der Inbegriff *guter Unternehmensführung.* Neu ist lediglich die unvorstellbare Masse der Lösungsangebote, die häufig zu Patentrezepten hochstilisiert werden, bei denen man angeblich sein Gehirn ausschalten kann und sich nur genau an die vorgegebenen Formeln zu halten braucht. Und weil es so viele Konzepte gibt, die allesamt aggressiv vermarktet werden, besteht auch stets die Gefahr, daß Manager einem der vielen Heilsbringer blind wie die Lemminge hinterherlaufen.

In diesem Buch habe ich versucht, einige der unzähligen hochgelobten Ansätze und häufig gehörten Zauberformeln aus dem Zeitalter der Patentrezepte genauer unter die Lupe zu nehmen. Meine Untersuchungen haben mich zu zahlreichen *Schlußfolgerungen* über die Steuermannskunst in der Ära der schnellen Antworten geführt:

Wo, bitte, geht's nach oben? Die generelle Richtung vorgeben. Ob Sie nun Vorstandsvorsitzender in einem Großkonzern oder Leiter einer kleinen Abteilung sind, als Steuermann fällt Ihnen die Aufgabe zu sicherzustellen, daß alle im Unternehmen sich an die gemeinsamen Richtlinien halten, die den Weg in die Zukunft weisen. Das Schwierige dabei ist nicht, sich zu überlegen, wie man diese Grundsätze am besten vermitteln sollte – ob Sie beispielsweise eine Zieldeklaration verfassen oder lieber Ihre Vision in einem Manifest niederlegen. Die weitaus anspruchsvollere Aufgabe besteht darin, *überhaupt* eine Richtschnur festzulegen welche Ziele das Unternehmen verfolgen soll, innerhalb welcher Grenzen die Mitarbeiter auf diese Ziele hinarbeiten sollen und warum der Versuch, diese Ziele innerhalb der vorgegebenen Grenzen zu erreichen, zu besseren Resultaten führen wird als ein Fortschreiben des Status quo.

Letztendlich leiten sich diese Handlungsmaßstäbe von den *impliziten Überzeugungen* ab, wie ein Unternehmen seine Zukunft gestalten kann oder muß. In vielen Firmen gehen diese zentralen Maximen von den Führungskräften an der Spitze der Hierarchie aus und werden dann in allen Teilen der Organisation verbreitet – so wie es Yashinari Kawai bei Koniatsu und Ken Iverson bei Nucor taten. In anderen Unternehmen hingegen geht der Anstoß von einzelnen Mitarbeitern irgendwo in der Organisation aus, die von einer Idee begeistert sind und dann Experimente durchführen, die allmählich den Kurs des ganzen Unternehmens in eine neue Richtung lenken – so wie es Daniel Gerber erfolgreich bei der Freemont Canning Company vorexerzierte oder Michael Cullen vergeblich bei der Kroger Grocery & Baking Company versuchte. In allen Fällen ist der Ausgangspunkt des Richtungswechsels eine tief empfundene, instinktive Überzeugung, daß ein Unternehmen oder eine Abteilung einen bestimmten Weg einschlagen sollte – mit einer genauen Vorstellung von den Gründen, warum dieser dem »Business as usual« vorzuziehen ist.

Wenn sich jedoch niemand findet, der im Unternehmen eine solche Überzeugung mit Leidenschaft und Enthusiasmus vertritt, werden alle Übungen in Visionsentwicklung und Formulierung von Zieldeklarationen im Sande verlaufen. Bei schriftlich fixierten Visionen und Zieldeklarationen handelt es sich lediglich um Kommunikationswerkzeuge. Wenn dahinter keine Ideen stehen, oder wenn es zwar Ideen gibt, diese aber nicht mit echtem Engagement und spürbarer Ressourcenunterstützung vorangetrieben werden, wird das Unternehmen weiterhin mit den Methoden von heute in die gleiche geschäftliche Richtung wie bisher marschieren – ganz gleich, was in den offiziellen Dokumenten behauptet wird.

Das Leben in der umgedrehten Pyramide. Kollektives Handeln leicht gemacht. Warum gibt es überhaupt Organisationen? Nur weil wir Menschen viele Dinge nicht im Alleingang, wohl aber zusammen mit anderen bewältigen können. Daraus folgt, daß nach dem Aufbau einer Organisation die zweite Aufgabe des Steuermanns darin besteht, dafür zu sorgen, daß ihre Struktur wirkungsvolles Handeln unterstützt und nicht zum Hindernis wird.

Was mich betrifft, so befürchte ich, daß viele Rezepte für den organisatorischen Aufbau eines Unternehmens, die heute als das Nonplusultra verkauft werden, ungewollt genau die gegenteilige Wirkung haben und Hürden errichten können, anstatt sie aus dem Weg zu räumen. Hierarchische Strukturen kann man sich nicht einfach fortwünschen; sie gehören zu den *unabänderlichen Fakten* in der Welt der Organisationen. Die Neustrukturierung der kollektiven Arbeitsweise kann natürlich Positives bewirken – aber nur dann, wenn die implizit in den neuen Strukturen enthaltene Hierarchie beachtet und in die richtigen Bahnen gelenkt wird.

Auch die Unternehmenskultur kann umgeformt werden, aber Unternehmen schaden sich selbst, wenn sie nicht zunächst versuchen, die wahren *internen Spielregeln* zu verstehen und mit dem ersten Schritt auf dem Weg zur »Neugestaltung« der Unternehmenskultur genau hier ansetzen. Und wenn auch kein Zweifel daran besteht, daß eine offenere Kommunikation möglich und auch erforderlich ist, so werden diesbezügliche, emotional geladene Äußerungen nichts bewirken, wenn gleichzeitig die Barrieren und Strafen unangetastet bleiben, die einen freieren Informationsfluß verhindern.

Organisationen sind dynamische, definitionsgemäß komplexe und trickreiche Gebilde. Selbst mit unendlicher Sorgfalt und Finesse werden Sie nicht immer exakt das erwartete Ergebnis erzielen. Das sollte Sie eigentlich auch nicht überraschen. Schließlich ist eine Organisation ein Kollektiv von *Menschen*, und diese sind von Natur aus unberechenbar und launisch. Deswegen ist ja Unternehmensführung auch eine derart schwierige Aufgabe. Um so mehr ein Grund, sich genau zu überlegen, wie die Menschen wirklich reagieren, wenn sie im Team zusammenarbeiten – anstatt sich an den Wunschvorstellungen der Theoretiker zu orientieren (um nur einige davon zu nennen: Menschen sollten kooperativ zusammenarbeiten, ohne Schattenregime aufzubauen; Menschen sollten ihre Ideen und Sorgen offen aussprechen; Menschen sollten nicht versuchen, das System zu überlisten). Neue, produktive Möglichkeiten der Arbeitsorganisation sind natürlich denkbar und werden auch immer wieder konzipiert werden. Allerdings wird es sich dabei nicht um die hierarchiefreien, von völliger Offenheit und Ehrlichkeit geprägten Wunderwerke handeln, die heute versprochen werden.

*Mündige Mitarbeiter – die unbekannten Wesen. Selbstverant-
wortung fördern.* Die Vorstellung von der Bevollmächtigung
des Individuums im Unternehmen ist nichts Neues. Chester
Barnard, der frühere Präsident der New Jersey Bell Telephone,
sprach dieses Thema bereits 1938 an: »Die Führungskunst
besteht zu neun Zehnteln darin, die Menschen, die über die entsprechende Autorität verfügen, zu veranlassen, diese in zweck-
dienlichen Handlungen einzusetzen.«

Das ist vielleicht die schwerste Aufgabe überhaupt in der Steuermannskunst. Hinter all den hochtrabenden Worten und kunst-
vollen Programmen verbirgt sich eine einfache Tatsache: »Bevollmächtigung« bedeutet zunächst einmal, Entscheidungsmacht mit
anderen zu teilen. Zu dieser Anforderung bekennen sich zwar
viele in Lippenbekenntnissen; mit der praktischen Umsetzung
hapert es jedoch. Bevollmächtigung erfordert darüber hinaus
auch, durch den Aufbau eines »Urteilsspeichers« im Unternehmen das Urteilsvermögen aller Beschäftigten zu schärfen. Und
wenngleich viele Unternehmen Schulungsprogramme als Schlüssel zur Lösung dieses dringlichen Problems betrachten, ist Mitar-
beitertraining keine hinreichende oder, wie beispielsweise im
Beth Israel Hospital in Boston, auch nur notwendige Voraussetzung für den Aufbau eines solchen Reservoirs. Ebenso wichtig
ist die Auswahl von Bewerbern, die das Potential für unterneh-
menskompatible Urteilsnormen mitbringen, die Formulierung
von Urteilsrichtlinien, die Bereitstellung ausreichender Informationen, um auf diese Weise die Urteilsfähigkeit der einzelnen
Mitarbeiter weiterzuentwickeln, sowie ein Umfeld, in dem Aus-
rutscher nicht verteufelt werden, sondern Mitarbeiter aus ihren
Fehlern lernen und so ihr Urteilsvermögen weiter verbessern
dürfen. Aber diese Anforderungen verlangen wiederum auf seiten der Führungskräfte ebenfalls ein ausnehmend gutes Urteilsvermögen, ein hohes Maß an Toleranz für ehrenhafte Niederla-
gen sowie die Bereitschaft, die Zügel zumindest teilweise aus der
Hand zu geben. Mitarbeiter handeln nicht plötzlich eigenverant-
wortlich, bloß weil jemand eloquent die richtigen Worte sagt
oder die richtigen Managementtheoretiker zitiert. Vielmehr müs-

sen jene handeln und sich mit ganzer Kraft einsetzen, die ihre Entscheidungsmacht mit anderen teilen wollen und auch bereit sind, den bevollmächtigten Mitarbeitern dabei zu helfen, in ihren hundert täglichen Entscheidungen »weisen« Gebrauch von ihren Machtbefugnissen zu machen.

Durch eine dunkle Brille. Wie findet man heraus, was die Kunden wirklich wollen? Theoretisch ist die Antwort auf diese Frage ganz einfach. Die Kunden wollen nämlich immer nur eins: das beste Preis-Leistungspaket, das beste Verhältnis zwischen den Leistungen, die sie sich wünschen, und der Zeit, die sie bereit sind, in diese Suche zu investieren, dem Geld, das sie besitzen oder ausgeben wollen, und den verfügbaren Alternativangeboten mit ihren jeweiligen Preis-Leistungspaketen. In der Praxis wird es dann allerdings schwierig. Nicht immer kann man die Kunden ohne weiteres dazu bewegen, den Modus zu beschreiben, den sie bei der Beurteilung der jeweiligen Preis-Leistungsbündel verwenden. Ebenso diffizil kann es sein, Unternehmen dazu zu veranlassen, ihre Geschäftsmethoden oder auch ihre Produkte und Dienstleistungen, die ihnen so ans Herz gewachsen sind, auf die Bedürfnisse ihrer Zielgruppen abzustimmen.

Ein vierter Baustein in der Steuermannskunst ist daher die Aufgabe, den Kurs des Unternehmens und die von den Kunden selbst definierten Wünsche in Einklang zu bringen. Unter den Begriff »Kunden« fallen hier natürlich alle Personen oder Organisationen, die Ihnen etwas geben, was Sie haben möchten, als Gegenleistung dafür, daß Sie ihnen umgekehrt etwas geben, was ihnen erstrebenswert erscheint. Nach dieser Definition sind nicht nur die externen Käufer Kunden, sondern auch die internen Mitarbeiter eines Unternehmens – nur daß letztere mit ihrer Leistung und Einsatzbereitschaft zahlen und nicht in Mark und Pfennig.

Daher ist ein vorteilhaftes Preis-Leistungspaket aus der Sicht dieser Kunden Dreh- und Angelpunkt jeglicher Geschäftsstrategie. Wenn ein Unternehmen im Vergleich zu den verfügbaren Alternativen seinen Zielgruppen kein attraktives Preis-Leistungspaket anbieten kann, fruchten alle anderen Maßnahmen auch nichts – und mag das Unternehmen noch so sehr betonen, daß der »Kunde König« sei, mag es auch noch so viele »Umfragen zur Kundenzufriedenheit« in Auftrag geben oder noch so häufig die »Kundenorientierung in der Entwicklung seiner Produkte und Dienstleistungen« unterstreichen. Daher hängt der Unternehmenserfolg entweder von einem hohen Maß Glück oder ungeheurer Disziplin bei der Einschätzung der potentiellen Wünsche der Zielkundschaft ab – allen Hindernissen zum Trotz, die sich aus Ihren eigenen Vorurteilen oder den Unannehmlichkeiten ergeben, die Kunden verursachen.

Fuzzy Logic. Der Sprung vom Kunden zur Strategie. Zumindest seit Mitte der 50er Jahre werden Strategie und strategische Planung explizit als wesentliches Element der Steuermannskunst im Unternehmen gesehen. 1966 beschrieb Marvin Bower, einer der Mitbegründer von McKinsey & Co., Inc., seine Beobachtungen so: »In den letzten zehn Jahren [von Mitte der 50er bis Mitte der 60er Jahre]... haben die meisten amerikanischen Unternehmen in gewissem Umfang formalisierte Planungsverfahren eingeführt... Meinen Beobachtungen zufolge ist die Planung als Führungsaufgabe in den meisten Unternehmen allerdings nach wie vor unterentwickelt... Erst seit kurzem [das heißt seit kurz vor 1966] richten operative Führungskräfte und Studenten der Betriebswirtschaft ihre Aufmerksamkeit verstärkt auf dieses Thema, und bislang haben sich nur wenige Standardpraktiken herauskristallisiert.«
Heute, mehrere Jahrzehnte später, hat sich ein Großteil der Standardführungspraktiken natürlich nicht nur herauskristallisiert, sondern auch zu inflexiblen *Gesetzen* verhärtet. Das Ergebnis sind standardisierte Ansätze zur Kategorisierung strategischer Situationen, die auf wichtigen Einsichten beruhen, aber in der Praxis häufig zu mangelhaften strategischen Entscheidungen führen. Wer eine Strategie in eine vorgefertigte Schablone preßt, arbeitet zwar möglicherweise effizient, erhöht aber gleichzeitig auch das Risiko, daß sich das Unternehmen mit einer untauglichen Strategie selbst Fesseln anlegt.

Jedes Unternehmen hat eine Strategie, ob es nun explizit einen Prozeß der »strategischen Planung« durchläuft oder nicht. Diese Strategie ergibt sich aus der Gesamtwirkung aller Entscheidungen, die jeder einzelne Mitarbeiter im Unternehmen Tag für Tag trifft. Gute strategische Planung zwingt die Beteiligten zu einer Atempause in diesem kontinuierlichen Strategieformungsprozeß und erlaubt ihnen, die Optionen des Unternehmens und mögliche Wege zum Ziel durchzuspielen. Jedes Modell, das die Strategieplaner daran hindert, die Grundlagen neu zu überdenken (da diese bei der Erstellung in der Schablone ja bereits »vorgedacht« wurden), kann dem Unternehmen unter dem Strich schaden: Es führt in der Regel zu geschliffenen, effizient erstellten Plänen, die jedoch wenig Erkenntnisse enthalten, die das Unternehmen zu seinem Vorteil nutzen könnte. Eine Aufgabe des Steuermanns besteht also darin, dafür zu sorgen, daß der Prozeß der Strategieformulierung ein *aktives Hinterfragen* der Annahmen über die wahrscheinlichen Folgen einer gewählten Vorgehensweise zuläßt.

Noch mehr Patentrezepte. Wie Sie garantiert immer im Trend liegen. Nicht alle Modeerscheinungen sind nach dem gleichen Muster gestrickt. Einige schlagen höhere Wellen als andere und finden mehr Anhänger in den Unternehmen, die bereit sind, erhebliche zeitliche und finanzielle Investitionen in die neue Mode zu stecken, sowie mehr Lehrmeister, die das neue Credo als die optimale Lösung aller Probleme anpreisen. Diese Beschreibung paßt unter anderem auf die Konzepte Total Quality Management (TQM) und Business Reengineering. Beide können ungeheure Verbesserungen bewirken, wenn sie in einem geeigneten Umfeld angewandt und an die besonderen Umstände des betreffenden Unternehmens angepaßt werden. Ebenso können beide auch in einer Katastrophe münden, wenn sie als Allheilmittel betrachtet, unkritisch übernommen und ohne Sinn und Verstand angewandt werden.

Dies führt uns zu den Socken meines Mannes und der letzten in diesem Buch beschriebenen Modeerscheinung. Das Streben nach Kostenführerschaft scheint eine der langlebigsten Strömungen zu sein, die sich – wie die anderen in diesem Buch beschriebenen Trends – bei wohlüberlegter Anwendung im richtigen Kontext als exakt die richtige Medizin erweisen kann. Aber auch dieses »Heilmittel« kann bei unsachgemäßer Einnahme eine gefährliche Nebenwirkung hervorrufen, die einen direkten Bezug zu den anderen Programmen und »Zauberformeln« hat, von denen dieses Buch handelt.

Das Problem dabei ist, daß Unternehmen heute nicht nur versuchen, an den Fäden von Schuhen und Socken zu sparen, sondern auch an den Mitarbeitern. Viele dieser Entlassungen sind bereits seit langem überfällig; die Bürokratie hatte viel zu viel Speck angesetzt, und in den Mitarbeiterstäben, die für die vielen verschiedenen Aufgaben eingesetzt wurden, von der Güterproduktion bis hin zur Fakturierung, hat es häufig seit Jahren keine grundlegende Bedarfsüberprüfung mehr gegeben. Aber diese Personalkürzungen haben auch eine Schattenseite. Erstens geht dadurch ein großer Teil des praktischen Erfahrungsschatzes des Unternehmens verloren. Zweitens haben die Zurückgebliebenen schlicht keine Zeit mehr, sich der Steuermannskunst zu widmen, auch wenn sie darin noch so versiert sind. Dazu gehört nun einmal, unterschiedliche Situationen zu bewerten, verschiedene Szenarien durchzuspielen, Pläne zu schmieden, Maßnahmen mit langfristiger Wirkung zu ergreifen, aus seinen Erfahrungen zu lernen und seine Pläne dann entsprechend anzupassen – allesamt Aufgaben, denen kurzfristig angelegte Produktivitätsmaßstäbe wohl kaum gerecht werden. Daher werden für viele dieser Arbeiten immer häufiger Berater als strukturelle Kapazitätsreserve eingesetzt. Das Resultat aus finanzieller Sicht: Die Fixkosten des Unternehmens sinken zwar, da jedoch mehr Menschen benötigt werden, treten an ihre Stelle häufig die neuen (und höheren) variablen Kosten der Beraterhonorare, die kurzfristig nicht wieder abgebaut werden können.

Im Laufe der Zeit kann sich eine noch schädlichere Nebenwirkung ergeben: Wenn die Führungskräfte im Unternehmen nicht mehr genügend Zeit haben, über die langfristigen Anforderungen nachzudenken und die verschiedenen, ihnen zur Verfügung stehenden Verfahren zu prüfen, laufen sie zunehmend Gefahr, die Verantwortung abzuwälzen, die für die Zukunft des Unternehmens integraler Bestandteil der Steuermannskunst ist. Sie überlassen dann entweder den weiteren Gang der Dinge dem Zufall oder legen die Führungsverantwortung in die Hände der Berater. Wenn Manager derlei harte Entscheidungen anderen überlassen, kann es vorkommen, daß ihre Bereitschaft (und Fähigkeit) zur erneuten Übernahme dieser Verantwortungen schwindet. Dann werden sowohl Führungskräfte als auch Berater allmählich die Mitarbeiter des Unternehmens als »Hüter des Status quo« betrachten, mithin als diejenigen Menschen, die sich um das Tagesgeschäft kümmern, während die externen Spezialisten als »Mittler des Wandels« gelten, als die wahren Strategen, die den Wandel im Unternehmen durchsetzen. In den Worten eines Partners einer führenden Consulting-Firma, der von der Zeitschrift *Industry Week* interviewt wurde, liest sich das so: »Sie können Ihre Planung in die Hände von Beratern legen ... Immer häufiger hört man ... daß Auslagerung die preisgünstigste Alternative sei.« Offensichtlich befolgen viele Unternehmen diesen Ratschlag; in manchen Großkonzernen erreichen die Aufwendungen für Beratungsleistungen jährlich bereits zwei- oder gar dreistellige Millionenbeträge. So gab etwa AT&T 1993 347,1 Millionen Dollar für »Beratungs- und Analyseleistungen« aus.

Da ich selbst als Beraterin arbeite, wird es wohl keinen überraschen, wenn ich die Meinung vertrete, daß Berater wertvolle Dienste für ihre Kundenunternehmen leisten können. Sie können »ein zusätzliches Paar Hände und Beine« einbringen, das zur Umsetzung bereits getroffener Entscheidungen benötigt wird – und genau das ist oft auch tatsächlich ihre Funktion. Ebenso wichtig ist meiner Ansicht nach die Tatsache, daß Berater Unternehmen unterstützen können, indem sie *Schlüsselfragen* aus einer ganz neuen Warte betrachten, dazu objektive Informationen sammeln, neue Gesichtspunkte in die Debatte einbringen und die Daten aus einem anderen Blickwinkel interpretieren, neue Ansätze zur Lösung bestehender Probleme vorstellen, bei ihrer Umsetzung helfen und generell die herrschende Meinung in

Frage stellen – und sich nötigenfalls auch nicht vor Auseinandersetzungen scheuen.

Dennoch bereitet mir die Abhängigkeit unserer Wirtschaft von Beratern und Managementtrends Sorgen, da ich überzeugt bin, daß letztlich die Aufgaben des Steuermanns von den Führungskräften im Unternehmen selbst wahrgenommen werden müssen. Nur die Manager im Unternehmen können für die zentralen Führungsaufgaben zur Verantwortung gezogen werden, ob es sich nun darum handelt, aus der Palette der verfügbaren Optionen einen bestimmten Kurs auszuwählen, sicherzustellen, daß die gewählten Optionen aufeinander abgestimmt sind, daß die erforderlichen Kursanpassungen und -korrekturen vorgenommen werden, und schließlich, aus der Erfahrung zu lernen und weitere Entscheidungen zu treffen.

Manager, die gedankenlos wie die Lemminge den neuesten Modeerscheinungen hinterherlaufen, drücken sich vor dieser Verantwortung, was dann wiederum verheerende Auswirkungen auf die Steuermannskunst haben kann. Unternehmensführung erfordert jedoch Entscheidungen, für die es keine Erfolgsgarantie gibt, und daher braucht man dafür vor allem eines: Mut. Prüfen Sie also, aus welchen Managementmoden Sie neue Erkenntnisse ziehen können, lernen Sie daraus, passen Sie sie nach Ihrem Gefühl und aufgrund eigener Erfahrungen an Ihre spezifischen Gegebenheiten an und nehmen Sie dann bereitwillig die Herausforderungen an, denen mutige Manager sich nun einmal stellen müssen: *Denken, Experimentieren und Lernen.*

Wirtschaftslexikon für Trendsurfer

A

Angemessene Sorgfalt. Was Geschäftsleute walten lassen, um unangenehme Entscheidungen auf die lange Bank zu schieben (wenn Dreijährige es machen, um nicht ins Bett gehen zu müssen, nennt man es »Verzögerungstaktik«).

Anonymität. Eine Methode, bei der mit dem Versprechen der Vertraulichkeit die Wahrheit über erfolgsrelevante Fragen in einem Unternehmen ans Licht gebracht wird. Viele Unternehmen antworten auf den Vorschlag, dieses Verfahren auszuprobieren, nur verächtlich: »Bei uns ist so etwas nicht nötig.« Je geringschätziger sie sich darüber äußern, desto mehr wird sie gebraucht.

Ansprüche. 1. Vergünstigungen und Privilegien, die ich mir hart erarbeitet habe. 2. Überzogene Vorstellungen anderer über die Dinge, die sie ihrer Meinung nach verdienen. Damit verursachen sie neben schlechter Stimmung häufig auch untragbare und unnötige Kosten für mein Unternehmen.

Automatik. Ein besonders effizienter Betriebsmodus, bei dem sich niemand mehr die Zeit zum Nachdenken nehmen muß. Vorgefertigte Programme machen es Managern besonders leicht, auf Automatik umzuschalten.

B

Benchmarking. 1. Vergleich bestimmter betrieblicher Prozesse und Kennzahlen mit dem Branchenprimus. Eine großartige Möglichkeit, den Impuls zu neuen Ideen zu geben und bedeutsame Erkenntnisse zu gewinnen, sofern die Beispiele sorgfältig und mit genügend Fantasie ausgewählt werden. 2. Die Basis für eine hochinteressante Stelle, deren Inhaber keine nennenswerten Verpflichtungen haben, außer sich auf der ganzen Welt herumzutreiben, alle möglichen interessanten Leute zu treffen, ab und zu Reden über die fabelhaften Sachen zu schwingen, die andere Unternehmen machen, und entsprechend üppige Spesenabrechnungen einzureichen.

Bevollmächtigung (neudeutsch: *Empowerment*). 1. Ein Prozeß, der Mitarbeitern vor Augen führt, wie sie in ihrer Position »ihre Sache gut machen« und mit entsprechender Motivation, Unterstützung und Autonomie in ihren hundert täglichen Entscheidungen auf exakt dieses Ziel hinarbeiten können. 2. Neue Bezeichnung für das Konzept, das früher einmal »Delegation von Aufgaben« hieß. 3. Ein Prozeß, der inzwischen auch »partizipative Führung« oder »Mitarbeiterzufriedenheit« (aber niemals »Delegation«) genannt wird und, wenn man es geschickt anpackt, sowohl Spitzenmanagern als auch Gewerkschaftsfunktionären einen fürchterlichen Schrecken einjagen kann.

Buschtrommeln. Schlaginstrumente mit fellbespanntem Resonanzkörper, die von Eingeborenenstämmen (zum Beispiel Belegschaften) zur Übermittlung von Nachrichten verwendet werden und auch durch noch so vehemente Versuche niemals zum Schweigen gebracht werden können. Ihnen ist nur mit Ehrlichkeit beizukommen, die sie jedoch auch nicht verstummen läßt, sondern nur den Wahrheitsgehalt der übermittelten Nachrichten steigert.

Business Reengineering. 1. Ein Konzept, das den Arbeitsfluß eines Unternehmens gründlich unter die Lupe nimmt und »auf einem leeren Blatt Papier« die Geschäftsprozesse völlig neu gestaltet mit dem Ziel, grandiose Leistungsverbesserungen in den Bereichen Kosten, Zeit und Effizienz zu erreichen. Synonyme: »Business Process Reengineering«, »Redesign primärer Unternehmensprozesse«, »horizontale Organisation« und »Prozeßinnovation«. 2. Ein Allzweckbegriff, der häufig zur Beschreibung jeglicher Art von Kostensenkungsprogrammen und Umstrukturierungsmaßnahmen verwendet wird. 3. Vollbeschäftigungsgesetz für Unternehmensberater.

C

Cash Cow. Ein Fabelwesen. Sollten Sie jemals auf eine stoßen, vergessen Sie bitte nicht, sie zu füttern, weil Sie sonst am Ende nur mit Mist und ohne Milch dastehen.

Chance. 1. Ein günstiger Umstand, der den Fortschritt oder die Weiterentwicklung einer Sache fördert. 2. Ein Euphemismus, mit dem Unternehmensberater gerne ein Problem oder eine Bedrohung beschreiben.

Change Management. Ein Vorhaben, bei dem Außenstehende dafür bezahlt werden, die Daumenschrauben anzusetzen, um die Mitarbeiter im Unternehmen zu Veränderungen zu veranlassen, wobei sich durch den Transfer finanzieller Mittel in die Taschen der Berater gleichzeitig auch der Kontostand des Unternehmens deutlich verändert.

D

Danke. Das im Management am meisten vernachlässigte Wort.

E

EE. Abkürzung für »einfach erfinden«. Häufig verwendete Technik, um die Daten zu erhalten, die man als Beleg für seine Argumente benötigt.

Ego. Das chaotische Bündel menschlicher Bedürfnisse, Triebe und Wünsche, das unsere beruflichen Entscheidungen beeinflußt und aufgrund seiner schlechten Greifbarkeit in der Wirtschaftstheorie weitgehend unerwähnt bleibt. Dort wird es dann durch ein rational denkendes, »homo oeconomicus« genanntes Wesen ersetzt.

Einweisung. 1. Indoktrinierung von Mitarbeitern mit einem neuen Konzept. (Beispiel: Bei der *Einweisung* der Mitarbeiter in das neue Konzept betonte der Geschäftsführer der Firma XYZ, daß von ihnen erwartet würde, sich voll und ganz für die Projektarbeit und den Erfolg des Vorhabens einzusetzen.) 2. Zwangsweise Einlieferung in eine psychiatrische Klinik. (Beispiel: Die Mitarbeiter der Firma XYZ, die bereits etliche Downsizing-, Rightsizing- und Reengineering-Projekte miterlebt hatten, waren der einhelligen Meinung, daß es an der Zeit sei, die *Einweisung* des Chefs zu fordern, als er von ihnen erneut 100prozentigen Einsatz für sein neues Konzept verlangte.)

Erfolg. Was wir selbst unserer eigenen brillanten Arbeit und unsere Mitmenschen unserem geradezu unheimlichen Glück zuschreiben. In Wahrheit ist es jedoch eine Mischung, die sich je nach der jeweiligen Situation zu unterschiedlichen Teilen aus Talent, Zufall und Hartnäckigkeit zusammensetzt.

Exogene Variablen. Was uns in den meisten Fällen nur Schwierigkeiten gebracht hat. Nicht zu verwechseln mit Managemententscheidungen.

F

Fakten. 1. Munition für Argumente, die eine bereits etablierte Position rechtfertigen sollen. 2. Nervtötende Datenbrocken, die unseren Erwartungen und Vorlieben widersprechen, derer man sich aber in der Regel durch Mißachtung, Wutanfälle und andere Mißfallensbekundungen entledigen kann.

Feedback nach oben. Ein Gegensatz in sich, es sei denn, die *Anonymität* der betreffenden Mitarbeiter wird garantiert.

Flache Organisation. 1. Abbau von Führungsebenen in der Organisationsstruktur eines Unternehmens mit dem Ziel, seine Fähigkeit zu raschen, wirkungsvollen Reaktionen auf veränderte Kundenbedürfnisse und Wettbewerbskräfte zu verbessern. 2. Eine Reihe von Maßnahmen, die ehemals »Dezentralisierung« genannt wurden und in der Vergangenheit heftige Gegenreaktionen auslösten – die sogenannte »Rezentralisierung«. 3. Ein Begriff aus der Organisationslehre, der die Abschaffung der gesamten Hierarchie zum Ziel hat und dann jedoch neue Organisationsstrukturen hervorbringt, in denen die Entscheidungsfindung noch länger dauert und interne politische Grabenkämpfe eine noch größere Rolle spielen als jemals zuvor.

Fortschritt. Ein unsteter und weitgehend unvorhersehbarer Prozeß, gekennzeichnet durch plötzliche Sprünge, bei dem die Schritte, die die Organisation vorwärtsbringen, letztlich jenen zahlenmäßig überlegen sind, die das Unternehmen seitwärts oder rückwärts führen.

G

Gewinnabschöpfung. Eine Strategie, die in nahezu allen Fällen für Lieferanten, Abnehmer und Mitarbeiter leicht zu durchschauen ist und daher zum vorzeitigen Tod des abschöpfenden Unternehmens führt, da die anderen im Gegenzug ihre eigenen Abschöpfungsstrategien entwickeln.

Gewinne. 1. Was uns zusteht und daher über Preiserhöhungen eingefordert werden kann. 2. Was übrigbleibt, wenn wir unseren Kunden ein vorteilhaftes Preis-Leistungspaket angeboten haben.

GIGO (Akronym für »garbage in, garbage out«). 1. Der erste Lehrsatz der Informatik. 2. Der grundlegende, wenn auch selten benutzte Maßstab für alle datenbezogenen Aktivitäten, von der Marktforschung über das Benchmarking bis hin zur strategischen Planung.

Glück. Wesentlicher Bestandteil einer jeden Strategie, der im Nachhinein oftmals als Weitblick bezeichnet wird.

Guru. Surfmeister – Erfolgreicher Anwender »trendiger« Managementmoden.

H

Hasardeur. Ein Mitarbeiter, der mit *Fakten* hausieren geht, die den Erwartungen oder Vorlieben seiner Vorgesetzten widersprechen.

Heilige Kuh. Etwas, was – zu Recht oder zu Unrecht – nicht in Frage gestellt werden darf. Daher auch das gefährlichste »Tier« im Unternehmensdschungel.

Hierarchie. Ein unabdingbarer Bestandteil einer Organisation, der falsch verstanden oder falsch gelenkt, aber nicht abgeschafft oder vernichtet werden kann, selbst wenn man die Führungspyramide abflacht, Führungsebenen eliminiert, die Organisationsstruktur um 90 Grad dreht oder der Sprache Gewalt antut und Wörter wie »Vorgesetzte« und »Untergebene« für tabu erklärt.

Hiobsbotschaften. Was andere überbringen sollten.

Horizontale Organisation. Ein Verfahren, bei dem man das Organigramm um 90 Grad dreht und dann vortäuscht, daß es in diesem auf der Seite liegenden Diagramm keine *Hierarchie* mehr gibt und die Mitarbeiter nach Geschäftsprozessen statt nach Aufgaben organisiert werden.

I

Innere Kündigung. Meine Entscheidung, die von Ihnen gewünschten Entscheidungen nicht in der von Ihnen gewünschten Form zu treffen, getreu dem alten Motto »Man kann niemanden zu seinem Glück zwingen«.

Intuition. Manchmal richtige, manchmal falsche Instinkte, die jedoch immer eine Grundlage jeder Entscheidung bilden.

Intuitiv. Eine Denkweise, bei der die Betonung auf der rechten Gehirnhälfte liegt. Sie ist charakterisiert durch die Suche nach dem Gesamtüberblick. *Gegensatz:* Das überwiegend sachliche Denken der Menschen mit dominanter linker Gehirnhälfte.

J

Japan AG. 1. Eine Bezeichnung, die auf die Zusammenarbeit zwischen Unternehmen und Staat in der japanischen Wirtschaft hinweisen soll. **2.** Eine Entschuldigung, die nichtjapanischen Unternehmen erlaubt, die Tatsache zu ignorieren, daß die japanischen Wettbewerber bei vielen Produkten in der Lage waren, ihren Kunden bessere Preis-Leistungspakete anzubieten als die inländische Konkurrenz, obwohl sie mit schwerwiegenden Wettbewerbsnachteilen wie weitgehender Unbekanntheit der Marken oder lückenhaftem Vertriebsnetz an den Start gingen.

Just-in-time (JIT). Eine Bestandhaltungsmethode, die mächtigen Abnehmern ermöglicht, die Lagerhaltungskosten auf ihre weniger mächtigen Lieferanten abzuwälzen, so daß ein ausgeklügeltes Erpressungssystem entsteht, in dem David gibt und Goliath nimmt.

K

Kaffeesatz. Was Mitarbeiter zu lesen versuchen, wenn sie herausfinden möchten, wie die wahren, unausgesprochenen Regeln des Insider-Spiels lauten. Wie beim Hellsehen versuchen sich viele in dieser Kunst, aber nur wenige besitzen tatsächlich diese Gabe.

Kinderarbeit. Massenweise Beschäftigung frischgebackener Betriebs- und Volkswirte, die über keinerlei Berufserfahrung verfügen und daher von Beratungsfirmen in Teams zusammengeführt werden, um Kundenfirmen zu sanieren oder deren Topmanager zu belehren und aufzuklären.

KLS. (Abkürzung für »karrierelimitierender Schritt«). Antwort von Spitzenmanagern eines Unternehmens auf die Bitte, ihrem Vorgesetzten ihre Meinung zur Strategie der Firma mitzuteilen. Wie sich im weiteren Verlauf zeigte, war ihre Meinung richtig, ebenso wie ihre Einschätzung des mit einer offenen Darstellung dieser Meinung verbundenen Risikos.

Kollegen (Syn.: Associates). Eine Bezeichnung für Untergebene, hinter der die Hoffnung steht, daß ein neuer Name einen von der Notwendigkeit entbindet, seine Untergebenen anders zu *behandeln* als früher.

Kommunikation. Die Tatsache, daß Sie empfangen, was ich gerade gesagt habe.

Kontinuierliche Verbesserungen. Ein Etikett, daß wiederholten Versuchen einer Organisation, bestimmte Fehler endlich auszumerzen, eine gewisse *Würde* verleiht.

Kostenführerschaft. 1. Der Heilige Gral der Strategie. 2. Das angestrebte Endergebnis von Strategien, die auf der Illusion beruhen, daß eine nahezu ausschließliche Konzentration auf Kostenreduzierung das Kaufverhalten der Zielkundengruppen nicht beeinflussen wird. Von genau diesen Konsumenten nimmt man an, daß sie bei Kostensenkungen entweder keinen Unterschied bemerken und somit dem Produzenten erlauben, sich die zusätzlichen Gewinne in die eigene Tasche zu stecken, oder sich freudig auf ein billigeres Produkt stürzen werden, ganz gleich, wie sehr die Qualität oder die angebotenen Leistungen verringert werden. In späteren Stadien können Symptome wie Marktanteilsverlust auftreten, wenn die Kunden sich Produkten und Dienstleistungen zuwenden, die ein besseres Preis-Leistungspaket bieten. Ähnliche Wahnzustände können auch durch »Neugestaltung von Kernprozessen«, »Downsizing«, »Rightsizing«, »Abbau von Hierarchieebenen«, »Value Engineering« und »Business Reengineering« hervorgerufen werden.

Krieg. Eine Metapher für das Wirtschaftsleben, in der Kunden aus unerfindlichen Gründen außen vor bleiben.

Kunde. 1. Ein Störfaktor, der dem reibungslosen Funktionieren eines Unternehmens im Wege steht. 2. Eine wandelnde Einkommensquelle, die stets empfänglich für bessere Konkurrenzangebote ist.

Kundenfokussierung. Was man zu sehen meint, wenn man dem Kunden seine Wünsche von den Augen abliest. Deckt sich in der Regel mit der eigenen Vorstellung vom idealen Produkt.

Kundenzufriedenheit. 1. Neuer Name für den *ältesten Grundsatz* in der Wirtschaft: Kunden, die mit Ihrem Produkt nicht zufriedener sind als mit der nächstbesten Alternative, werden Ihnen nicht lange erhalten bleiben. 2. Neuer Name für eine übliche Form der standardmäßigen Marktforschung, bei der vorgegebene Richtlinien oft geradezu sklavisch eingehalten werden, so daß nicht wirklich darüber nachgedacht wird, wie man den Kunden ein besseres Preis-Leistungspaket als die Konkurrenz bieten kann. 3. Neuartige Arbeitsbeschaffungsmaßnahme, die ganze Heerscharen neuer Spezialisten in Unternehmen und Beratungsfirmen hervorbringt.

L

Leader. Ein Mensch, dessen ungeheure Fehler nur von der Eignung seiner noch gigantischeren Fähigkeiten für die Bedürfnisse der Zukunft übertroffen werden.

Leadership-Training. Ein Verfahren, das darauf abzielt, die Grundelemente guter Unternehmensführung mit einem neuen Etikett (»Prinzipien inspirierenden Leaderships«) zu versehen in der Hoffnung, daß dieser Etikettenwechsel zu einer bereitwilligeren Annahme besagter Grundelemente führt.

Lebensüberdruß. Das offensichtliche Motiv eines Mitarbeiters, der wiederholt die Rolle eines *Hasardeurs* spielt, ganz gleich wie wertvoll oder wichtig die von ihm vorgetragenen *Fakten* auch für die Zukunft des Unternehmens sein mögen.

Lernen. Die unbeabsichtigte Nebenwirkung eines Mißerfolgs.

Lernende Organisationen. 1. Organisationen, die versuchen, durch systematisches Nachdenken bessere Möglichkeiten zu finden, wie sie ihre Ziele erreichen können. 2. Organisationen, die versuchen, durch systematisches Nachdenken bessere Möglichkeiten zu finden, wie sie Problemen, mit denen sie sich nicht auseinandersetzen wollen, aus dem Weg gehen können.

Liebe im Büro. Eine Affäre zwischen zwei Kollegen, von der die Beteiligten glauben, daß sie von niemandem bemerkt wird, die gleichzeitig jedoch von allen anderen Mitarbeitern genau verfolgt und heftig diskutiert wird.

LIFO (Akronym für »last in – first out«). 1. Eine verbrauchszeitpunktorientierte Methode zur Bewertung des Vorratsvermögens. 2. Eine Managementregel zur Entscheidung über Entlassungen, die unangenehme Urteile auf der Grundlage des Nutzens der betreffenden Mitarbeiter für das Unternehmen vermeidet.

M

Manager. Menschen, deren Verantwortung ihren Aktionsradius übersteigt oder: »Wofür gibt's denn ein Organigramm?«

Matrix. 1. Eine von Natur aus instabile Organisationsform, die von Menschen erfunden und propagiert wurde, die nicht in einer solchen Struktur leben mußten, in der die tatsächliche Berichtspflicht von den jeweiligen unternehmenspolitischen Stimmungen bestimmt wird. 2. Ein Quadrat oder Rechteck, das weiter unterteilt wurde in dem Bestreben, die Realität in einem zweidimensionalen Rahmen zu erfassen. Häufig solange hilfreich, bis die mechanische Anwendung des Rahmens das Urteilsvermögen der Manager ersetzt. Siehe auch *Wachstums-/Marktanteilsmatrix.*

MECE (Akronym für »mutually exclusive, collectively exhausive«). 1. Ein aus akademischer Sicht eleganter Problemlösungsansatz. 2. In Situationen, in denen das auch als 80/20-Regel bekannte *Pareto-Zeitprinzip* gilt, eine großartige Methode, wie man die Zeit mit Nebensächlichkeiten totschlagen und Beraterhonorare anhäufen kann.

Menschliche Natur. Eine Reihe philosophischer, im großen und ganzen nicht durch Praxisbeobachtungen bestätigter Grundsätze, die erklären, was in den Menschen vorgeht und wie man sie dazu bringt, das zu tun, was man von ihnen will.

Mentor. 1. Ein Partner in einer von Natur aus besonderen und persönlichen Beziehung, die nur entsteht, wenn es zwischen den beiden Beteiligten so richtig funkt. 2. Ein Teil eines Paares, in dem Mitarbeiter, die nach dem Zufallsprinzip als »Mentoren« ausgewählt, mit anderen Menschen zusammengewürfelt werden, die nach dem Zufallsprinzip als »Protégés« ausgewählt wurden, in der Hoffnung, daß solche vom Unternehmen verfügten Verbindungen zu karrierefördernder Unterstützung führen werden.

N

Natürliche Auslese. 1. Der Prozeß, der in der Natur dazu führt, daß die Lebewesen, die am besten für ihre Lebensbedingungen geeignet sind, in größerer Anzahl überleben als andere und somit die Erbmasse für zukünftige Generationen bestimmen. 2. Der Prozeß, der im Unternehmen dazu führt, daß diejenigen, die das Insider-Spiel am besten beherrschen, in der bestehenden Hierarchie höher aufsteigen als ihre Kollegen und somit die zukünftigen Entscheidungsgrundlagen bestimmen.

O

Offene Kommunikation. Ein Meinungsaustausch, bei dem Sie alles sagen können, solange Sie ja nicht am Status quo rütteln, und alles erfahren, solange Sie auf die Buschtrommeln hören.

Organisation. Ein von Natur aus merkwürdiges Gebilde, schon allein aufgrund seiner von Natur aus merkwürdigen Bestandteile, nämlich den Menschen.

P

Paradigma. 1. Das geistige Modell, nach dem ein Unternehmen geführt wird. 2. Eine Entschuldigung für die Mißachtung unangenehmer oder störender Informationen, wie »Mischen Sie sich bloß nicht in mein Paradigma ein«.

Pareto-Zeitprinzip. 1. Eine Regel, die besagt, daß oft bereits 20 Prozent der eingesetzten Zeit und Mittel 80 Prozent der Ergebnisse erbringen können. Wird häufig in der Analyse der Profitabilität von Kunden angewandt. 2. Häufig auch ein Ansatz, der für neue Programme und Beratungsprojekte genutzt werden kann. Er soll dann die Arbeit beschleunigen, die Honorarforderungen senken und dem Unternehmen einen Vorsprung bei der Überwachung und Überprüfung strategischer Einsätze ermöglichen.

Partner. Mitglieder eines legalen Schneeballsystems, in dem die ersten Partner durch die Bemühungen der später rekrutierten Teilnehmer finanziert werden. Letztere werden hart arbeiten, um auf die Ebene der Partner aufzusteigen und sich dann wiederum von der Arbeit noch später hinzugekommener Teilnehmer finanzieren zu lassen.

Personal. Zweibeinige Aktivposten.

Pro forma. 1. Finanzplanung. 2. Ein Genre der fiktionalen Literatur, das vornehmlich aus Zahlen besteht.

Prozeßcheck. Politisch korrekte Formulierung für »Halten Sie den Mund« und andere Versuche, auch in Zukunft die Macht über eine Arbeitsgruppe zu behalten. Verwandt mit dem Ausdruck »Bodycheck« im Eishockey.

Q

Qualität. 1. Ein neuer Schlachtruf, der von vielen verwendet, aber nur von wenigen definiert wird und selten die Grundlage tiefschürfender Diskussionen bildet. 2. *Selten:* Überlegenheit in bezug auf Merkmale, für die der Kunde zu zahlen bereit ist.

Qualitätsschelte. Bezeichnung der Qualitätsgurus für die Diskussionen über einige in letzter Zeit fehlgeschlagene TQM-Programme; nicht zu verwechseln mit Lernen.

Quality Function Deployment (QFD). 1. Ein integrierter, systematischer Ansatz, bei dem Matrixdarstellungen (sogenannte »Qualitätshäuser«) und andere Instrumente verwendet werden. Er kann Unternehmen helfen, neue oder verbesserte Produkte schneller und kostengünstiger auf den Markt zu bringen. 2. Ein integrierter, systematischer Ansatz, der Unternehmen helfen kann, schneller und kostengünstiger als jemals zuvor die falschen Produkte auf den Markt zu bringen.

R

Referenzüberprüfung. Ein Katz-und-Maus-Spiel, bei dem der Vertreter des potentiellen zukünftigen Arbeitgebers sinnvolle, konkrete Informationen einer Person zu entlocken versucht, die jedoch ihrerseits so wenig wie möglich sagen möchte, um zu verhindern, daß ihr Unternehmen später möglicherweise verklagt wird.

S

sachlich. Eine Denkweise, bei der die Betonung auf der linken Gehirnhälfte liegt. Sie ist charakterisiert durch sorgfältiges Sammeln und Prüfen von Fakten. *Gegensatz:* Die Denkweise von Menschen mit dominanter rechter Gehirnhälfte, die immer gleich aus der Hüfte schießen.

Schatzsuche. Ein Verfahren, bei dem scheinbar offene Fragen gestellt werden, um zu testen, ob ein Mitarbeiter die richtige Einstellung hat (also die gleiche wie der Fragesteller). Gelegentlich werden dabei auch Suggestivfragen gestellt (also Fragen, bei denen die »richtige« Antwort in der Formulierung der Frage versteckt ist). In beiden Fällen kann man den Schatz nur finden, wenn man die Antwort gibt, die der Fragesteller hören will.

Schlagwort. Ein Begriff aus der Wirtschaftsfachsprache, der früher einmal etwas bedeutete und für Menschen, die sich die Zeit nehmen, erst zu denken und dann zu reden, immer noch ein klein wenig Substanz enthält.

Schuldzuweisung. Das beste Beispiel für den Grundsatz, daß *Geben* tatsächlich seliger ist als *Nehmen.*

Schwarzes Loch. Ein von der allgemeinen Relativitätstheorie postulierter, sehr kleiner Himmelskörper, in den Dinge zwar hineinfallen können, der jedoch so dicht ist, daß er nichts, aber auch gar nichts mehr entweichen läßt – nicht einmal Strahlung. Häufiger Endpunkt für Ideen von Mitarbeitern, Beschwerden von Kunden und Vorschläge von Lieferanten.

Science Fiction. Pro formas in einer High-Tech-Firma.

Stimme des Kunden. Die nervigen, unzusammenhängenden Klagen der ewigen Nörgler, die niemals zufrieden, aber trotzdem nicht sonderlich fantasievoll sind. Am besten begegnet man ihnen mit Marktforschung, die uns genau sagt, was wir sowieso erwarten, und somit bestätigt, was wir unserer Meinung nach bereits gehört haben.

Strategische Prokrustesbetten. 1. Strategien, die sich allein auf Kosten- und Preisführerschaft konzentrieren und deshalb alle Gelegenheiten zum Angebot eines vom Kunden gewünschten differenzierten Zusatznutzens verpassen und somit auf mögliche Preis- und Volumensteigerungen verzichten. 2. Strategien, die allein auf Differenzierung und Produktführerschaft abzielen und dabei alle Gelegenheiten zum Abbau unnötiger Kosten verpassen und daher auf mögliche Margen- und Volumensteigerungen verzichten.

Strategieplan. 1. Eine Reihe von Analysen, die nach den Anforderungen eines Unternehmens zusammengestellt werden mit dem Ziel, eine bereits begonnene Kampagne oder einen fertigen Budgetvorschlag zu rechtfertigen. 2. Eine Reihe von Analysen, die nach den Anforderungen eines Unternehmens zusammengestellt werden, aber dennoch wenig oder überhaupt keine Ähnlichkeit mit der tatsächlich verfolgten Strategie aufweisen (die aber, sobald sie einmal gedruckt und gebunden sind, im Notfall sehr gut als Türstopper oder Buchstütze verwendet werden können).

T

Technozentriker. Ein Mensch, für den der Kunde immer im Unrecht ist (eine Einschätzung, die sich manchmal als richtig erweist).

Total Quality Management (TQM). 1. Eine Managementphilosophie, die auf dem Gedanken beruht, daß Qualität eine Voraussetzung für die Verbesserung der Wettbewerbsposition eines jeden Unternehmens ist und keine »Kostenbürde«, die sich nur einige Firmen leisten können. 2. Eine Reihe von Instrumenten, die es bereits vor Einführung des TQM-Etiketts gab und die, wenn sie im Rahmen eines TQM-Programms eingesetzt werden, das Management so sehr in den »Prozeß« verwickeln, daß dieser zum Selbstzweck wird. 3. Ein importiertes Verfahren, das manche Beobachter für eine wesentliche Taktik in der geheimen Strategie der Japan AG halten, die auf eine Vernichtung ihrer amerikanischen und europäischen Konkurrenten abzielt.

Totaler Prozeßalptraum (TPA). Eine philosophische Richtung, bei der Prozesse und Geschäftigkeit zur fixen Idee werden, während das Endergebnis in den Hintergrund rückt. Ihr zentraler, neocartesischer Lehrsatz lautet: »Ago, ergo sum«.

Trendsurfen. Die Gewohnheit, auf dem Kamm der neuesten Trendwelle der Managementtheorie zu surfen und dann gerade rechtzeitig wieder an Land zu paddeln, um auf die nächste Welle aufspringen zu können.

Dieser Zeitvertreib ist zwar stets fesselnd für Manager und lukrativ für Berater, hat für das Unternehmen aber häufig katastrophale Folgen.

U

Überzeugung. Was Menschen davon abhält, nach der Wahrheit zu suchen oder ihr auch nur ins Auge zu blicken, wenn sie sich ihnen förmlich aufdrängt. Siehe *auch unumstößliche Unternehmenswahrheiten.*

Unternehmenskultur. 1. Die Vorgehensweise in unserem Unternehmen, unsere gemeinsamen Wertvorstellungen und kollektiven Normen. 2. Eine Entschuldigung für das Hinauszögern unbedingt erforderlicher Veränderungen in den Geschäftspraktiken eines Unternehmens.

Unumstößliche Unternehmenswahrheiten. Heilige Kühe in dreiteiligen Anzügen.

Urteilsvermögen. Grundlage jeder Entscheidung, die jeder einzelne Mitarbeiter im Unternehmen Tag für Tag trifft. Diese Eigenschaft findet, wenn auch aus unerfindlichen Gründen, häufig fast keinerlei Beachtung.

V

Verantwortlichkeit. Eine löbliche Eigenschaft, die alle anderen im Unternehmen in weitaus größerem Umfang an den Tag legen müssen, als sie es heute tun. Nicht zu verwechseln mit *Weisungsgewalt* – das ist etwas, von dem ich mehr benötige.

Vision. Was Moses sah, als er zu lange durch die Wüste irrte; zusammenhängende und anhaltende Halluzinationen, wie sie typischerweise bei Demenz oder paranoider Schizophrenie auftreten.

Voice-mail-System. In Verbindung mit Personalabbau und der entsprechenden Motivierung eine Möglichkeit, wie man sicherstellen kann, daß die Mitarbeiter im Unternehmen niemals mit Kunden und anderen lästigen Zeitgenossen sprechen müssen.

W, X, Y

Wachstums-/Marktanteilsmatrix. Ein Konzept, das zur unumstößlichen Unternehmenswahrheit wurde und daher heute gerne mechanisch angewandt wird. Es zog lemmingartige Investitionen nach sich, als viele Unternehmen versuchten, in wachstumsstarken Branchen eine marktbeherrschende Stellung zu ergattern, was unbefriedigende Erträge für alle zur Folge hatte.

Wandel. 1. Was solange nicht passiert, bis die von der alten Vorgehensweise erwarteten Schmerzen als schlimmer empfunden werden als die von der neuen Vorgehensweise hervorgerufenen. 2. Etwas, bei dem die anderen Mitarbeiter im Unternehmen Fortschritte machen müssen. 3. Etwas, bei dem man selbst *angemessene Sorgfalt* walten lassen muß.

Weihnachtsfeier. Eine Veranstaltung, bei der typischerweise eine ganze Reihe von Teilnehmern gerne dafür bezahlen würde, zu Hause bleiben zu dürfen, wenn durch eine solche Zahlung auch garantiert wäre, daß sie durch ihre Abwesenheit nicht ihrer Karriere schaden. Es wäre ein interessantes wirtschaftliches Experiment, eine anonyme Abstimmung zu veranstalten, um zu sehen, wieviel die Beschäftigten für das Privileg der Abwesenheit zu zahlen bereit wären.

Weisungsgewalt. Eine Form der Macht, von der ich mehr benötige, wenn ich meine Arbeit

richtig erledigen soll. Nicht zu verwechseln mit *Verantwortlichkeit,* der Eigenschaft, die allen anderen im Unternehmen bedauerlicherweise fehlt.

Wertbewußtsein. Das völlig neuartige Ziel, daß die Verbraucher in den frühen 90er Jahren des 20. Jahrhunderts entdeckten, als sie plötzlich begannen, in ihren Kaufentscheidungen einen Vergleich zwischen den Preisen und Leistungen der am Markt erhältlichen Produkte einerseits und dem ihnen zur Verfügung stehenden Geld andererseits zu ziehen. Führte unlängst zum völlig unerwarteten Tod der Markentreue.

Wirtschaftswissenschaftliche Fakultät. Eine Institution, die eine höhere Berufsausbildung für Yuppies anbietet.

Z

Zeitvorgaben. 1. Ein Verfahren, das häufig in TQM-Programmen eingesetzt wird und dazu dient, Abschweifungen bei Sitzungen zu verhindern. Hierzu wird für jeden Tagesordnungspunkt eine bestimmte Zeitspanne zugebilligt und eingehalten. 2. Ein Weg, wie man sicherstellen kann, daß jedes wichtige

Thema, für das kreative Ideen und eine grundlegende Neuorientierung erforderlich sind, wenn überhaupt nur unzureichend angesprochen wird.

Zieldeklaration (syn.: »Mission Statement«). 1. Eine kurze, prägnante Beschreibung des Unternehmenszweckes, die als lockere »Partitur« dienen und alle Mitarbeiter im Unternehmen dazu motivieren soll, auch ohne strenge Kontrollen die gleiche »Melodie« zu spielen. 2. Häufig auch das Versprechen eines immerwährenden Engagements für eine beliebige Kombination von Schlagwörtern wie »Total Quality Management«, »Kostenführerschaft«, »Mündige Mitarbeiter durch Empowerment«, »Spitzenleistungen«, »kontinuierliche Verbesserungen« und anderen Managementparolen, die gerade Hochkonjunktur haben; wird zwar für ein bestimmtes Unternehmen geschrieben, paßt jedoch gleichermaßen für Flugzeugbauer, Software-Anbieter, Bezirkskrankenhäuser, Warenhausketten und die Schnellreinigung an der Ecke. 3. In manchen Unternehmen auch ein an deutlich sichtbarer Stelle ausgehängter Talisman, der böse Geister vertreiben soll.

Danksagung

So einfach dieses Buch erscheinen mag, es steckt doch eine Menge Arbeit darin, und ich hätte dieses Projekt niemals ohne die Unterstützung und Tips vieler Freunde und Ratgeber »durchziehen« können.

An allererster Stelle steht dabei meine Kollegin und Freundin Trina L. Soske, die an allen inhaltlichen Aspekten dieses Buches mitgewirkt hat und grundlegende Erkenntnisse beisteuerte. Trina ist eine Meisterin der Beratungskunst; sie forderte klare Argumentationen und praktische Lösungen und half mit ihrem messerscharfen, nüchternen Verstand bei der Lösung eines jeden Problems.

Von ebenso unschätzbarem Wert war Steven J. Bennett, der wie ein Feldwebel alle meine Entwürfe kontrollierte und mich zwang, klarer zu denken und überzeugender zu schreiben. Unzählige Male schrieb er an den Rand meines Manuskripts »Das kannst Du besser!« und zwang mich auf diese Weise, meine Ideen noch genauer auszuarbeiten und noch prägnanter zu formulieren.

Ich bin meinen Lektoren bei Addison-Wesley, William Patrick und Sharon Broll, zu großem Dank verpflichtet. Ihre Ratschläge waren eine wertvolle Bereicherung für dieses Buch. Ebenso möchte ich der Produktionskoordinatorin Alison Down danken, deren Professionalität und Teamgeist die Zusammenarbeit mit ihr zu einem Vergnügen werden ließ. Mein ganz besonderer Dank gebührt auch meinen *Agents extraordinaires,* Lynn Chu und Glen Hartley, die maßgeblich dazu beitrugen, daß dieses Projekt kein Traum blieb, sondern Wirklichkeit wurde.

Darüber hinaus danke ich allen, die mir zu diesem Buch rieten. Jim Cash, Professor für Betriebswirtschaftslehre an der Harvard

Business School, unterstützte nicht nur mein erstes Buch, sondern prophezeite mir auch, daß ich bald ein zweites schreiben würde, obgleich ich lautstark protestierte, daß dieser Gedanke völlig abwegig sei. (Wie üblich, hat Jim recht behalten.) Professor Bob Eccles von der Harvard Business School, der sich inzwischen beurlauben ließ, um seinen Traum von der Finanzierung und Führung von Unternehmen zu verwirklichen, gab mir mit seinem gut durchdachten, gemeinsam mit Nitin Nohria verfaßten Buch *Beyond the Hype* den Ansporn, mich an dieses Projekt heranzuwagen. Und dann ist da noch T. George Harris, in dessen Schuld ich ganz besonders stehe: Seine Idee war es, das »Wirtschaftslexikon für Trendsurfer« zu schreiben und das ganze Buch mit einem gehörigen Schuß Humor zu würzen. George, der frühere Chefredakteur der Zeitschriften *Psychology Today* und *Harvard Business Review*, hat mir bei den ersten Entwürfen zu diesem Buch viele Anregungen gegeben und mir erlaubt, sein immenses Wissen und seine ungewöhnlichen fachlichen Querverbindungen anzuzapfen.

Ich danke auch den vielen Menschen, die meine Ideen mit mir diskutierten, Beispiele vorschlugen und meine Entwürfe durchlasen. Dazu gehören unter anderem Ed Baron, Michael Chisek, Barcy Fox, Carol Franco, James Ramsey und Bruce Sunstein. Auch Robert Buzzell hat mir geholfen; er empfahl mir vor etlichen Jahren, bevor ich überhaupt die Idee zu diesem Buch hatte, Furst und Shermans Klassiker *Das Geschäft ihres Lebens* aus dem Jahr 1964 zur Lektüre. Susan Weller war unermüdlich in ihren Recherchen und spürte die unglaublichsten Quellen auf. Allee Howard schulde ich besonderen Dank, da sie die mühevolle Aufgabe auf sich genommen hat, das Manuskript von Anfang bis Ende durchzulesen und mit Hilfe von strategisch plazierten Haftnotizen in allen Farben des Regenbogens die Substanz des Textes zu bereichern.

Wie bei allen Büchern liegt die Verantwortung für die hier präsentierten Fakten, die angeführten Beispiele und die daraus gezogenen Schlußfolgerungen (sowie alle schlechten Wortspiele) allein bei der Autorin. Was soll's? ... Das gehört nun mal dazu, wenn man in den Chefetagen »surft«!

Bibliographie

Einführung

Backer, Bill. *The Care and Feeding of Ideas.* New York: Times Brooks, 1993.

Eccles, Robert G. und Nitin Nohria mit James D. Berkley. *Beyond the Hype.* Boston: Harvard Business School Press, 1992.

Shapiro, Eileen C., Robert G. Eccles und Trina L. Soske. »Consulting: Has the Solution Become Part of the Problem?«. *Sloan Management Review,* Sommer 1993, S. 89 ff. (deutsch: »So werden Berater richtig eingesetzt«. *Harvard Business manager* 1/1994, S. 109–116).

Shapiro, Eileen C. *How Corporate Truths Become Competitive Traps.* New York: John Wiley & Sons, Inc., 1991.

Kapitel 1

Bartlett, Christopher und U. Srinvasa Rangan. »Caterpillar Tractor Company«. *Harvard Business School Case 9-385-276.* Boston, MA: The President and Fellows of Harvard College, 1985.

Bartlett, Christopher und U. Srinvasa Rangan. »Komatsu Limited«. *Harvard Business School Case 9-385-277.* Boston, MA: The President and Fellows of Harvard College, 1985.

Bartlett, Christopher. »Komatsu: Ryoichi Kawai's Leadership«. *Harvard Business School Case 9-390-037.* Boston, MA: The President and Fellows of Harvard College, 1989.

De Groot, Adrian D. *Thought and Choice in Chess.* Den Haag: Mouton & Co., 1966, zitiert in Eric M. Leifer. *Actors as Observers.* New York: Garland, 1991.

Frangos, Stephen J. mit Steven J. Bennett. *Team Zebra.* Essex Junction, VT. Omneo Books, 1993.

Hays, Laurie. »Gerstner Tries to Stem Flight of Top Talent As He Seeks to Achieve IBM Turnaround«. *The Wall Street Journal*, 27. August 1993, S. B 1.

Holusha, John. »Xerox's New Strategy Will Not Copy the Past«. *The New York Times*, 18. Dezember 1994, Wirtschaftsteil, S. 5.

Keller, Maryann. *Rude Awakening.* New York: William Morrow and Company, Inc., 1989.

Kimberly, John R. »Better to Use, Cheap Enough to Throw Away: The Disposable Paper Product«. In: Sidney Furst und Milton Sherman. *Business Decisions That Changed Our Lives.* New York: Random House, 1964 (Deutsch: »Benutze es und wirf es fort«. *Das Geschäft ihres Lebens. Entscheidungen, die neue Märkte schufen.* Düsseldorf, Wien: Econ-Verlag, 1965).

Lohr, Steve. »On the Road with Chairman Lou«. *New York Times*, 26. Juni 1994, Wirtschaftsteil, S. 1/6.

Miller, Michael W. und Laurie Hays. »IBM Posts $8.04 Billion 2nd-Period Loss, Halves Dividend, Plans 35,000 Job Cuts«. *The Wall Street Journal*, 28. Juli 1993, S. A3.

Patterson, Gregory A. und Francine Schwadel. »Sear's Decision on Breakup Took Months to Make«. *The Wall Street Journal*, 2. Oktober 1992, S. A3/A6.

Prahalad, C. K. und Yves L. Doz. *The Multinational Mission.* New York: The Free Press, 1987.

Quinn, James Brian. *Strategies for Change: Logical Incrementalism.* Homewood, IL: Irwin, 1980.

Ramstad, Evan. »Gates details challenges for Microsoft«. *The Boston Globe*, 1. Juni 1993, S. 40.

Tichy, Noel und Stratford Sherman. *Control Your Destiny or Someone Else Will.* New York: Harper Business, 1994 (deutsche Teilfassung: Tichy, Noel M. *Regieanweisung für Revolutionäre. Unternehmenswandel in drei Akten.* Frankfurt/New York: Campus Verlag, 1995).

Vaughn, William S. »You Press the Button – We Do the Rest«. In: Sidney Furst und Milton Sherman. *Business Decisions That Changed Our Lives.* New York: Random House, 1964 (deutsch: »Sie drücken auf den Knopf, wir besorgen den Rest«. *Das Geschäft ihres Lebens. Entscheidungen, die neue Märkte schufen.* Düsseldorf, Wien: Econ-Verlag, 1965).

Zimmerman, M. M. »The Trading Post Comes to the City: The Origin of the Supermarket«. In: Sidney Furst und Milton Sherman. *Business*

Decisions That Changed Our Lives. New York: Random House, 1964
(deutsch: »Das Handelszentrum in der Stadt«. *Das Geschäft ihres Lebens. Entscheidungen, die neue Märkte schufen.* Düsseldorf, Wien:
Econ-Verlag, 1965).

»The Feminine Hygiene Market in the U.S. – Overview and Menstrual
Protection Products«. *Packaged Facts,* Februar 1994.

»Private Label Feminine Hygiene Product Sales Skyrocket 26 %«. *Private Label,* November 1993, 15:4, S. 28.

Kapitel 2

Aeppel, Timothy. »Nucor Corp. Steels Itself for the Battle of the
Lookalikes«. *The Wall Street Journal,* 9. Dezember 1993, S. B4.

Barnett, Donald F. und Robert W. Crandal. *Up from the Ashes: The Rise
of the Steel Minimill in the United States.* Washington, D.C.: The
Brookings Institute, 1986.

Barnett, Donald F. und Louis Schorsch. *Steel: Upheaval in a Basic
Industry.* Cambridge, MA: Ballinger Publishing Company, 1983.

Calfee, David L. »Get Your Mission Statement Working!«. *Management
Review,* Januar 1993, S. 54–57.

Campbell, Andrew und Laura L. Nash. *A Sense of Mission: Defining
Direction for the Large Corporation.* Reading, MA: Addison-Wesley
Publishing Company, Inc., 1992.

Fuchsberg, Gilbert. »›Visioning‹ Missions Becomes Its Own Mission«.
The Wall Street Journal, 7. Januar 1994, S. B1/B2.

Iverson, F. Kenneth. »Changing the Rules of the Game«. The Planning
Forum Annual Strategie Management Conference, 25.–28. April 1993,
Chicago, IL; Nachdruck des Management Summary dieser Rede in
Planning Review 21, Nr. 5, September/Oktober 1993, S. 9–12.

Milbank, Dana. »Big Steel is Threatened by Low Cost Rivals, Even in
Japan, Korea«. *The Wall Street Journal,* 2. Februar 1993, S. A1/A8.

Stein, Charles. »Computer's History Makes For a Lively Tale of a
Mouse«. *The Boston Globe,* 28. Januar 1994, S. 46.

Ybarra, Michael J. »Even Thinking About the Decree, Citizens Get Hot
Under the Collar«. *The Wall Street Journal,* 10. Juni 1994, S. B1.

Kapitel 3

Bhide, Amar. »How Entrepreneurs Craft Strategies Than Work«. *Harvard Business Review,* März/April 1994, S. 150–161.

Carlton, Jim. »Apple Unveils New Version of Newton In Bid to Recover From Marketing Flop«. *The Wall Street Journal,* 4. März 1994, S. B7.

Flagg, Fanny. *Daisy Fay and the Miracle Man.* New York: Warner Books, 1981 (deutsch: *Das wundersame Leben der Daisy Fay.* Bergisch Gladbach: Bastei Lübbe Verlag GmbH, 1993).

Gerber, Daniel F. »Babies Are Our Business: The Story of Commercially Prepared Baby Foods«. In: Sidney Furst und Milton Sherman. *Business Decisions That Changed Our Lives.* New York: Random House, 1964 (deutsch: »Alles für das Baby«. *Das Geschäft ihres Lebens. Entscheidungen, die neue Märkte schufen. Düssel*dorf, Wien: Econ Verlag, 1965).

Gibson, Richard und Margaret Struder. »Sandoz to Acquire Gerber in $ 3.7 Billion Agreement«. *The Wall Street Journal,* 24. Mai 1994, S. A3/A7.

Gibson, Richard. »Gerber Missed the Boat in Quest to Go Global, So It Turned to Sandoz«. *The Wall Street Journal,* 24. Mai 1994, S. A1/A8.

Goldman Sachs. »Stephen Friedman: Letter from the Chairman«. *Goldman Sachs 1993 Annual Review.* New York: Goldman Sachs, 1993.

Keller, Maryann. *Rude Awakening.* New York: William Morrow and Company, Inc., 1989.

McCoy, Charles. »As Sculley Leaves Apple, Image Lingers of a Leader Distracted by His Vision«. *The Wall Street Journal,* 18. Oktober 1993, S. B8.

Mintzberg, Henry. »Crafting strategy«. *Harvard Business Review,* July/August 1987, S. 66–75 (deutsch: »Strategie als Handwerk«. *HARVARDmanager* 1/1988, S. 73–80).

Quinn, James Brian. *Strategies for Change: Logical Incrementalism.* Homewood, IL: Irwin, 1980.

Roberts, Royston M. *Serendipity: Accidental Discoveries in Science.* New York: John Wiley & Sons, Inc., 1989.

Wheelwright, Steven und Kim B. Clark. *Leading Product Development.* New York: MacMillan, 1995.

»Eenie, Meenie, Minie, Mo…« *The Economist,* 20. März 1993, S. 76.

Kapitel 4

Bhide, Amar. »McKinsey & Company (A): 1956«. *Harvard Business School Case 9-393-066.* Boston: The President and Fellows of Harvard College, 1992.

Bhide, Amar. »McKinsey & Company (B): 1966«. *Harvard Business School Case 9-393-067.* Boston: The President and Fellows of Harvard College, 1993.

Bower, Marvin. *The Will to Manage.* New York: McGraw-Hill Book Company, 1966 (deutsch: *Die Kunst zu führen.* Düsseldorf, Wien: Econ-Verlag, 1967.)

Brown, Tom. »Peter Drucker: Managing in a Post-Capitalist Marketplace«. *Industry Week,* 3. Januar 1994, S. 13 ff.

Galbraith, J.R. Edward E. Lawler III u. a. *Organizing for the Future: The New Logic for Managing Complex Organizations.* San Francisco: Jossey-Bass Publishers, 1993.

Gordon, Jack. »The Team Troubles That Won't Go Away«. *Training,* August 1994, S. 25 ff.

Harris, T. George. »The Post-Capitalist Executive: An Interview with Peter F. Drucker«. *Harvard Business Review,* Mai/Juni 1993, S. 115–122 (deutsch: »Manager in der nachkapitalistischen Ära«. *Harvard Business manager* 4/1994, S. 69–77).

Jaques, Elliott. *A General Theory of Bureaucracy.* London: Heinemann, 1978.

Jaques, Elliott. »In Praise of Hierarchy«. *Harvard Business Review,* Januar/Februar 1990, S. 127–133 (deutsch: »Plädoyer für die Hierarchie«. *HARVARDmanager* 3/1990, S. 102–109).

Jaques, Elliott. *Requisite Organization.* Arlington, VA: Cason Hall and Co. Publishers, 1989.

Orwell, George. *Animal Farm.* New York: Knopf (ursprünglich veröffentlicht von Harcourt, Brace and Company, 1946; deutsch: *Farm der Tiere. Ein Märchen.* Zürich: Diogenes, 1982).

Steward, Thomas A. »The Search for the Organization of Tomorrow: Are You Flat, Lean, and Ready for a Bold New Look? Try High-Performance Teams, Redesigned Work, and Unbridled Information«. *Fortune,* 18. Mai 1992, S. 92 ff.

Tichy, Noel und Sherman Stratford. *Control Your Destiny or Someone Else Will.* New York: Harper Business, 1994 (deutsche Teilfassung: Tichy, Noel M. *Regieanweisung für Revolutionäre. Unter-*

nehmenswandel in drei Akten. Frankfurt/New York: Campus Verlag, 1995.)

Kapitel 5

Butler, David. »73 MIT Students Guilty of Cheating«. *The Boston Globe,* 2. März 1991, S. 25.

Deal, Terrence E. und Allan A. Kennedy. *Corporate Cultures: The Rites and Rituals of Corporate Life.* Reading, MA: Addison-Wesley Publishing Co., 1982 (deutsch: *Unternehmenserfolg durch Unternehmenskultur.* Bonn-Bad Godesberg: Rentrop, 1987).

Gabarro, John J. und John P. Kotter. »Managing Your Boss«. Nachdruck in *Harvard Business Review,* Mai/Juni 1993, S. 150 ff. Ursprünglich veröffentlicht in *Harvard Business Review,* Januar/Februar 1980.

Graves, Robert. *Greek Gods and Heroes.* New York: Dell Publishing, 1960.

Kerr, Steven. »On the Folly of Rewarding A, While Hoping for B«. *Performance Evaluation and Rewards.* S. 474–487. Eine Version dieses Artikels erschien im *Academy of Management Journal* 18, Nr. 4, Dezember 1975, S. 769–783.

Lawder, David. »Domino's 30-Minute Vow Ends«. *The Boston Globe,* 22. Dezember 1993, S. 41/43.

Miller, Krystal und Richard Gibson. »Domino's Pizza Stops Promising to Deliver in just Half an Hour«. *The Wall Street Journal,* 22. Dezember 1993, S. B1/B3.

Rigdon, Joan E. »Customer Service – Challenge For the '90s: More Firms Try to Reward Good Service, But Incentives May Backfire in the Long Run«. *The Wall Street Journal,* 5. Dezember 1990, S. B1.

Tichy, Noel und Stratford Sherman. *Control Your Destiny or Someone Else Will.* New York: Harper Business, 1994 (deutsche Teilfassung: Tichy, Noel M. *Regieanweisung für Revolutionäre. Unternehmenswandel in drei Akten.* Frankfurt/New York: Campus Verlag, 1995.)

Kapitel 6

Ackoff, Russell L. *Ackoff's Fables.* New York: John Wiley & Sons, Inc., 1991.

Barker, Joel Arthur. *Paradigms: The Business of discovering the Future.* New York: Harper Business, 1992.

Bottoroff, Dana. »Japanese Mode of Managing Translates Into Success for Management Research Group«. *New England Business,* 18. April, 1988, S. 49–52.

Carroll, Lewis. *»Alice's Adventures in Wonderland.«* In: Martin Gardner. *The Annotated Alice.* New York: The New American Library, 1960. (deutsch: *Alice im Wunderland.* Frankfurt: Insel Verlag, 1989.)

Dahl, Jonathan. »Business Travel: Companies Crack Down, Many Bypass the New Rules of the Road«. *The Wall Street Journal,* 29. September 1994, S. B1/B3.

Freedman, Alix M. und Richard Gibson. »Cool Reception: Maker of Simplesse Discovers Its Fake Fat Elicits Thin Demand«. *The Wall Street Journal,* 31. Juli 1991, S. A1 ff.

Hirschman, Albert O. *Exit, Voice, and Loyalty: Responses to Decline in Firms, Organisations and States.* Cambridge, MA: Harvard University Press, 1970 (deutsch: *Abwanderung und Widerspruch. Reaktionen auf Leistungsabfall bei Unternehmungen, Organisationen und Staaten.* Tübingen: Mohr, 1974).

Hwang, Suein L. »Updating Avon Means Respecting History Without Repeating It«. *The Wall Street Journal,* 4. April, 1994. S. A1/A9.

Johnson, Wendell. *Your Most Enchanted Listener.* New York: Harper, 1956; zitiert bei T. George Harris.

Kuhn, Thomas S. *The Structure of Scientific Revolutions.* Chicago, IL: The University of Chicago Press, 1970, 2. erweiterte Auflage.

Lublin, Joann S. »Survivors of Layoffs Battle Angst, Anger, Hurting Productivity«. *The Wall Street Journal,* 6. Dezember 1993, S. A1/A6.

Moskal, Brian S. »Company Loyalty Dies, A Victim of Neglect«. *Industry Week,* 1. März 1993, S. 11/12.

O'Neill, Molly. »New No-Fat Dessert Gets a Taste Test«. *The New York Times,* 28. Februar 1990, S. C1 ff.

Reichheld, Frederick F. »Loyalty-Based Management«. *Harvard Business Review,* März/April 1993, S. 64–73.

Rigdon, Joan E. »Some Workers Gripe Bosses Are Ordering Too Much Overtime«. *The Wall Street Journal,* 29. September 1994«, S. A1/A6.

Schellenbarger, Sue. »Overwork, Low Morale Vex the Mobile Office«. *The Wall Street Journal,* 17. August 1994, S. B1/B4.

Schmitt, Eric. »Air Force Academy Zooms In on Sex Cases«. *The New York Times,* 1. Mai 1994, S. 1/34.

325

Schrage, Michael. »How to take the Organizational Temperature«. *The Wall Street Journal,* 7. November 1994, S. A14.

Schrage, Michael. »Pros and Cons of Anonymous Corporate E-Mail«. *The Boston Globe,* 3. April 1994, S. 69.

Senge, Peter. *The Fifth Discipline: The Art and Practice of the Learning Organization.* New York: Doubleday Currency, 1990.

Shao, Maria. »Ice Cream That Hopes to Lick Fat«. *The Boston Globe,* 29. Mai 1994, S. 76/77.

Simons, Marlise. »Swiss Red Cross Faces AIDS Probe«. *The New York Times,* 22. Mai 1994, S. 1/14.

Wilke, John R. »Computer Links Erode Hierarchical Nature of Workplace Culture«. *The Wall Street Journal,* 9. Dezember 1993, S. A1/A7.

Zachary, G. Pascal. »Its a Mail Thing: Electronic Messaging Gets a Rating – Ex«. *The Wall Street Journal,* 22. Juni 1994, S. Al/A8.

Kapitel 7

Flagg, Fanny. *Daisy Fay and the Miracle Man.* New York: Warner Books, 1981 (deutsch: *Das wundersame Leben der Daisy Fay.* Bergisch Gladbach: Bastei Lübbe Verlag, 1993).

Moreau, Dan und Ian Johnston. »All About a Big Cat that's Kicking Up Lots of Dirt«. *Kiplinger's Personal Finance Magazine,* Oktober 1993, S. 30.

Rose, Robert L. und Alex Kotlowitz. »Strife Between the UAW and Caterpillar Blights Promising Labor Idea«. *The Wall Street Journal,* 23. November 1992, S. A1 ff.

Rose, Robert L. »Labor strife Threatens Caterpillar's Booming Business«. *The Wall Street Journal,* 10. Juni 1994, S. B4.

Rose, Robert L. »As Caterpillar Lures Picket-Line Crossers, A Striker's Mettle Is Put to a Severe Test«. *The Wall Street Journal,* 6. Juli 1994, S. B1/B8.

Shapiro, Eileen C. *How Corporate Truths Become Competitive Traps.* New York: John Wiley & Sons, Inc., 1991.

Uchitelle, Louis. »Labor Draws the Line in Decatur«. *The New York Times,* 13. Juni 1993, Abschnitt 3, S. 1/6.

»The US. strikes back«. *World Press Review,* April 1994, S. 32 ff.

Kapitel 8

AMA Management Briefing. *Blueprints for Service Quality: The Federal Express Approach.* New York: AMA Memberschip Publications Division, American Management Association, 1991.

Beth Israel Hospital. *Your Rights as a Patient at Beth Israel Hospital Boston.* Erste Auflage, August 1972.

Beth Israel Hospital. Nachdruck der Briefe in »*Dear Doctor*«, dem wöchentlichen Rundbrief von Mitchell T. Rabkin, 24. Mai 1994, 15. Dezember 1992.

Carlzon, Jan. *Moments of Truth.* Cambridge, MA: Ballinger Publishing Company, 1987 (deutsch: *Alles für den Kunden.* Frankfurt/New York: Campus Verlag, 1992).

Cleese, John und Connie Booth. *The Complete Fawlty Towers.* New York: Pantheon Books, 1977.

CSC Index. *State of Reengineering Report: North America and Europe.* Cambridge, MA: CSC Index, 1994.

Freedman, David H. »Artificial Intelligence's Angry Exile«. *Boston Globe Sunday Magazine,* 19. Januar 1992, S. 16 ff.

Huey, John. »The New Post-Heroic Leadership«. *Fortune,* 21. Februar 1994, S. 42 ff.

Jaques, Elliott. *Requisite Organization.* Arlington, VA: Cason Hall und Co. Publishers, 1989.

»The Art of Loving: An Interview with Jan Carlzon of Scandinavian Airlines System, Europe's Answer to Lee Iacocca – and Donald Burr«. Inc., 1. Mai 1989, Bd. 11, Nr. 5, S. 34 ff.

»Scott Adams: Gadfly of the High-Tech Workplace«. *MIT Technology Review,* Januar 1995, S. 22–29.

Kapitel 9

Cleese, John und Connie Booth. *The Complete Fawlty Towers.* New York: Pantheon Books, 1977.

Fornell, Claus und Robert A. Westbrook. »The Vicious Circle of Consumer Complaints«. *Journal of Marketing* 48, Sommer 1984, S. 68–78.

Keller Maryanne. *Rude Awakening.* New York: William Morrow and Company, Inc., 1989.

Lele, Milind. *The Customer is Key.* New York: John Wiley & Sons, 1987.

Lohr, Steve. »British Air's Profitable Private Life: Customers, once treated as irritants, are now flocking to the carrier«. *The New York Times,* 7. Mai, 1989, Wirtschaftsteil, S. 4.

Robinson, John. »Dining In with Ray in Rome«. *The Boston Globe,* 25. Januar 1994, S. 49.

Ryan, Patrick. »Get Rid of the People and the System Runs Fine«. *Smithsonian,* September 1977, S. 140 ff.

Senior, Jennifer. »V-Mail Trouble«. *The New York Times,* 9. Januar 1994, Teil 9, S. 1.

Strom, Stephanie. »A Computer Chain That – Surprise! – Knows How to Sell«. *The New York Times,* 30. Mai 1993, Wirtschaftsteil, S. 5.

Kapitel 10

Blowen, Michael. »Pat Swift Thinks Big«. *The Boston Globe,* 15. Januar 1994, S. 22.

Darnton, Nina. »Big Women, Big Profit«. *Newsweek,* 25. Februar 1991, S. 48 ff.

Drucker, Peter F. »US. Car Makers Miss Japan's Lesson«. *The Wall Street Journal Europe,* 26. Juni 1991, S. 6.

Hatfield, Julie. »Size 16? Radmin Hasn't Forgotten You«. *The Boston Globe,* 4. Juni 1991, S. 28.

Herbert, John. *Inside Christie's.* New York: St. Martin's Press, 1990.

Kuczmarski, Robert J., Katherine M. Flegal, Stephen M. Campbell, und Clifford L. Johnson. »Increasing Prevalance of Overweight Among US. Adults: The National Health and Nutrition Examination Surveys, 1960s to 1991«. *Journal of the American Medical Association 272,* Nr. 3, 20. Juli 1994, S. 20-5-211.

Reidy, Chris. »Hefty Sales: J. Baker Revives Clothing Chain By Offering Fashion to Big Men«. *The Boston Globe,* 14. Juni 1994, S. 39/54.

Shapiro, Eben. »Victoria's Secret Might Not Rush to Adapt the Concept for Women«. *The Wall Street Journal,* 9. Dezember 1992, S. B1.

Smith, Douglas K. und Robert C. Alexander. *Fumbling the Future.* New York: William Morrow and Company, Inc., 1988.

Wensberg, Peter C. *Land's Polaroid: a company and the man who invented it.* Boston: Houghton Mifflin Company, 1987.

Zangwill, Willard I. »When Customer Research Is a Lousy Idea«. *The Wall Street Journal,* 8. März 1993, S. A12.

»Weight and Height of Adults 18–74 Years of Age«. US. Department of Health, Education and Welfare. Hyattsville, Maryland, Mai 1979.

»Store of Value«. *The Economist*, 26. Juni 1993, S. 63.

»Letters«. *The Economist*, 31. Juli 1993, S. 8./14. August 1993, S. 8.

Kapitel 11

Aeppel, Timothy und Stephen D. Moore. »Renault and Volvo Are About to Tie the Corporate Knot«. *The Wall Street Journal*, 3. September 1993, S. B4.

Goldman, Kevin. »Volvo Seeks to Soft-Pedal Safety Image«. *The Wall Street Journal*, 16. März 1993, S. B7.

Goldman, Kevin. »Volvo Wins Praise for New Ads Featuring Survivors of Accidents«. *The Wall Street Journal*, 8. Oktober 1993, S. B6.

Hays, Laurie. »DuPont's Difficulties in Selling Kevlar Show Hurdles of Innovation«. *The Wall Street Journal*, 29. September 1987, S. A1 ff.

Keller, Maryann. *Rude Awakening*. New York: William Morrow and Company, Inc., 1989.

Palmer, Thomas C. Jr. »Newspapers Seen as Industry at Risk; Publishers Warned They Must Modernize«. *The Boston Globe*, 29. April 1993, S. 60.

Schuon, Marshall. »850 adds a bit of sizzle to Volvo's security«. *Scottsdale Progress*, 12. Juni 1993, S. D1.

Schnaars, Steven P. *Megamistakes – forecasting and the myth of rapid technological change.* New York: The Free Press, 1989 (deutsch: *Musterbeispiele für Markt-Fehlprognosen und wie man sie vermeiden kann.* Landsberg am Lech: Verlag Moderne Industrie, 1989).

Sullivan, Lawrence P. »Quality Function Deployment: A System to Assure that Customer Needs Drive the Product Design and Production Process«. *Quality Progress*, Juni 1986, S. 39–50.

»Road & Track Specials' Guide To The All-New Volvo 850 GTL«. *Road & Truck*, 1992.

Kapitel 12

de Lisser, Eleena und Kevin Helliker. »Private Labels Reign in British Groceries«. *The Wall Street Journal*, 3. März 1994, S. B1/B3.

Deveny, Kathleen. »After Some Key Sales Strategies Go Sour, Kraft General Foods Gets Back to Basics«. *The Wall Street Journal*, 18. März 1992, S. B1/B3.

Farnsworth, Clyde H. »Quality: High. Price: Low. Big Ad Budget? Never«. *The New York Times*, 6. Februar 1994, Wirtschaftsteil, S. 10.

Gibson, Richard. »Pitch, Panache Buoy Fancy Private Label«. *The Wall Street Journal*, 27. Januar 1994, S. B1/B12.

Hoch, Stephen J. und Sumeet Banerji. »When Do Private Labels Succeed«. *Sloan Management Review*, Summer 1993, S. 57–67.

Hwang, Suein L. »Kraft Puts the Cheese Market in Ferment«. *The Wall Street Journal*, 16. März 1994, S. B1/B7.

Landau, Irwin. »Why a Pound of Coffee Weights 13 Oz«. *The New York Times*, 23. März 1993, Wirtschaftsteil, S. 13.

Miller, Krystal. »European Luxury Auto Makers Resort to Discounts in Drive to Jump Start Sales«. *The Wall Street Journal*, 29. April 1991, S. B1/B8.

Neuborne, Ellen. »Brands Fight for Market Share«. *USA Today*, 12. April 1994, S. 4B.

Ono, Yumiko. »A Little Bad English Goes a Long Way in Japan's Boutiques«. *The Wall Street Journal*, 20. Mai 1992, S. A1/A6.

Sellers, Patricia. »Brands: It's Thrive or Die«. *Fortune*, 23. August 1993, S. 52–56.

Shapiro, Eben. »New Price Move By Philip Morris Intensifies Wars«. *The Wall Street Journal*, 21. Juli 1993, S. B1, B8.

Shapiro, Eben. »Price Cut on Marlboro upsets Rosy Notions About Tobacco Profits«. *The Wall Street Journal*, 5. April 1993, S. A1/A10.

Stern, Gabriella. »P&G Is Making Washing Chores Less Expensive«. *The Wall Street Journal*, 14. Juli 1993, S. B1/B8.

Stern, Gabriella. »As National Brands Chop Prices, Stores Scramble to Defend Private-Label Goods«. *The Wall Street Journal*, 23. August 1993, S. B1/B5.

Wollenberg, Skip. »RJR Nabisco Sees $900M Loss for Unit«. *The Boston Globe*, 3. September 1993, S. 71/73.

»Elastic brands«. *The Economist*, 19. November 1994, S. 75.

»Philip Morris: Man Friday«. *The Economist*, 25. Juni 1994, S. 65.

»When Smoke Got In Their Eyes«. *The Economist*, 10. April 1993, S. 65/66.

»The Search for El Dorado«. *The Economist*, 16. Mai 1992, S. 21–24.

Kapitel 13

Bailey, Jeff. »Why Customers Trash the Garbage Man«. *The Wall Street Journal*, 17. März 1993, S. B1/B11.

Friedman, Jon. »A Comeback Bid by Sotheby's«. *The New York Times*, 24. Januar 1993, Wirtschaftsteil, S. 13.

Heine, Martha. »Using Customer Report Cards Ups Service«. *Concrete Trader*, September 1992, S. 1/10.

Hirsch, James S. »Of Luxury and Losses: Many Ritz Hotels Are in the Red«. *The Wall Street Journal*, 22. April 1994, S. B1/B3.

Lele, Miling. *The Customer is Key.* New York: John Wiley & Sons, 1987.

Levitt, Theodore. »Marketing Success through Differentiation – Of Anything«. *Harvard Business Review*, Januar/Februar 1980, S. 83–91 (deutsch: »Marketingerfolg durch Differenzierung«. *HARVARDmanager* 3/1982, S. 79–86).

Pierson, John. »Start-up Engineers Hospital Cover-Up«. *The Wall Street Journal*, 9. April 1991, S. B1.

Porter, Michael E. *Competitive Strategy.* New York: The Free Press, 1980 (deutsch: *Wettbewerbsstrategie: Methoden zur Analyse von Branchen und Konkurrenten.* Frankfurt/New York: Campus Verlag, 1983).

Prime, Jamison S. und Susan Carey. »Leave That Bed! But Help Yourself To Tiny Shampoos«. *The Wall Street Journal*, 1. November 1993, S. A1 ff.

Strom, Stephanie. »One Size Fits All the Way to Middle Age«. *The New York Times*, 31. Januar 1993, Wirtschaftsteil 4, S. 2.

Treacy, Michael und Fred Wiersema. »Customer Intimacy and Other Value Disciplines«. *Harvard Business Review*, Januar/Februar 1992, S. 84–93 (deutsch: »Drei Wege zur Marktführerschaft«. *HARVARDmanager*, 3/93, S. 123–131).

Treacy, Michael und Fred Wiersema. *The Discipline of Market Leaders.* Reading, MA: Addison-Wesley, 1995 (deutsch: *Marktführerschaft.* Frankfurt/New York: Campus Verlag, 1995).

Wells, Edward O. »How're We Doing? Granite Rock Co.'s Annual Report Card from Customers, and What's Done with the Grades«. Inc., Mai 1991, S. 80 ff.

»Big Blue«. *The Economist*, 10. Juli 1993, S. 22

Kapitel 14

Doody, Alton F. und Ron Bingaman. *Reinventing the Wheels: Ford's Spectacular Comeback.* Cambridge, MA: Ballinger Publishing Company, 1988.

Elmore, Charles. »Broadhead Now CEO of FPL, Too; FPL Group Chief Takes Over Utility«. *Palm Beach Post,* 20. Februar 1990, S. 5B.

Fuchsberg, Gilbert. »Management: ›Total Quality‹ Is Termed Only Partial Success«. *The Wall Street Journal,* 1. Oktober 1992, S. B1.

Fuchsberg, Gilbert. »Baldrige Awards May Be Losing Some Luster«. *The Wall Street Journal,* 19. April 1993, S. B1 ff.

Garvin, David A. »How the Baldrige Really Works«. *Harvard Business Review,* November/Dezember 1991, S. 80–93.

Garvin, David A. »Competing on the Eight Dimensions of Quality«. *Harvard Business Review,* November/Dezember 1987, S. 101–109 (deutsch: »Die acht Dimensionen der Produktqualität«. *HARVARDmanager* 3/1988, S. 66–74).

Garvin, David A. »Japanese Quality Management«. *The Columbia Journal of World Business* 19, Nr. 3, Herbst 1984, S. 3–12.

Huber, Michael. »A Winner! FPL Earns Deming; Critics Say Prize Wasn't Worth Cost«. *The Miami Herald,* 19. Oktober 1989, S. 1C.

Ivey, Mark und John Carey. »The Ecstasy and the Agony«, *Business Week,* 21. Oktober 1991, S. 40.

Mathews, Jay und Peter Katel. »The Cost of Quality«. *Newsweek,* 7. September 1992, S. 48

Stevens, Tim. »Interview with Dr. Deming«. *Industry Week,* 17. Januar 1994, S. 21–28.

Tenner, Arthur R. und Irving J. DeToro. *Total Quality Management.* Reading, MA: Addison-Wesley Publishing Company, Inc., 1992.

Wilson, James Q. *Bureaucracy: What Government Agencies Do and Why They Do It.* New York: Basic Books, 1989.

Yeomans, Adam. »Rate Debate«. *Orlando Sentinel,* 11. Januar 1990, S. C1.

»The International Quality Study: Best Practices Report«. Gemeinschaftsprojekt von Ernst & Young und der American Quality Foundation, 1992.

»Future Perfect«. *The Economist,* 17. April 1993, S. 61 ff.

»The Cracks in Quality«. *The Economist,* 18. April 1992, S. 67/68, zitiert die Untersuchungen von A. D. Little und A. T. Kearney.

»Japan Spins Off«. *The Economist,* 17. April 1993, S. 61 ff.

»A Major Shift at FPL Group«. *Florida Trend* 32, Nr. 12, April 1990, S. 20.

»Notable & Quotable«. *The Wall Street Journal,* 11. Juni 1992.

»The Post-Deming Diet: Dismantling a Quality Bureaucracy (Auszüge aus den Briefen des Chairmans und CEO von FPL, James L. Broadhead, an seine Mitarbeiter)«. *Training,* Februar 1991, S. 41–43.

Kapitel 15

Arkush, David und Leo Lee. *Land Without Ghosts.* University of California Press, 1989, zitiert in »The Beautiful Country«. *The Economist,* 27. November 1993, S. 26.

Byrne, John A. »Reengineering: Beyond the Buzzword«. *Business Week,* 24. Mai 1993, S. 13/14.

CSC Index. *State of Reengineering Report: North America and Europe.* Cambridge, MA: CSC Index, 1994.

de Lisser, Eleena. »Pepsi Has Lost Its Midas Touch in Restaurants«. *The Wall Street Journal,* 18. Juli 1994, S. B1/B3.

Ehrbar, Al. »›Re-Engineering‹ Gives Firms New Efficiency, Workers the Pink Slip«. *The Wall Street Journal,* 16. März 1993, S. A1/A11.

Goldman, Kevin. »Taco Bell Tosses Out Foote Cone For Two Agencies' ›Fresh Ideas‹«. *The Wall Street Journal,* 5. August 1994, S. B11.

Hammer, Michael und James Champy. *Reengineering the Corporation: A Manifesto for Business Revolution.* New York: HarperBusiness, 1993 (deutsch: *Business Reengineering. Die Radikalkur für das Unternehmen.* Frankfurt/New York: Campus Verlag, 1994).

Hemp, Paul. »Preaching the Gospel«. *The Boston Globe,* 30. Juni 1992, S. 35/39.

Norman, Donald A. *Things That Make Us Smart: Defending Human Attributes in the Age of the Machine.* Reading, MA: Addison-Wesley Publishing Company, 1993.

Rifkin, Glenn. »Ardent Preacher of Change«. *The New York Times,* 18. April 1992, S. 1/37.

Sakraida v. Ag Pro, Inc. *U.S. Supreme Court Reports,* S. 273, 189 USPQ, S. 449–453.

Seig, Albert L. mit Steven J. Bennett. *The Toyko Chronicles.* Essex Junction, VT: Omneo Books, 1994.

Steward, Thomas A. »Reengineering: The Hot New Managing Tool«. *Fortune*, 23. August 1993, S. 41–48.

Tichy, Noel und Stratford Sherman. *Control Your Destiny or Someone Else Will.* New York: Harper Business, 1994 (deutsche Teilfassung: Tichy, Noel M. *Regieanweisung für Revolutionäre. Unternehmenswandel in drei Akten.* Frankfurt/New York. Campus Verlag, 1995).

Wheatley, Margaret J. *Leadership and the New Science: Learning from an Orderly Universe.* San Francisco: Berrett-Koehler Publishers, 1992.

»Take a Clean Sheet of Paper«. *The Economist*, 1. Mai 1993, S. 67/68.

Kapitel 16

Bedard, Patrick. »Porsche 968: A 944 with 24 more«. *Car & Driver*, November 1991, S. 98 ff.

Birnbaum, Jane. »Less Is More for Swimsuit Manufacturers«. *The New York Times*, 15. Mai 1994, Wirtschaftsteil, S. 10.

Buzzell, Robert D. und Fred D. Wiersema. »Note on the Microwave Oven Industry«. *Harvard Business School Case 9-579-185*. Boston: The President and Fellows of Harvard College, 1979.

Buzzell, Robert D. »Amana Microwave Ovens«. *Harvard Business School Case 9-579-182*, überarbeitet im Juli 1984. Boston: The President and Fellows of Harvard College, 1984.

Choi, Audrey. »Porsche, Once Near Collapse, Now Purrs«. *The Wall Street Journal*, 15. Dezember 1994, S. A10.

Dobyns, Lloyd. »Ed Deming Wants Big Changes, and He Wants Them Fast«. *Smithsonian Magazine*, August 1990, S. 74–83.

Goyon, Janet. »Can the Savoy Cut Costs and Be the Savoy?«. *The Wall Street Journal*, 25. Oktober 1994, S. B1/B5.

Harper, Lucinda. »Travel Agency Learns Service Firms' Perils in Slimming Down«. *The Wall Street Journal*, 20. März 1992, S. A1/A9.

Healy, James R.. »Porsche Lightens Up, Hunts for More Common Touch«. *USA Today*, 7. Februar, 1994, S. 4B.

Landau, Irwin. »Why a Pound of Coffee Weighs 13 Oz«. *The New York Times*, 23. März 1993, Wirtschaftsteil, S. 13.

Magaziner, Ira C. und Mark Patinkin. »Fast Heat: How Korea Won the Microwave War«. *Harvard Business Review* Januar/Februar 1989, S. 83–92 (deutsch: »Wie Korea den Mikrowellen-Krieg gewann«. *HARVARDmanager*, 3/1989, S. 41–50).

Miller, Krystal. »European Luxury Auto Makers Resort to Discounts in Drive to Jump Start Sales«. *The Wall Street Journal*, 29. April 1991, S. B1/B8.

Sathe, V. »Litton Microwave Cooking Products (C)«. *Harvard Business School Case 9-477-085*. Boston: The President and Fellows of Harvard College, 1977.

Suris, Oscar. »Mercedes-Benz Tries to Compete on Value«. *The Wall Street Journal*, 20. Oktober 1993, S. B1.

Triolo, Edward P. »Porsche Talks«. (Leserbrief) *The New York Times*, 17. November 1991, Wirtschaftsteil, S. 13.

White, John R. »Porsche 911 Carrera 4 – a $72,000 Car That Needs a $2 Fix to Be a Winner«. *The Boston Globe*, 24. Februar 1991, S. A97.

»Reving Up Quietly«. *The Economist*, 1. Oktober 1994, S. 85/86.

Schlußbemerkung

Barnard, Chester I. *The Functions of the Executive*. Cambridge, MA: Harvard University Press, 1938.

Bower, Marvin. *The Will to Manage*. New York: McGraw-Hill Book Company, 1966 (deutsch: *Die Kunst zu führen*. Düsseldorf, Wien: Econ-Verlag, 1967).

Byrne, John A. »The Craze for Consultants: Companies Are Hiring More Soothsayers – And Giving Them Bigger Roles«. *Business Week*, 25. Juli 1994, S. 60 ff.

Sheridan, John H. »Sizing Up Corporate Staffs«. *Industry Week*, 21. November 1988, S. 46 ff.

»Mercedes-Benz: Star-crossed«. *The Economist*, 30. Januar 1993, S. 61/64.

Register

Campus Wirtschaftspraxis

1998. 346 Seiten mit 11 Abbildungen, gebunden
ISBN 3-593-35914-6

Die Fähigkeit zu treffenden Analysen und fundierten Entscheidungen
zeichnet die führenden Köpfe in erfolgreichen Unternehmen aus. Spitzer
und Evans lassen namhafte Topmanager zu Wort kommen, um zu zeigen,
wie Führungskräfte diese intellektuellen Kernfähigkeiten nutzen und in
ihrem Unternehmen zur Blüte bringen.

»Spitzer und Evans zeigen, daß die Fähigkeit, kritisch zu denken, genau
der entscheidende Wettbewerbsvorteil sein kann, den Manager und
Unternehmen zu erlangen versuchen. Dieses Buch wird das Denken und
Handeln von Managern und Unternehmern verändern.«

Robert J. Eaton, Chairman und CEO, Chrysler Corporation

Campus Verlag · Frankfurt/New York